HISTORIA INTEGRAL
DE LA ARGENTINA

Diseño de cubierta: Irene Banchero
Reproducción fotográfica de cubierta: Graciela García Romero
Foto del autor: Alejandra López

FELIX LUNA

HISTORIA INTEGRAL
DE LA ARGENTINA

8. LOS AÑOS
DE PROSPERIDAD

PLANETA

EQUIPO DE PRODUCCIÓN EDITORIAL

COORDINADOR: Alejandro Ulloa

ASISTENTES: Osvaldo Gallese
Orestes Pantelides
María Rosa Ruggiero
Víctor Sabanes
Julia Saltzmann

HISTORIA INTEGRAL DE LA ARGENTINA
TOMO 8. LOS AÑOS DE PROSPERIDAD

DIRECTOR
Félix Luna

REDACTORES
Félix Luna
María Sáenz Quesada

COORDINACIÓN
Florencia Guzmán

INVESTIGACIÓN HISTORIOGRÁFICA
Claudia Apicella, Sergio Baur, Sonia Berjman,
Liliana Bertoni, Susana Biasi, Elena Bonura,
Hebe Clementi, Mara C. Dolce, Tim Duncan,
Carlos Escudé, Marta Pérez Estrach, Ana Hirsch,
Susana José, Marcelo D. Lázaro, Noemí López,
Federico Niven, Patricia Ovejero, Beatriz S. Portas,
Orlando Punzi, Elisa Radovanovic,
Norma Riquelme de Lobos, Ricardo Rodríguez Molas,
Luis Alberto Romero, Eugenio P. Rosasco, Jorge Saab,
Leandro de Sagastizábal, Horacio Spinetto, Juan Suriano,
Jorge D. Tartarini, María C. Vera de Flachs,
Rodolfo Valeri, Ana Teresa Zigón

CRONOLOGÍA
Marta Pérez Estrach

INVESTIGACIÓN ICONOGRÁFICA
Graciela García Romero
Susana Zicarelli

FOTOGRAFÍAS
Graciela García Romero

AGRADECIMIENTOS POR EL MATERIAL FOTOGRÁFICO:

Archivo General de la Nación, Biblioteca Nacional, Museo de Arte Hispanoamericano Isaac Fernández Blanco, Museo Histórico Nacional, Instituto de Cooperación Iberoamericana, y la colaboración brindada por María Rosa Espinoza, Agustina Gangloff, José Gómez, Pilar Sánchez Yusto, Marta Sánchez, María Angélica Vernet y Olga Dreyer.

Indice

Roca y el roquismo

E l 12 de octubre de 1880 Roca asumía la presidencia con estas palabras: "Intenciones sinceras; voluntad firme para defender las atribuciones del poder y hacer cumplir estrictamente nuestras leyes; mucha confianza en mis propias fuerzas; fe profunda en la grandeza futura de la república; un espíritu tolerante para todas las opiniones, siempre que no sean revolucionarias, y olvido completo de las heridas en las luchas electorales: tal es el caudal que traigo".

Roca y el roquismo definieron una época. Desaparecida la influencia de su creador, la línea trazada persistió asociada al progreso, al orden, al robustecimiento del Estado nacional y a la consolidación de la presencia del país entre las naciones del mundo.

Un tucumano nacional

Julio Argentino Roca había nacido en Tucumán en 1843 y estudiado en el famoso Colegio Nacional de Concepción del Uruguay, hasta que en 1859 se incorporó como voluntario al Ejército de la Confederación, que enfrentó al rebelde Estado de Buenos Aires en Cepeda. Luchó en Pavón y luego permaneció incorporado al Ejército Nacional, desde donde recorrería el país luchando contra las últimas montoneras y en la Guerra de la Triple Alianza. Sarmiento lo ascendió a coronel en recompensa por su brillante desempeño contra la rebelión de López Jordán y volvió a triunfar actuando contra los revolucionarios de 1874. Su gran oportunidad se presentó en 1877 al morir el ministro

A los 37 años, luego de una brillante carrera militar, Roca asume la presidencia. Bajo su influencia, que trascendió los límites de sus dos mandatos presidenciales, el país adquirió su perfil contemporáneo.
Julio Argentino Roca, óleo de Kogan.

Nacido en el seno de una vieja familia criolla de Tucumán, a los dieciséis años abandona definitivamente las aulas del Colegio Nacional de Concepción del Uruguay y se incorpora como voluntario al Ejército de la Confederación. **Roca adolescente (primero desde la izquierda).**

de Guerra, Adolfo Alsina, a quien reemplazó. Ese cargo le permitió hacer realidad su proyecto de terminar con los indios: a mediados de 1878 inició el avance hacia el Sur, que terminó con éxito en mayo de 1879 frente a Choele Choel.

El roquismo

Una circunstancia insólita marca su desempeño como presidente: la de haber sido el único, desde 1853, que ocupó por dos períodos completos la Presidencia de la Nación. Esta condición por sí sola autorizaría a que se lo destacara en la historia política argentina, pero no es el único hecho que distingue su

Desde el Ministerio de Justicia, Culto e Instrucción Pública, Eduardo Wilde participó activamente en una de las grandes polémicas de la época: la educación popular y su vinculación con la cuestión religiosa. **Doctor Eduardo Wilde, óleo de Piccinini.**

trayectoria. La fundación de La Plata, la conquista del Chaco, la organización política y poblacional de la Patagonia, el impulso de tendencias económicas que marcaron durante años la inserción del país en los circuitos mundiales de la producción y el consumo son importantes acontecimientos que se asocian a la gestión de Roca. También lo serán la inmigración masiva, las soluciones a los conflictos limítrofes con los países vecinos y las polémicas religiosas y educativas de la época.

Su inteligencia personal y su astucia política lo hicieron rodearse, en su primera presidencia, de un grupo de hombres que representaba los mejores valores humanos de la política del momento: Bernardo de Irigoyen, Victorino de la Plaza, Manuel D. Pizarro, Juan J. Romero, Benjamín Victorica, Carlos Pellegrini, Eduardo Wilde. Durante su gobierno fueron ministros de la Corte Suprema José B. Gorostiaga, Saturnino Laspiur y Onésimo Leguizamón, entre otros. Algunos de los gobernadores fueron Dardo Rocha, Miguel Juárez Celman, Benjamín Paz y Simón de Iriondo.

La primera presidencia de Roca, que duró seis años, fue rica en realizaciones. Al finalizar su mandato, la renta nacional, que era de 20.000.000 de pesos oro en 1880, se había duplicado. La fundación del Banco Hipotecario Nacional, la sanción de los códigos Penal y de Minería y de las leyes orgánicas para las municipalidades del distrito federal y los territorios nacionales fueron importantes adelantos que marcaban la posibilidad de un orden no sólo económico y social sino principalmente administrativo. Casi medio millón de habitantes se había incorporado a la fuerza de trabajo nacional, lo cual marca también el grado de desarrollo productivo alcanzado. Roca reconoció la necesidad de definir concluyentemente los límites del territorio, y durante su gobierno se solucionó, mediante arbitraje, el litigio con Brasil en Misiones. El tratado de 1881 con Chile estableció al menos una pausa en las rivalidades con el país trasandino, ratificando en toda la Patagonia y en parte de Tierra del Fuego una soberanía buscada desde la iniciación de la Campaña del Desierto.

Como consecuencia de tales medidas políticas llegó la paz tan anhelada; durante su presidencia no hubo nunca estado de sitio, y sólo excepcionalmente se produjo algún conato sedicioso provincial como los que habían ocurrido durante las tres presidencias anteriores. Hubo "paz y administración", tal como lo había prometido el presidente al asumir su cargo. Su régimen fue oligárquico: probablemente, en esa circunstancia histórica haya sido el único viable, dado que era el momento en que las masas criollas, el país tradicional, vivían el impacto de la inmigración, y no existía una tradición de luchas democráticas ni partidos orgánicos para vivificarlas.

Una nueva capital

La derrota de 1880 hizo que la provincia tuviera que entregar su capital histórica, la ciudad de Buenos Aires. Había sido la capital desde la creación del virreinato del Río de la Plata, el lugar de residencia de los gobiernos patrios y, tras la Constitución de 1853, la capital de la República. Los problemas surgieron porque los porteños no querían ceder a la Nación su

La entrega de la ciudad de Buenos Aires significó para la provincia la cesión de un centro que concentraba 250.000 habitantes y que proveía la mitad de la renta provincial.
Aduana, Casa de Gobierno y Estación Central, *óleo de* ***Beoscaly.***

aduana, sus rentas, en una palabra, su ciudad. Después de Pavón, se resolvió que la provincia de Buenos Aires sería la anfitriona del gobierno nacional, su huésped. Este *statu quo* se prolongó a lo largo de los gobiernos de Mitre, Sarmiento y Avellaneda, pero al ser derrotada la insurrección de Tejedor el presidente Roca aprovechó para que el Congreso dictara la Ley de Capitalización. No quedaba, pues, otro remedio que constituir una nueva capital para la provincia, cuya gobernación fue asumida el 1º de mayo de 1881 por el doctor Dardo Rocha.

Así se repetía —exactamente a la inversa— la incómoda situación anterior: el gobierno de la provincia tenía su asiento en la ciudad de Buenos Aires. Al asu-

Una nueva Argentina

El tránsito de Rosas a Roca fue mucho más que una transformación política: como decían orgullosamente aun los disidentes frente al orden político dominante, en la Argentina de 1880 no era posible reconocer la de 1850. La alternancia de etapas prósperas y crisis no lograba disimular una expansión que lo dominaba todo; en la provincia de Buenos Aires los ferrocarriles decuplicaban el valor de la tierra, y al mismo tiempo contribuían a hacer posible una quintuplicación de los valores de las exportacio-

nes. En el sur de Santa Fe y Córdoba, en torno a esa franja demasiado estrecha que entre dos territorios indios había comunicado al litoral y el interior, pequeños propietarios, y sobre todo arrendatarios en primer término italianos, comenzaban a crear la pampa cerealera, haciendo la riqueza de los comerciantes de Rosario, el puerto del trigo. Las ciudades crecían; Buenos Aires tenía hacia 1880 medio millón de habitantes (menos de cien mil en 1850); más de la mitad eran —lo mismo que en la pampa cerealera— extranjeros. Sin duda, lo principal de esa prosperidad recaía en las clases altas mercantiles y sobre todo terra-

tenientes; pero su amplitud permitía el surgimiento de una clase media urbana y más limitadamente rural en el litoral argentino. En el interior, los resultados del cambio no eran tan felices: el ferrocarril lo incorporaba como consumidor al mercado mundial, cuando como productor tenía muy poco que ofrecer; sólo en Tucumán surge un oasis de economía moderna: se apoya en la expansión del azúcar, que beneficia a la aristocracia local, a la que su influencia política sobre Avellaneda y Roca concede crédito bancario y protección aduanera. (...)

Ese progreso económico ha sido acompañado de otros avances,

mir el gobierno, Dardo Rocha afirmó: "...debemos esperar que en un breve tiempo levantemos una ciudad populosa y floreciente que, para las necesidades administrativas y políticas, reemplace en cuanto sea posible a la antigua capital".

La elección del lugar donde se ubicaría la nueva ciudad fue encomendada a dos comisiones, elegidas por la Legislatura provincial y formadas por importantes personalidades de todos los campos sociales: Aristóbulo del Valle, Eduardo Wilde, José María Ramos Mejía, Eduardo Costa, José Hernández, Antonino Cambaceres y Mariano Unzué, entre otros. Las alternativas se desplegaron: una ciudad mediterránea que ya existiera, como Mercedes o Azul, una localidad

---

limitados porque el Estado es el menos beneficiado por la nueva prosperidad: la opinión de hacendados y agricultores exportadores, comerciantes con ultramar y clases medias consumidoras de productos importados, es hostil a los impuestos inmobiliarios, a los aduaneros, a los de consumo; prefiere que el Estado se endeude, o acuda a la siempre condenada y no siempre eliminada emisión de papel moneda. Dentro de estas limitaciones, y las que impone el costoso mantenimiento del orden interno, el Estado gasta en empresas de fomento, y sobre todo en instrucción pública: Sarmiento, el "presidente maestro", su sucesor Avellaneda, inauguran una política que Roca continuará con medios más amplios. La Argentina dice tener más maestros que soldados; si esto no es literalmente cierto, marca muy bien una tendencia. En otros aspectos el estado ha intervenido más intermitentemente: en tiempos de Avellaneda, cuando la crisis de 1873 interrumpe las inversiones extranjeras, toma a su cargo proseguir la construcción de la red ferroviaria, que en el litoral está predominantemente en manos británicas (pero aun allí el primer ferrocarril argentino, el del oeste, es propiedad de la provincia de Buenos Aires). Al lado de la inversión extranjera, alguna está a cargo del capital local, desde la construcción urbana en Buenos Aires hasta el mejoramiento de la explotación ganadera (mejora de las razas ovinas y vacunas, alambrado de los campos). Heredero y beneficiario político de ese proceso, Roca, que ha conquistado para los hacendados veinte mil leguas cuadradas de tierras indias, no vacila en presentarse como el jefe de una empresa cuyos aspectos esenciales son económicos.

TULIO HALPERIN DONGHI
Historia contemporánea de América latina

El clima sofocante malogró el pantagruélico menú ofrecido a los asistentes al acto de fundación de La Plata, quienes regresaron a sus casas acalorados y hambrientos.
Tapa e interior del menú ofrecido a los concurrentes al acto de fundación de La Plata.

atlántica portuaria, como Bahía Blanca o Mar del Plata, una ciudad fluvial, como Zárate o San Nicolás, o un pueblo suburbano como San Isidro, San Fernando o Belgrano. Todos estos sitios tenían la apreciable condición de contar ya con una infraestructura adaptable a las nuevas circunstancias.

Sin embargo, sometidos a estudio, ninguno de estos lugares pareció reunir las condiciones necesarias. La comisión puso los ojos en el partido de Ensenada, cercano a la desembocadura del Río de la Plata y comunicado con Buenos Aires por el ferrocarril. Pero se trataba de un lugar absolutamente agreste, en el que había que proyectar una ciudad desde sus cimientos. Los únicos habitantes de la zona eran don Martín Iraola y los pobladores de Tolosa, localidad fundada en 1872, que en aquel momento contaba con 7.000 habitantes. Hubo polémicas, y Sarmiento, desde las columnas de *El Nacional,* vaticinó el fracaso del proyecto. No obstante ésta y otras críticas, entre marzo y abril de 1882 la Legislatura de Buenos Aires emprendió el tratamiento del tema y bautizó a la nueva ciudad con el nombre de La Plata. Se dice que fue una idea de José Hernández, ya que una de las primeras decisiones fue que en la capital provincial habría una importante universidad, y el nombre se remontaba a las glorias universitarias de Chuquisaca, otrora conocida con el nombre de La Plata.

La fiesta de inauguración se llevó a cabo el 19 de noviembre, día de San Ponciano, patrono de la ciudad. La piedra fundamental fue colocada en el centro de lo que sería la plaza principal. También la fiesta mereció objeciones, algunas de ellas con fundamento. Cuentan las crónicas que el calor arruinó el asado, y que los invitados volvieron a sus casas sofocados por la temperatura y desfallecientes de hambre. Dice el diario *La Nación:* "Aquello no fue una fiesta sino un martirio. Con decir que hasta el agua se vendía... Se llegó a cobrar cinco pesos por un vaso de este líquido, y a pagarlos con gusto los que lo conseguían...". Lo cierto es que el invitado principal, el presidente Roca, no acudió a la cita, y fue reemplazado por el ministro Victorino de la Plaza. De todas maneras la ceremonia se desarrolló con brillo y entusiasmo, y hubo festejos populares tales como carreras de sortijas y corridas de caballos, hasta que la noche cayó sobre las guirnaldas y farolitos de papel colgados de los árboles.

Dardo Rocha, investido como gobernador de la provincia el 1º de mayo de 1881, asumió la responsabilidad del proyecto para la creación de una nueva capital bonaerense.
Dardo Rocha y algunos de sus colaboradores.

Se abrieron concursos internacionales para la construcción de los edificios públicos, que fueron enviados a los Estados Unidos, Brasil, Chile y Uruguay, y a fines de 1884 los poderes públicos se instalaron en la nueva ciudad de La Plata. El proyecto monumental del gobierno se había cumplido con todos sus detalles: no solamente se había previsto la magnificencia de las construcciones, sino también la amplitud de los parques y el trazado de las calles, la preocupación por los espacios verdes y por una equilibrada disposición de los edificios representativos. En 1889, en la Exposición Universal de París, la ciudad ganó la medalla de oro. Lo merecía, por cierto, porque además había crecido con una rapidez asombrosa. Si en 1882 Tolosa, primitivo embrión de la nueva capital, tenía apenas 7.000 habitantes, para la fecha del Centenario La Plata alcanzaría los 100.000, y el reducido espacio dedicado a la educación —una única escuela primaria— se multiplicaría hasta concluir en la Universidad Nacional de La Plata, con sus facultades de Derecho,

La Plata en el Centenario

La capital de la provincia está demasiado cerca de la Capital Federal. Poco más de una hora basta para trasladarse a Buenos Aires, y la gente prefiere el bullicio de la Avenida de Mayo a las tranquilas y majestuosas calles de La Plata.

Todo el vecindario lo forman unos centenares de estudiantes de su famosa universidad, muchas familias que huyen de Buenos Aires por el exagerado precio de los alquileres, y otras que adquirieron edificios o fundaron establecimientos durante el primer desarrollo de La Plata, creyendo en su grandeza futura, y ahora viven prisioneras de su propia obra. Es inútil que el gobierno de la provincia obligue a sus empleados a vivir en la capital bonaerense. Alquilan una casa, la amueblan, hacen constar con ello su vecindad en La Plata, y al salir por las tardes de la oficina se marchan a Buenos Aires donde tienen sus familias.

Ciencias Jurídicas y Sociales, Historia, Filosofía y Letras, Pedagogía, Agronomía, su Museo y su Observatorio Astronómico.

La actividad cultural platense creció a la par de su edificación, y fue tan importante como la de Buenos Aires. En 1884 se fundó el diario *El Día* y se inauguraron el Museo de Ciencias Naturales y el Colegio Provincial. En 1887 debutó en la sala del teatro Apolo la celebrada actriz Sara Bernhardt. En noviembre de 1890 se inauguró el Teatro Argentino, con la puesta en escena de *Otello,* de Giuseppe Verdi. Tan sólo un fracaso nubló la proyección creciente de la ciudad: el puerto de Ensenada. Su construcción había costado enormes sumas, para lo cual se pidieron préstamos de 18.000.000 de pesos oro en 1888 y de 50.000.000 en 1889. Las obras fueron concluidas, pero las rentas resultaron escasísimas, y el gobierno nacional tuvo que hacerse cargo no sólo del puerto sino también de la deuda. El gobernador Máximo Paz enfrentó graves acusaciones sobre la financiación del puerto. Era la

Es lástima que esto ocurra, pues La Plata ofrece realmente el aspecto de una gran población. Hermosas avenidas dan acceso a plazas enormes, con jardines frondosos. Esta capital, completamente nueva, tiene cierto aire de noble tradición, como las poblaciones históricas del Viejo Mundo. Nada ha ocurrido en ella: sus edificios monumentales y sus plazas como llanuras no guardan ningún recuerdo famoso.

La Plata parece vieja, como las más viejas ciudades, sin haber conocido la juventud. (...) No hay en toda la América del Sud población monumental que se parezca como ella a las metrópolis gloriosas y moribundas. Pero sólo tiene la corteza, la envoltura exterior, pues le falta alma. Vuelvo a repetirlo: es vieja sin haber sido nunca joven. Se asemeja a ciertas mujeres que saltan de la infancia a las amplitudes majestuosas y fláccidas de la madurez sin haber conocido la esbelta y vigorosa firmeza de la adolescencia. (...) En una palabra: La Plata fue una equivocación de sus fundadores. No tiene comercio propio, ni vida propia. La proximidad de la Capital Federal la perjudica mucho; pero tal vez resultaría peor su situación si estuviera lejos, ya que una gran parte del movimiento actual lo debe a Buenos Aires.

VICENTE BLASCO
IBAÑEZ
La Argentina y sus grandezas

crisis financiera, que salpicaba a todos los que hubieran participado de obras de envergadura, con razón o sin ella.

La conquista del Chaco

Las belicosas tribus chaqueñas mantuvieron una guerra sin cuartel contra las poblaciones de españoles, hasta que el gobernador de Corrientes, Patrón y Centellas, permitió la instalación de la reducción de San Fernando del Río Negro, actual Resistencia. Cuando los jesuitas a su cargo fueron expulsados en 1767, retornaron los malones y el territorio correspondiente al Gran Chaco —actuales provincias del Chaco, Formosa, norte de Santa Fe, nordeste de Santiago del Estero, oriente del Tucumán, Salta y Jujuy, y parte de Bolivia y Paraguay— no pudo ser explorado hasta bien avanzado el siglo XIX.

El primero en lograr un acuerdo con los indígenas, en la década de 1820, fue el gobernador Pedro Ferré, quien los comprometió a liberar el territorio al este del Paraná, siempre que no se los molestara del otro lado del río. También Estanislao López pudo recuperar algunas tierras en poder de los indígenas.

Hacia 1857 se instaló una nueva misión entre los

La expedición emprendida por Benjamín Victorica en 1884 fue parte de los esfuerzos militares por despejar de indígenas, tanto en el Norte como en el Sur, los territorios sujetos a poblamiento y explotación.
Mapa del reconocimiento de un tramo del río Iguazú.

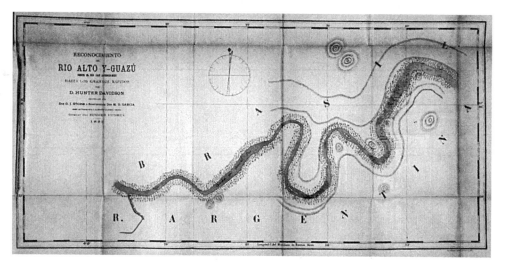

ríos Teuco y Bermejo, y en 1865, la capilla de San Buenaventura del Monte Alto. Iniciada la Guerra de la Triple Alianza, el gobierno nacional se vio obligado a descuidar sus tareas de colonización. Al designar comandante de la frontera norte al coronel Manuel Obligado, el presidente Sarmiento reinicia la organización de los territorios. El coronel Obligado partió desde Fortín Belgrano, ubicado 200 kilómetros al norte de Santa Fe, y en dos años logró avanzar 200 kilómetros más.

Como complemento de esta expedición, se había enviado, en 1869, al general Julio de Vedia, que se instaló en Villa Occidental, frente a Asunción. En 1872 se creó el Territorio Nacional del Chaco, y De Vedia fue su primer gobernador, con la misión de ocuparse de los problemas territoriales y de límites.

En 1878, el arbitraje del presidente norteamericano Rutheford Hayes entregó al Paraguay la Villa Occidental. Los argentinos se instalaron en la isla del Cerrito, hasta que se fundó la ciudad de Formosa, donde se establecería la sede del gobierno. A comienzos del '80, el

El alcohol y la pérdida progresiva de territorios a manos de los colonizadores provocaron un efecto desmoralizador que deterioró el valor combativo de los aborígenes y facilitó su exterminio a manos de los expedicionarios. **Pobladores indígenas del Gran Chaco.**

Gran Chaco estaba repartido entre Paraguay –los territorios al norte del río Pilcomayo– y la Argentina –aquellos situados al sur–. La suerte de los indígenas nativos no fue muy distinta a la de los habitantes del sur argentino. Tras algunas expediciones, fueron acorralados y exterminados. Algunos pasaron a integrar la reserva de los ejércitos, otros se plegaron al duro trabajo de los obrajes. Los objetivos del gobierno eran claros: explotación de los bosques, aun a costa de los propios indígenas, y asentamiento de nuevos poblados conformados por inmigrantes europeos.

El coronel Ignacio Fotheringham fue designado gobernador del Chaco a mediados de 1883. En sus memorias recuerda: "Uno de los días más felices de mi vida... ¡Contaban horrores de aquella comarca tropical! Fiebres palúdicas, calores infernales, mosquitos y todo el acompañamiento de males que infestan aquellos lugares y que hacen un infierno de la vida humana...". La ironía del coronel señala las dificulta-

Los primeros años de Resistencia

El emplazamiento físico de Resistencia fue largamente meditado ya que tenía que ofrecer una posición ventajosa y estratégica. Ubicada frente a Corrientes, a ella se vinculó en todos sus aspectos. Sus vinculaciones comerciales y económicas con Resistencia se tornaron tan fuertes como los vínculos familiares que se tendieron. También aportó la asistencia religiosa, cultural y las costumbres. La colonia Resistencia se encontraba físicamente aislada, pues la cercaba el río Paraná en el este; el río Negro en el norte y noroeste, y el riacho Salado por el sur. El terreno presentaba sus problemas; predominantemente bajo y anegadizo, corría en suave pendiente hacia el río Paraná, donde se tornaba francamente inundable. El rumbo del drenaje hacia el este coincidía con la pendiente natural de la planicie chaqueña. En el medio del monte y cruzada en todas direcciones por cañadones, lagunas y esteros, se levantó la colonia.

Aquellos inconvenientes demandarían, como primer paso, una adecuada obra de infraestructura: nivelación, desagües, puentes y caminos. Sin embargo, ya sea por el costo o bien por considerar la existencia de un drenaje natural, nada se intentó hasta 1892. El asentamiento de la población debió observar la provisión de agua permanente o para el consumo. Las

des, a las que se sumaba la belicosidad de los indígenas, con las que se enfrentaban los que debían instalarse en esas tierras.

La incorporación definitiva del territorio se debe al ministro de Guerra, general y doctor Benjamín Victorica, en diciembre de 1884. Había realizado un completo reconocimiento geográfico y fundado Fuerte Expedición, Puerto Bermejo y Presidente Roca. Los objetivos se lograron en dos meses, y una de las columnas que participó en la empresa fue la del coronel Ignacio Fotheringham, que se encontró con la de Victorica en la confluencia entre el Teuco y el Bermejo. Fotheringham cuenta cómo se acercó a Victorica, al terminar éste un patriótico discurso que elogiaba las tierras ganadas a la civilización, y le preguntó si realmente pensaba lo que decía. La respuesta de Victorica fue que, en realidad, nunca había visto lugares más horrorosos, aunque sabía que debía hablar patrióticamente, "y el patriotismo, como el amor... ¡es ciego!".

cañadas, esteros y lagunas proporcionaban este elemento, pues las aguas de los ríos eran salobres. El ambiente colmado de dificultades —los montes que se levantaban como una barrera, las lagunas y esteros difíciles de atravesar y amenazantes por la cantidad de insectos y alimañas que albergaban, y el clima con altas temperaturas— ofrecía, sin embargo, aspectos positivos. En efecto, se determinaron excelentes pastos para cría de ganado hacia el oeste, y buenos campos de cultivo hacia el norte y oeste. Sobre este emplazamiento hubo que disponer el espacio de una manera lógica, ordenada; y con ello comenzó el trazado de Resistencia, es decir, la historia de sus mensuras y su plano.

Si caminamos desde la periferia hacia el centro, aparece el espacio cubierto de monte y salpicado de lagunas y esteros; a manera de cuñas, se comienzan a percibir los obrajes; luego aparecen las chacras, con sus incipientes cultivos y el pastoreo de ganado vacuno; las quintas, con sus árboles frutales, verduras y cría de pequeños animales. En el pueblo quedan algunas quintas y el número de viviendas es escaso. Las construcciones son precarias y dispersas, ocultas detrás de los matorrales. El baldío domina la escena. Los caminos y las calles, prácticamente inexistentes en los primeros años del ochenta, son, ni más ni menos, los senderos abiertos por el paso continuo de los transeúntes.

MARIA SUSANA COLLAZO
Folia Histórica del Nordeste, Nº 5

Nacido en Córdoba en 1847, en el seno de una familia vastamente vinculada al medio, Miguel Juárez Celman fue uno de los promotores de la candidatura de Roca a la presidencia de la Nación.

El problema más serio de la colonización consistió en el destino de las tierras públicas. De acuerdo con la Ley Avellaneda, en 1872 se había comenzado a entregar los territorios a particulares o a compañías, y el gobernador Obligado aconsejó poner las tierras fiscales en manos de los que tuviesen intención de poblarlas, y no de aquellos cuyos intereses fueran meramente comerciales o especulativos. Otra idea que aportó Obligado fue la de agrupar a los indígenas en reducciones, ya que pensaba que empleándolos como mano de obra en los obrajes se los degradaría cada vez más. Como sus preocupaciones no fueron atendidas, renunció en 1887.

El Chaco había quedado reducido a Resistencia y sus adyacencias, ya que las mejores colonias pasaron a la jurisdicción de Santa Fe. Sin embargo, como lo comprobó el inspector Alejo Peyret en 1887 y 1888, Resistencia crecía. Los hornos de ladrillo no paraban de trabajar, se plantaron árboles, se construyó el edificio de la iglesia y comenzó a funcionar una biblioteca pública, que se sumó a la escuela y al periódico. Los indígenas no participaban de los adelantos de la civilización: ni siquiera se los incluía, en los censos, como ciudadanos argentinos.

Nunca como entonces el país vivió el avance de un proyecto, con todos sus riesgos y con consecuencias a menudo imprevisibles. La política delineada por Roca tuvo, sin duda, aspectos censurables, pero su desarrollo modificó no sólo la imagen del país sino también el diseño de sus intereses políticos.

La sucesión

Entre otras consecuencias, el ascenso de Roca al poder significó la proyección de su concuñado Miguel Juárez Celman al panorama nacional. El cordobés Juárez Celman había sido ministro de gobierno provincial en 1878 y gobernador en 1880. Como era costumbre de la época, fue designado senador nacional al terminar su mandato de gobernador.

Cuando se barajaron las candidaturas, nadie dudó de que sería el preferido del presidente. En realidad, a Roca le hubiera sido difícil oponerse a Juárez Celman: el cordobés había logrado renovar en su favor la liga de gobernadores que tan bien funcionara en 1880, y el mismo presidente, en una reunión mantenida en Mendoza con personalidades políticas de todo el país al inaugurar el ferrocarril, dio su asentimiento a la candidatura. Ni la personalidad de prócer de Bernardo de Irigoyen, ni el poder bonaerense movilizado por Dardo Rocha, ni una efímera coalición opositora que rodeó a Manuel Ocampo lograron presentar una oposición seria.

Juárez Celman fue consagrado presidente en comicios que no fueron mejores ni peores que los habituales. Al hacerse cargo de la primera magistratura hizo notar que era la primera vez que el poder se transmitía "en plena paz interior y exterior". En verdad, asumía en excelentes condiciones.

El gobierno de Juárez Celman se diferenció del de su antecesor por el despilfarro de los dineros públicos, el afán de lujo de que hizo gala y que contagió a los gobernadores, y la adulación que lo rodeó, modalidades que, hasta entonces, no se practicaban en los

Secundado por una corte de aduladores, Juárez Celman adoptó un liberalismo incondicional que lo llevó a enajenar y vender ferrocarriles y obras sanitarias y entregar a bancos privados la facultad de emitir billetes. **Hipódromo de Palermo.**

estamentos oficiales del país. Juárez Celman era, para sus paniaguados, "el Único", el jefe a quien debía prestarse apoyo "incondicional". Ese manejo contrastaba con el estilo de Roca, que trató de mantener las formas republicanas que caracterizaron a las primeras presidencias. Algunos de los hombres que acompañaron a Juárez Celman fueron cuestionados duramente: Marcos Juárez, su hermano, gobernador de Córdoba, acusado de ejercer brutalidades contra la oposición; Máximo Paz, gobernador de Buenos Aires, por negocios dudosos, y Ramón J. Cárcano, el supuesto "delfín", porque se lo consideraba excesivamente joven y tenía escasa experiencia para los altos destinos que aparentemente se le reservaban. Otro elemento perturbó su posibilidad: era cordobés, y esta circunstancia no dejaba de molestar al espíritu localista de Buenos Aires. Se había aceptado al tucumano Roca porque Buenos Aires acababa de ser derrotada, y su concuñado cordobés fue aceptado porque la máquina oficial era muy fuerte, pero Cárcano era también cordobés, y esto era ya demasiado...

De ferrocarriles y concesionarios

Al terminar la primera administración del presidente Roca, la red ferroviaria contaba con 6.000 km. Los tres años siguientes se caracterizaron por una fiebre o "manía" ferroviaria reflejada en el otorgamiento indiscriminado de concesiones por el Congreso y los gobiernos nacional y de la provincia de Buenos Aires dentro de su jurisdicción: el total de concesiones aprobadas durante este período se ha estimado que posibilitaba la construcción de alrededor de 26.000 kilómetros.

Una parte de estas concesiones se otorgó como recompensa por favores políticos. Los concesionarios lograron tramos paralelos o líneas ya en operación, o lograron los tramos si-

Comienza la crisis

Hasta mediados del '89 el presidente llevó a cabo una administración sin demasiados tropiezos, obteniendo los mayores volúmenes en el intercambio comercial y un crecimiento inmigratorio elevado: 260.000 personas sólo en ese año. Crecían también los lujosos edificios, se afirmaba la construcción de nuevas obras públicas y la presencia de la Argentina en la Exposición Universal de París de 1889 fue una muestra más del impetuoso crecimiento del país. Pero la opulencia duraría poco. Pronto comenzaron a mostrarse los signos de la crisis. El oro subió, la vida se hizo cada vez más cara, el papel moneda se depreció y las cotizaciones de la Bolsa se derrumbaron. Ya dos años antes, el vicepresidente Pellegrini le había escrito a Roca: "Un economista extranjero acostumbrado a estudiar aquellas plazas donde las oscilaciones son pequeñas y sujetas a cuatro reglas fijas traído aquí se le quemarían los libros y nos declararía locos o tontos".

Desesperado, el gobierno acude a medidas de emergencia: lanza las reservas de oro del Banco Nacional al mercado para estabilizar la cotización del pa-

---

guientes a las puntas de rieles ya concedidas (...) En los dos primeros casos los concesionarios tenían frecuentemente la intención de venderlas a las empresas británicas ya establecidas y, en el último caso, encontramos los que en la época se conocieron como "ferrocarriles a la luna", tales como Resistencia, Orán, San Rafael-Ñorquín, etc.

Durante los tres años mencionados se otorgaron sesenta y siete concesiones nacionales, a veinticuatro de las cuales se les ofreció una garantía del 5 por ciento de interés sobre el monto de inversiones fijado por kilómetro de vía. El monto kilométrico variaba según la trocha, la topografía del terreno y el eventual volumen del servicio esperado. Asimismo los plazos de las concesiones, entre ocho y cincuenta y cinco años, siendo el de veinte años el plazo más frecuente. El total de líneas concedidas en tales condiciones fue de 12.200 kilómetros; felizmente, muchos no se llevaron a cabo, pues el compromiso financiero adicional que ellas configuraban hubiera representado nada menos que el 45 por ciento del presupuesto nacional de 1890.

EDUARDO ZALUENDO
en *La Argentina del Ochenta al Centenario*

La política económica signada por maniobras y despilfarros desencadenó el derrumbe de la moneda, que no pudo ser detenido ni siquiera apelando a las reservas de oro del Banco Nacional.
Billete del Banco de la Provincia de Buenos Aires.

pel moneda, pero la especulación es tan grande que absorbe el metal sin que éste logre mejorar la cotización de los billetes. Emite moneda sin respaldo, y las endebles finanzas públicas se desploman, arrastrando en su caída a las finanzas privadas erigidas sobre la base de aquéllas.

Agosto del '89 es el comienzo del fin. Tan sólo un año más durará la presidencia de Juárez Celman. El mitin del jardín Florida, organizado el 1º de septiembre como respuesta a una reunión de jóvenes oficialistas, sirve para que se unifique la oposición. Mitristas, católicos, antiguos autonomistas, jóvenes sin partido, todos indignados por el espectáculo ofrecido por el oficialismo. Es en este momento cuando comienza a delinearse una figura que luego adquirirá un relieve enorme: Leandro Alem.

El vacío en torno de "el Único" se ahonda aun más. Se precipitan los acontecimientos: el acto del frontón Buenos Aires, la campaña de la Unión Cívica, la Revolución del Parque. El 6 de agosto de 1890 la Asamblea Legislativa acepta la renuncia del presidente Miguel Juárez Celman. Termina así una década en la que se construyeron los fundamentos de la Argentina moderna, una década que lleva el sello indeleble de Roca, quien no fue tocado por el derrumbe.

Inmigración y sociedad

Entre 1875 y 1914, la inmigración le cambió la cara al país. Más de cinco millones de extranjeros, el 14 por ciento del movimiento migratorio mundial, fueron recibidos en ese lapso por la Argentina. La ley nacional 817, o "Ley Avellaneda", definió las condiciones de instalación de los extranjeros en el país. Tanto Alberdi como Sarmiento habían sido los principales difusores de la idea de que la inmigración contribuiría al progreso y desarrollo del país, y la Constitución del '53, en su preámbulo, la hizo suya: "para todos los hombres de buena voluntad que quieran habitar el suelo argentino...".

La tierra prometida

Los primeros inmigrantes llegaron a constituir colonias en Santa Fe, Entre Ríos y Buenos Aires. Pronto la Argentina sería un país cosmopolita por excelencia, y esta condición de "crisol de razas" le daría un carácter particular, de apertura y tierra de promisión. Como la historia lo testimonia, los europeos habían sido atraídos por el Río de la Plata desde muy antiguo. Sin embargo, sólo a partir de la segunda década del siglo XIX comienza verificarse una inmigración, al principio poco numerosa —hasta 1830, unos pocos ingleses, franceses, irlandeses y alemanes se habían instalado en Buenos Aires y sus alrededores—, pero que se intensifica con el agregado principalmente de gallegos y vascos, habitantes del sur de Francia, del Piamonte o de las islas Canarias. Las guerras producidas en algunos Estados europeos, así como la pobreza que reinaba en muchas de sus regiones, empujaron a estos hombres y mujeres a buscar un nuevo destino en tierras donde todo estaba por hacerse.

La Constitución de 1853 hace suya buena parte de los conceptos sostenidos por Alberdi y Sarmiento respecto de la inmigración. A pesar de las diferencias —Alberdi prefería la inmigración anglosajona, con mano de obra especializada; Sarmiento concebía una so-

El Hotel de Inmigrantes, que se erguía sobre el puerto de Buenos Aires, alojaba por cuenta del Estado a los recién llegados durante los primeros días de su estadía en el país. **Edificio del Hotel de Inmigrantes.**

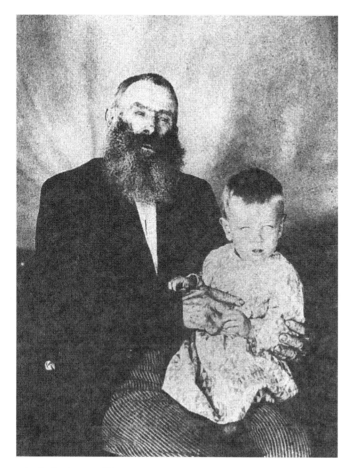

Gerónimo Cracogna —en la foto se lo ve a los 70 años de edad, con uno de sus nietos— perteneció al grupo de los primeros habitantes de Colonia Avellaneda, en Santa Fe.

ciedad de medianos propietarios, que vivieran de la explotación de sus chacras y se integraran en municipios, recibiendo los beneficios de un amplio sistema educativo–, ambos pensaban que sería un importante factor de progreso. Comienza entonces un persistente afluir de inmigrantes, que se establecen en las colonias, primero en Entre Ríos y Santa Fe, luego en Buenos Aires: franceses, suizos, alemanes, italianos. Sin embargo, también hubo un importante sector que se asentó en las ciudades. Hacia 1855, de los casi 100.000 habitantes que tenía Buenos Aires, el 35 por ciento eran extranjeros. No había enemistad hacia ellos, aunque alrededor de 1870 se detectan algunas actitudes hostiles, provocadas sobre todo por ciertos privilegios de los que gozaban: no hacían el servicio militar y los cónsules de sus países los protegían de

Hasta fines del siglo pasado, la inmigración italiana se compuso principalmente de trabajadores rurales del centro y del Sur de Italia. **Atorrante, óleo de B. Demaría.**

ciertos atropellos a los que los nativos estaban expuestos.

Hacia 1880, los italianos constituían los dos tercios de la población extranjera en las colonias. Primero fueron inmigraciones organizadas por el Estado o por compañías particulares, hasta que se consolidó la idea de que la inmigración debía ser espontánea, y el papel del Estado solamente el de fomentarla y protegerla. La ley 817 concretó los mecanismos: oficinas y consulados instalados en los países extranjeros, pasajes y alojamiento gratuito en el Hotel de Inmigrantes y traslado hasta el destino final. El problema se planteó cuando empezaron a escasear las tierras, ya que las ganadas a los indígenas con la conquista del desierto habían pasado a manos de latifundistas y, a menudo, de especuladores. El destino trazado para la inmigración era el campo, para que el gran patrimonio rural del país fuera explotado a fondo.

En 1887 fracasa el intento del gobierno de legislar la creación de centros agrícolas. Buenos Aires tiene cuatro veces más habitantes que en 1855 —es decir, 400.000—, de los cuales el 53 por ciento son extranjeros. La década del 80 fue el lapso de mayor afluencia de extranjeros: 37.000 en 1884, 67.000 en 1885, 80.000 en 1887, 185.000 en 1889. El gobierno había puesto a disposición de estancieros, industriales y otros productores nada menos que 50.000 pasajes gratuitos. Sin embargo, y como los acontecimientos políticos influían en la radicación del extranjero, en 1890, año de la revolución del Parque, la cifra bajó a 50.000, casi una cuarta parte de lo registrado el año anterior. Entre 1875 y 1914 la Argentina figuró en el segundo y el tercer lugar entre los países que recibían inmigrantes.

Quiénes venían y de dónde

Italia y España fueron los dos países que alimentaron principalmente la inmigración. Luego, muy lejos de las cifras de estas dos vertientes, venían franceses, ingleses, alemanes, sirios, judíos y otros. Entre los italianos eran mayoría los trabajadores de la tierra oriundos del Piamonte, la Lombardía y el Friul; más adelante vendrían los campesinos de la Calabria, Nápoles y Sicilia. Entre 1905 y 1910, los españoles tomaron la delantera a los italianos y aportaron entre el 43 y el 63 por ciento de la totalidad de inmigrantes.

Nueve de cada diez de los recién llegados se instalaron en la región pampeana, y dos a tres de cada diez inmigrantes se instalaron en Buenos Aires, debido en parte a las grandes obras públicas de la década del 80: aguas corrientes, alcantarillas, ferrocarriles, viviendas, edificios públicos. En el 90 la crisis empujó a muchos de estos inmigrantes hacia el campo, pero en los primeros años del siglo XX otra vez la ciudad ofreció oportunidades de trabajo.

La llegada era el gran momento. Todos arribaban al puerto de Buenos Aires, que antes del proyecto de Eduardo Madero sólo consistía en un muelle endeble. Arrastraban baúles, pertenencias personales difíciles de embalar, y tomaban de la mano a sus hijos para protegerlos de la novedad que representaba volver a empezar. La mayoría traía alguna dirección, el nombre de alguien que, aunque desconocido, podría orientarlos en la Babel que empezaba a ser Buenos Ai-

Como los barcos de gran calado no podían ingresar en el puerto de Buenos Aires, atracaban en Montevideo, desde donde los inmigrantes eran trasladados a Buenos Aires en embarcaciones más pequeñas.
Dársena Sur.

Llevados por su condición, los inmigrantes se agruparon adoptando formas de solidaridad hasta entonces desconocidas en estas tierras.
Plaza Italia, *de Angel Della Valle.*

res. Otros se alojaban en los hoteles de inmigrantes, y los más audaces vagaban sin rumbo, hasta encontrar la punta del ovillo, aquel dato que les permitiría conseguir un trabajo, alojarse en algún sitio provisorio.

La hermosa descripción que Sarmiento hace de los inmigrantes revela en toda su magnitud la fuerza del impacto: "Cuando desembarcan en América, sus ojos quedan alucinados como si miraran el sol".

La ciudad cambia sus costumbres

Lo primero de todo fue la lengua: comenzó a definirse como un receptáculo de innovaciones, de las que los italianismos formaron la mayor parte. El lunfardo vino más adelante, y surgió no sólo del habla picaresca y del hampa, sino de la necesidad de entenderse en las grandes ciudades. El mundo rural perdió la hegemonía, y así empezó a perfilarse la gran ciudad, a la que comenzaban a ensordecer los tranvías con sus bocinas y campanas.

El antiguo menú criollo se vio alterado en su monotonía con los aportes que trajeron los extranjeros:

las pastas y la pizza italianas, la polenta con pajaritos, las tortillas españolas y sus embutidos, que pasaron a dar sabor a un puchero un poco simple. Pero las distintas clases sociales, ante la necesidad de defender su identidad, tomaron de lo extranjero lo que les sirvió para sentirse a salvo: fue así como las clases altas se convirtieron en depositarias de las costumbres culinarias francesas, y tener un cocinero de ese origen fue el rasgo de mayor distinción a fines de siglo.

Las comunidades eligieron sus lugares, y comenzaron a agruparse en asociaciones: en 1857 los italianos fundaron Unione e Benevolenza y el Hospital Italiano, y en 1861 la Sociedad Nacional Italiana. En 1894 había más de 80 asociaciones de ese origen. Los españoles no se quedaron atrás: el Hospital Español, el Centro Gallego, el Club Español. Estas asociaciones ofrecían servicios mutuales, de beneficencia y educación. Fueron sin duda los mecanismos que los recién llegados instrumentaron para no sentirse tan lejos de la tierra... Allí se reunían para oír su idioma, para bailar sus danzas, para reconocerse entre ellos.

Un buen dueño de casa

El criollo, el nativo, el que lleva la hidalguía española en su sangre y en su tez, ése ama al huésped que llega, al inmigrante que viene, si se asimila a las costumbres nacionales; pero no podría simpatizar con aquel que, creyéndose superior sólo por ser europeo, traza una línea divisoria entre lo argentino y lo extranjero, como con frecuencia lo hace el orgulloso inglés. Simpatiza con el alemán honesto y serio que se hace padre de familia y se vincula a la tierra. ¿Cómo no reír con el francés burlón, pero franco y cordial? El español viene, puede decirse, en familia, para él somos los mismos, cualidades, defectos, pasiones, todo lo expresamos en la armoniosa lengua castellana, por cuya conservación y pureza debieran hacerse sacrificios. El italiano, el belga, el suizo, el holandés, el dinamarqués, encuentran abiertas todas las puertas, sólo se exige honradez y manos limpias. Sería absurdo pretender que al iletrado y burdo obrero se le siente en el salón argentino.

La hospitalidad es generosa, pero ¡guay con los que pretenden ser superiores y privilegiados sobre los ciudadanos! La bondad no iría jamás a conceder privilegios al extranjero que los haga superiores al hijo del país.

VICTOR GALVEZ
Memorias de un viejo

Las grandes obras públicas que se emprendieron en la ciudad de Buenos Aires durante la década de 1880 atrajeron a muchos de los recién llegados, que se establecieron en la ciudad buscando oportunidades de trabajo.
Plano topográfico del Distrito Federal de la Capital de la República.

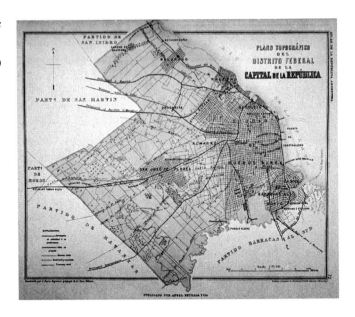

Literatura e inmigración

La frialdad de los números, si bien muestra el salto enorme que experimenta la población, y sobre todo la relación entre la población extranjera y la población nativa, no basta para reflejar el cúmulo de tensiones que se desataron una vez que el impacto inmigratorio comenzó a hacerse notar. Porque no se trata ya de las colonias, después de todo espacios alejados de Buenos Aires, con sus leyes propias, con su forma de vida insertada en lo rural. Las verdaderas fricciones son las que aparecen en las grandes ciudades, principalmente Buenos Aires y Rosario, a las que el inmigrante aporta sus características personales y, sobre todo, su ambición de sobresalir.

La literatura de fines de siglo asume la misión de la crónica, sobre todo porque la modalidad imperante, un naturalismo cercano al que en Francia practica Emile Zola, permite centrar en los procesos sociales los temas de novelas y cuentos. Eugenio Cambaceres, un novelista talentoso, fue quien manifestó de manera más clara la incipiente xenofobia: autor de cuatro novelas, es *En la sangre* (1887) la que muestra más descarnadamente –a través del conflicto de un italiano que hace fortuna y las dificultades de su hijo por insertarse en las clases más elevadas– la irritación que los criollos sentían al oír una lengua distinta, al percibir gestos de otros mundos. Otros autores que en sus novelas manifiestan la preocupación de los nativos ante la invasión extranjera son Antonio Argerich y Manuel T. Podestá, los autores de *¿Inocentes o culpables?* (1884) e *Irresponsable* (1889), respectivamente. Al igual que Cambaceres, estos autores comienzan a ver en el extranjero al elemento que desequilibra la sociedad, y siguen un derrotero biologista, como sus contemporáneos, los naturalistas franceses y españoles. Una maldición inexcusable pesa sobre la sangre de los extranjeros, y todos los males que en el fondo son la consecuencia de la modernización y de sus efectos sociales recaen en la estirpe de los inmigrantes.

Algunos testigos del cambio comprenden que se trata de un fenómeno más complejo, y que la desigualdad entre pobres y ricos puede ser uno de los principales factores de agitación. Juan Piaggio, en su libro *Tipos y costumbres bonaerenses,* publicado en 1889, escribe acerca de un nuevo tipo humano, surgido de la moderna Babel: "El atorrante no es vicioso, su cuerpo no está enfermo, no es, generalmente, vie-

En contraste con las miserables condiciones de vida de los nuevos pobladores, las familias tradicionales y los nuevos ricos ostentaban su opulencia en los paseos por los bosques de Palermo. **Avenida Sarmiento,** *de* **Angel Della Valle.**

jo a quien agobia la carga de su cabeza blanca. Al contrario, suele ser joven y sano. Su techo es el cielo de Buenos Aires, su lecho un banco, un caño, una acera, todo el suelo de la ciudad. Su vida es solitaria, incierta, sin dolor ni trabajo, sin llanto ni sonrisas...".

Opulencia y miseria

El ingreso de una masa tan grande de inmigrantes ocasionó desequilibrios evidentes: por ejemplo, la falta de vivienda, ante la cual la ciudad no podía ofrecer una respuesta adecuada. La gran demanda hizo que aumentaran los precios de los alquileres y el valor de la propiedad, de lo cual surgió la especulación, que trató de sacar mayor partido de la renta. Aparecieron entonces los conventillos, en donde, según las cifras, en 1887 vivía la cuarta parte de la ciudad.

El conventillo pasó a la historia principalmente de la mano de los narradores y autores de teatro. Novelistas como Francisco Siccardi, autor de *El libro extraño*, publicado en 1894, así como el sainete, teatro de destino popular, escenifican sus historias en estas viviendas

Cartas de inmigrantes

El sociólogo italiano Emilio Franzina publicó en Milán una selección de cartas de campesinos italianos establecidos en la Argentina en la década de 1880 y los que siguen son fragmentos tomados de allí:

"Aquí, del más rico al más pobre, todos viven de carne, pan y minestra todos los días, y los días de fiesta todos beben alegremente y hasta el más pobre tiene cincuenta liras en el bolsillo. Nadie se descubre delante de los ricos y se puede hablar con cualquiera. Son muy afables y respetuosos, y tienen mejor corazón que ciertos canallas de Italia. A mi parecer, es bueno emigrar..." (Girolamo Bonesso, Esperanza, 1888).

"Aquí la gente es tan buena, que es una maravilla. Decían que son indios, y son todos muy bien. En Italia no se encuentra gente de educación como aquí (...) Se puede cazar casi con la mano, hay tantas palomas como moscas hay en Italia...!" (De Luigi y Oliva Binutti, Jesús María, 1878).

"Nosotros estamos seguros de ganar dinero y no hay que tener miedo a dejar la polenta, que aquí se come buena carne, buen pan y buenas palomas. Los señoro-

alquiladas por cuartos, en los que se hacinaban familias enteras, sufriendo los efectos de tal modo de vida.

En 1880, dice José Panettieri, autor del libro *Los trabajadores,* el salario era de 1,50 pesos oro; en 1885, de 1,95. Pero los efectos de la crisis lo hicieron bajar a 0,81 en 1891, es decir que entre 1885 y 1891 se operó una reducción del 54 por ciento. Mientras tanto, los precios de los artículos de consumo diario se mantenían en sus niveles y los precios de los alquileres aumentaban vertiginosamente.

Los trabajadores carecían de toda protección legal. Sus jornadas de trabajo se extendían de diez a doce horas en invierno y nueve en verano. Los empleados de comercio no tenían descanso ningún día de la semana. Los índices de mortalidad eran muy elevados, y aumentaban a medida que las condiciones de vida se volvían más precarias. En 1889, el 80 por ciento de los enfermos de tuberculosis eran trabajadores que vivían en la zona de los conventillos. Santiago de Estrada describe la práctica de la "cama caliente", donde duermen "sucesivamente tres o más personas, que esperan a que les llegue el turno sentadas en los umbrales del conventillo".

---

nes de allá decían que en América se encuentran bestias feroces; las bestias están en Italia y son esos señores..." (Vittorio Ptrei, Jesús María, 1878).

"Lo malo de esta tierra es que es peligrosa: por una chirola te asesinan. Así que hay que estar siempre alerta, armado con revólver (...) Todos los años esta fertilísima tierra es devastada fieramente por las langostas." (Nanni Partenio, Rosario, 1878).

"He pensado en marcharme a Montevideo, capital del Uruguay, y si no hay trabajo me voy al Brasil, que allí hay más trabajo y al menos tienen buena moneda, y no como aquí en la Argentina, que el billete siempre pierde más del veinte (por ciento) y no se ve ni oro ni plata. Es una ley estúpida eso de que con esta moneda no se puede ir de una provincia a la otra, se debe cambiar y perder la mitad de su valor." (Luigi Basso, Rosario, 1878).

"En cuanto a los granos, te diré que el trigo viene hermosísimo, pero este año vale muy poco. El maíz, en general, no es tan bueno como el de Italia. Azúcar no hay en cantidad y tampoco otras verduras y papas, y aun cuando tengas ganas de hacer una huerta, da mucha fatiga conservarlas por la gran cantidad de hormigas y el mucho calor." (Leonardo Placereano, 1880).

Comienzan entonces a sucederse las huelgas: en enero de 1888, los camareros de hoteles, los cocheros y los panaderos; en octubre del mismo año, los trabajadores del Ferrocarril del Sud; al mes siguiente, los obreros fundidores de la casa Bash. En enero de 1889 hacen huelga los obreros del Riachuelo y del ferrocarril a Rosario; en junio, los de las fábricas de cigarros.

Mientras tanto, los paseos por los bosques de Palermo muestran una forma de vida muy diferente: se trata de las familias tradicionales, que ostentan su riqueza, a la que, sin embargo, comienzan a acceder algunos advenedizos. En 1884, la provincia de Buenos Aires poseía el 61 por ciento del capital nacional, y la ciudad de Buenos Aires el 23 por ciento de esa cifra. La clase alta estaba radicada, en su mayoría, en esta provincia y en la Capital. El dinero se había convertido, en estos años, en una obsesión para todos, y los viejos valores de la vida social se habían transformado. Los jóvenes de la clase alta ya no quieren ser ni militares ni abogados; eligen ser propietarios de tierras, financistas, rematadores o corredores de Bolsa.

En el diario *La Nación* del 12 de septiembre de 1889 puede leerse que "es frecuente encontrarse con hombres y jóvenes que hace poco hacían antesala pa-

La pequeña ciudad de Mar del Plata empieza a ser centro de una nueva costumbre bonaerense: el veraneo de las familias acomodadas.
Entrada a la rambla de Mar del Plata.

ra obtener un modesto empleo o llevaban vida senci-
lla, arreglada a las circunstancias, arrellanados ahora
en los mullidos cojines de sus elegantes carretelas,
arrastradas por soberbios troncos y servidas por cocheros y lacayos de aparatosa librea". El tren de vida,
copiado de Europa, podía ser sostenido por los grandes estancieros, entre quienes se encuentran apellidos que habían empezado a destacarse en la época de
Rosas o antes: Anchorena, Terrero, Sáenz Valiente,
Cobo, Campos, Cascallares. Pero también el nuevo rico, aquel cuya fortuna había surgido de la especulación, frecuentaba los mejores sitios, comía en los mejores clubes y cafés, le traían sus caballos y la ropa
blanca de Inglaterra.

"Haute gomme, savoir faire, fine fleur, gommeux..." Las crónicas periodísticas reflejan en sus páginas el afrancesamiento creciente de la alta sociedad criolla. **París, Avenida de la Opera.**

Vivir como en París

La producción agropecuaria es el origen de las
grandes fortunas, aunque hacia fines de la década del
80 muchos miembros de la clase dirigente comienzan
a aparecer en los directorios de bancos y sociedades
financieras. Donde nunca figuran es entre los productores fabriles, ya que desprecian —quizá como una herencia claramente española— todo lo que tenga que

ver con la actividad productiva manual y, principalmente, porque prefieren conservar lo heredado de sus padres y abuelos y no alejarse de la tierra. Pero pronto el estanciero se radicará en la ciudad, mudándose al Norte aquellos que venían viviendo tradicionalmente en el Sur de la ciudad, zona que será ocupada en cambio por los barrios de conventillos.

En sus orígenes, los antepasados de la mayoría de los integrantes de la clase alta porteña habían sido, según figura en el *Anuario del Comercio, de la Industria, de la Magistratura y de la Administración de Buenos Aires,* editado en 1854, pulperos, comerciantes, abastecedores del Ejército y aun contrabandistas. Las fortunas amasadas de esta manera no fueron grandes, pero permitieron aguardar la valorización de las tierras compradas con el excedente, y de ahí en más fue el inmigrante quien se ocupó de los trabajos manuales.

Las costumbres de la clase alta porteña marcaron la existencia de una élite que encuentra en Europa su faro conductor. Martín García Merou, uno de los muchos memorialistas de fines del XIX, se refiere en su libro *Perfiles y miniaturas,* de 1889, a la *villegiature,* "esa costumbre extranjera que, como tantas otras, he-

---

Cómo portarse en Buenos Aires

"País que vas, hábito que encuentras", dice el proverbio. No es superfluo conocer alguno de estos hábitos para prevenir errores:

1. Cuando una banda musical entona el himno nacional, todos los presentes se descubren la cabeza en señal de reverencia.

2. A cualquier mujer, sea una dama o una lavandera, se le dice habitualmente señora. Llamar a una *donna* del pueblo mujer, no suena bien ya que equivale a decir hembra.

3. Para llamar a la gente a la entrada de la casa, o cuando la puerta está abierta, no se golpea ni se grita, se baten tres veces las palmas de las manos.

4. Para llamar a un carruaje o para avisar desde lejos al conductor de un tranvía para

mos adoptado con pasión entusiasta". Los paseos se ponen de moda: a los bosques de Palermo, la vieja quinta que fue de Rosas y se ha transformado en un parque público, las excursiones a San Isidro, Acassusso, Temperley, Adrogué. También se impone el veraneo, esa temporada, a veces breve, a veces muy larga, pasada por lo general en la pequeña ciudad de Mar del Plata.

La forma de vida cambia. Comienzan a hacerse célebres ciertas residencias, sobre todo por la elegancia de sus dueños y la sofisticación de sus maneras: las casas de los Ocampo, los Alzaga, los Victorica, los Quintana, los Unzué, los Anchorena. Grandes fiestas, mucho champán y, sobre todo, el idioma francés como valor de cambio social. Como dice Lucio V. López, "no era chic hablar español en el gran mundo; era necesario salpicar la conversación con algunas palabras inglesas y muchas francesas, tratando de pronunciarlas con el mayor cuidado, para acreditar raza de gentilhombre...". Y de tal modo se impondrá esta manía, que escritores como Victoria Ocampo hacen sus primeros escarceos literarios en esta lengua...

En junio de 1889, más de cien argentinos residían en el Grand Hotel de París. Dos acontecimientos los

---

que se pare no se dice "pss,pss,pss", que es poco sonoro, sino "psciiio, psciiio".

5. En los cafés o en las confiterías hay siempre un lugar especial para las señoras. Son admitidos sólo los hombres que las acompañan.

6. En un café o restaurante se llama al camarero batiendo las palmas dos veces y agregando inmediatamente la llamada de "¡mozo!" que quiere decir camarero. No se golpea sobre la mesa o el vaso.

7. En la platea de teatros y cines no está permitido, ni siquiera a las mujeres, llevar el sombrero puesto ya que se impediría a los otros ver la escena.

8. No se fuma ni en los tranvías ni en la plataforma. El aviso "está prohibido salivar" significa *vietato sputare*.

9. Para pedir socorro a un policía (vigilante), que es también un guardia de ciudad (para los casos urgentes de incendio, robo, heridas, violencia, etc.), se silba con un pito de plomo que muchos acostumbran llevar en el bolsillo.

10. Por la calle no se camina fuera de la vereda: de hacerlo recibiría el calificativo de "atorrante", que equivale a mendigo.

Reproducido por DIEGO ARMUS en *Manual del inmigrante italiano*

convocaban: la inauguración de la Torre Eiffel, en la celebración del primer centenario de la revolución, y la Exposición Universal. Había también allí algunos salones de argentinos frecuentados por la buena sociedad, como el de Angel María Méndez, consuegro de Mitre y cónsul argentino en París, o los de Santiago Alcorta y José C. Paz.

De acuerdo con los cánones sociales de la época, las mujeres no concurrían a cafés ni a restaurantes. El Jockey Club, fundado en 1882 por Carlos Pellegrini, Vicente L. Casares y Santiago Luro, así como el Club del Progreso, solamente recibían en sus salones a las mujeres e hijas de los hombres de la clase dirigente en ocasión de algún baile importante. Miguel Cané, en uno de los textos de su libro *En viaje,* comentará con sorpresa y agrado la libertad de las jóvenes norteamericanas, que viajan solas en tren y concurren a los lugares públicos, "sin que nadie se atreva a molestarlas".

Las condiciones de vida y el trato recibido de manos de "la ley" llevan a los gauchos a emplearse como peones en las grandes propiedades rurales que dominan la región pampeana.
Foto de Benedetto Pannuzi, denominada Campera, 1865.

Qué ocurría en el campo

La condición de los trabajadores rurales es peor que la de aquellos que trabajan en las ciudades, porque el Código de Policía Rural de 1884, impide, por

Los imponentes cascos de estancia que empiezan a surgir contrastan con las precarias viviendas de los inmigrantes que se integran al mundo rural. **Estancia Nueva Escocia, en Pehuajó, propiedad de Drysdale Hnos.**

ejemplo, que abandonen su trabajo antes de terminar su trato con el patrón. La ley de conchabo de Tucumán les prohíbe faltar a su trabajo sin permiso, imponiéndoles un castigo de un día de arresto o multa de un peso moneda nacional. En la *Instrucción del estanciero,* de 1882, José Hernández describe las estancias como si fuesen regimientos, y pide que el patrón se haga respetar "como un oficial con sus soldados, para que le obedezcan". Notable diferencia entre esta afirmación y la voz de protesta que Hernández pone en boca de su personaje Martín Fierro.

Los "gauchos libres", al estilo de Martín Fierro, han perdido el refugio que les otorgaba el desierto, y en 1881 comienza a detenerse a estos "vagabundos", que no tienen ni título de propiedad alguno ni trabajo, y que viven de bolear avestruces. Algunos se incorporan como peones, pero otros permanecen errabundos, de modo que, en 1883, en los *Anales* de la Sociedad Rural puede leerse que vegetan en la provincia de Buenos Aires unos cientos de individuos "sin profesión conocida, que por el hecho de no tenerla son una incesante amenaza para la seguridad general".

En 1879, cientos de indígenas vencidos y despojados de sus tierras habían sido recluidos en la isla Martín García. Luego los hombres fueron repartidos en las estancias, a pedido de sus propietarios, en condiciones casi de esclavitud, y las mujeres entregadas por la Sociedad de Beneficencia a las familias pudientes, en calidad de trabajadoras domésticas. Carlos María Ocantos, en *Quilito,* una de sus novelas, describe el azoramiento de una india que llega a Buenos Aires frente a la belleza de sus patronas, la riqueza de sus ropas y el lujo de sus habitaciones. Frente a esto, la indiecita aparece casi como un elemento de la naturaleza, alguien tan salvaje y lejos de lo humano que jamás podrá cambiar ni su aspecto ni su condición...

Nace una nueva clase social

Pequeños comerciantes, artesanos, empleados públicos, miembros de la oligarquía venidos a menos, trabajadores en camino de progresar, todos ellos for-

La entrega de las tierras públicas

Doce años después de sancionada la ley Avellaneda, existían seis colonias en los territorios nacionales y dos en Córdoba, pertenecientes a la nación, habiéndose enajenado, con arreglo a la ley, 161-513 hectáreas.

El informe del departamento topográfico decía, enumerando dificultades: "...las in-mensas distancias que separan los centros de colonización existentes, la escasez del personal destinado a este objeto, y por otra parte la mala fe de algunos concesionarios, la falta de medios de hacer efectiva su responsabilidad en muchos casos, el poco conocimiento local y de la capacidad productiva del terreno por razón misma de la premura con que tenían que efectuar esas operaciones los encargados de ellas; razones todas que deben tenerse muy en cuenta para la más equitativa y prudente aplicación de los medios de hacer efectivo el cobro, son causas que hasta ahora han obstado poderosamente a la percepción regular de las sumas adeudadas al gobierno, trayendo además aparejados los inconvenientes y el malestar consiguientes a un estado de cosas anormal".

Esas irregularidades se refieren a las concesiones ya otorgadas. Más de cuatrocientas fueron solicitadas durante los años 1886 y 1887, de las cuales se

maban parte de una incipiente clase media, a la que resulta por cierto difícil describir. Sin embargo, claramente puede observarse que, sobre todo en el Interior, aquellos que llevan apellidos tradicionales pero no tienen fortuna buscan la salida que resuelva sus necesidades económicas. Un puesto oficial, la carrera de las armas, la diplomacia, son algunas de esas posibilidades. Los "venidos a menos" ocupan un lugar importante en la literatura, y será esa lucha denodada por mantener las "apariencias" lo que los caracterice más adelante.

De esa necesidad provendrá la imitación de los usos y costumbres de las clases privilegiadas, practicado no solamente por los venidos a menos sino también por aquellos que desean asimilarse, ya sea desde la mediocre pobreza o desde su condición de extranjeros, al brillo y a la opulencia que aparecen en revistas y notas sociales. Un viajero italiano que visita la colonia Esperanza antes de 1890 manifiesta su sorpresa: "Busqué aldeanas vestidas con su traje de fiesta y hallé, por el contrario, graciosas damas con mucho

otorgaron 198, entregándose una superficie de 11.400.881 hectáreas que hacen un total de 4.560, 5 leguas kilométricas, (Memoria del Ministerio del Interior, edición oficial, Buenos Aires, 1888, pág. 503), salidas casi simultáneamente del patrimonio de la nación mientras los "concesionarios se encuentran en vías de dar cumplimiento a sus respectivos contratos". Diecinueve concesionarios de 943 leguas pusieron en evidencia la escasísima seriedad de sus empresas —aceptadas no obstante sus solicitudes— al perder sus derechos simplemente por no cumplir con la ley de sellos...

Chubut reclamaba brazos para la agricultura, mientras los sembrados de trigo avanzaban y los hijos de colonos reclamaban tierras para la ganadería; en Río Negro las colonias General Conesa y Frías languidecían, semipobladas y sin más cultivos que los indispensables para las necesidades inmediatas. Prácticamente, todo el valle del río, en sus dos márgenes, estaba entregado al dominio particular, por reconocimiento de derechos posesorios o por adjudicaciones a concesionarios de colonias, quedando tierras poco conocidas en el interior de Río Negro pero prontas a ser objeto de disposiciones que las sacarían de manos fiscales.

GASTON GORI
Inmigración y colonización en la Argentina

La nueva clase media que surge trata de imitar los usos y costumbres de los sectores acomodados de la sociedad, en un vano intento de mimetizarse con ellos.
La Moda, *Ilustración Argentina, 1885.*

sombrero y mucha sombrilla y, en fin, (todo lo que constituye) el adorno de una señora elegante. Supuse que serían forasteras que estuviesen allí de temporada, pero supe que eran indígenas, o cuando menos aclimatadas. Vi también muchos hombres con sombrero de fieltro, a la última moda de París, casi todos de copa, y supe también que eran naturales o vecinos del pueblo, de suerte que yo, tipo de importación, parecía allá humilde y modestísimo colono...".

Como ha podido verse, el proyecto desarrollado a partir del 80 trajo aparejados enormes cambios en la vida social. Estos cambios no solamente tuvieron que ver con la expansión económica del país: fueron también el resultado de la incorporación de nuevos elementos a la vida productiva y social. De todo esto surgió un nuevo rostro, esa Babel instalada en Buenos Aires, pero también una nueva correlación de fuerzas planteada entre ciudades e Interior. Y, como gran novedad, el nacimiento de esa clase media que más tarde constituirá el fundamento de la nación, llegando a convertirse en el orgullo del país, y en el elemento característico que lo distinguiría del resto de América Latina. Para ella se forjaron las instituciones democráticas, para ella la educación abrió sus caminos y fue el núcleo generador de ambiciones de mejoramiento y de progreso. El título de una de las principales obras de Florencio Sánchez, el dramaturgo rioplatense muerto prematuramente, sintetiza las aspiraciones y las posibilidades de este importante sector social: *M'hijo el dotor...*

Religión, educación y Estado

U na vez que Roca delineó los límites de su accionar político, fue necesario legislar acerca de las grandes cuestiones. La inmigración planteaba el tema de cómo educar. Católicos y liberales vieron el problema en forma muy diferenciada. La áspera controversia generada a partir del debate de la Ley de Educación enfrentó dos concepciones: libertad de conciencia, para los católicos; defensa de los derechos individuales y recorte del poder eclesiástico, para los liberales. Finalmente prosperó esta última postura, debido probablemente a que en algunos países europeos la cuestión estaba desenvolviéndose de un modo similar.

Los antecedentes

La vinculación con el laicismo francés, entonces en boga, no es la única explicación del debate religioso. La moda ideológica puede haber pesado en la mentalidad de los hombres que debatieron estos temas, pero lo cierto es que había llegado el momento de legislar para la nación, y definir las atribuciones del Estado en relación con las provincias y con la sociedad en general. Tan importante como la creación de una moneda fuerte en todo el país, la definición de los límites con los países vecinos y la jurisdicción del gobierno sobre los territorios ganados al indio, era el tema de cómo educar. La educación —esto hay que señalarlo— fue concebida por Sarmiento y los hombres del 80 como una manera de integrar en un proyecto común a la multiplicidad de sus habitantes.

La controversia tenía sus orígenes en episodios anteriores, por ejemplo, el clima de anticlericalismo creado por algunas logias masónicas y que provocó el ataque contra el Colegio del Salvador, baluarte de los

El derrocamiento de Nicasio Oroño constituye una de las primeras escaramuzas que preanuciaron las grandes batallas entre católicos y liberales.

jesuitas, ocurrido en 1875. En Santa Fe, el gobernador Nicasio Oroño estableció en 1868 el matrimonio civil, por lo cual fue destituido, sobre todo a causa de las protestas de la Iglesia. Los episodios de resistencia más graves ocurrieron en Córdoba, donde el vicario Uladislao Castellanos, en 1880, censuró la postura anticlerical de algunos periódicos locales. La crítica motivó la reacción de los liberales contra esta invasión por parte de la Iglesia en la esfera de la libertad de prensa. Es que las reformas del gobernador Juárez Celman, sobre todo en relación con los cementerios y el Registro Civil, que habían pasado a depender del Estado, suscitaron la protesta de los sectores católicos. Se añadió a las medidas cuestionadas el proyecto de Ramón Cárcano acerca de la equiparación de los hijos ilegítimos o extramatrimoniales con aquellos que provenían del matrimonio legal.

Pero el centro del debate residía en la educación, porque no solamente se trataba de legislar sobre sus formalismos, sino que entraban en juego las concepciones científicas y la metodología y sus alcances. El positivismo, concepción científico-filosófica que a través de la ciencia pretendía reunir progreso social y moralidad individual, había prevalecido en el clima inicial de la escuela Normal de Paraná, creada en 1870, de donde saldrían los principales planteles del magisterio y del profesorado.

El primer Congreso Pedagógico

Ya en 1881 se resuelve realizar un congreso, un amplio foro de discusión donde se expusieran todas las ideas que circulaban en la época. La idea fue tomada por el ministro Manuel T. Pizarro, aunque luego renunciaría debido a los incidentes, ya que era defensor de las ideas católicas.

El congreso comenzó el 10 de abril de 1882 y su presidente honorario fue Sarmiento, aunque no concurrió a las sesiones. Lo reemplazó en el ejercicio de la presidencia Onésimo Leguizamón, y asistieron representantes de los Estados Unidos, Uruguay, Brasil y los principales voceros de las tendencias políticas en materia de educación en la Argentina. Lo que pudo haber sido un debate de puertas adentro se transformó, gracias a la excelente tarea del periodismo y al

Aunque se había previsto que las deliberaciones se desarollarían en diez días, el Congreso Pedagógico sesionó durante casi un mes, y el tema de la enseñanza religiosa ocupó un puesto preponderante en las discusiones.
Asistentes al Congreso Pedagógico.

A pesar de sus escasas probabilidades de triunfo, al menos a mediano plazo, los líderes de la posición católica sostuvieron firmemente el debate durante varios años. **Caricatura de José M. Estrada.**

interés genuino de la población, en un debate público que encendió la polémica durante más de un mes.

Se había convenido no discutir el tema religioso, aunque fue imposible mantener la prescindencia. Los católicos, encabezados por Estrada y Goyena, se retiraron del Congreso, en lo que sus partidarios consideraron una actitud digna frente a las presiones que sufrían por parte de los liberales. Lo cierto es que los manifiestos y publicaciones de esa tendencia no cesaron de esgrimir sus ideas contrarias "a los conventos y a las sotanas", aunque bien podría decirse que éstos no llegaron a mezclarse en los argumentos sostenidos en el debate.

Las posturas eran realmente antagónicas. Los católicos querían ante todo defender la libertad de conciencia frente a la ingerencia del Estado liberal. Pensaban que el liberalismo amenazaba la tradición argentina de la familia y la moral derivada de ella. Para resistir esta amenaza, la mejor arma era una sólida educación religiosa, que además serviría de componente unificador frente a la presencia del elemento inmigratorio.

Los liberales, en cambio, veían al poder eclesiástico como avasallador de las conciencias y, sobre todo, de los derechos individuales. Juan Llerena escribía en 1887: "¿Cuál es la fuerza que mueve a otros pueblos, y cuáles las ligaduras que nos tienen atados a nosotros? Indudablemente es la civilización, la luz, la ciencia, la libertad, la que impulsa a nuestros afortunados rivales (...) Indudablemente es la rutina, la superstición, las ideas viejas, la ignorancia, la que nos ata (...) Nuestros tutores espirituales, la curia y sus fieles ultramontanos, tienen miedo hasta de nuestros pensamientos; los norteamericanos, entre tanto, como los ingleses, como los alemanes, jamás tendrán lo suficiente (...) la población, la riqueza, el poder de los norteamericanos marcha a paso de gigante. ¿Quién podría decir a ese coloso, detente? El mundo desea su prosperidad, porque lleva consigo la libertad, la industria, la riqueza".

Las ideas del liberalismo rechazaban la ingerencia

Artículos de la Ley 1420

Artículo 1º: La escuela primaria tiene por único objeto favorecer y dirigir simultáneamente el desarrollo moral, intelectual y físico de todo niño se seis a catorce años de edad.

Art. 2º: La instrucción primaria debe ser obligatoria, gratuita, gradual y dada conforme a los preceptos de la higiene.

Art. 3º: La obligación escolar comprende a todos los padres, tutores o encargados de los niños, dentro de la edad escolar establecida en el artículo primero.

Art. 4º: La obligación escolar puede cumplirse en las escuelas públicas, en las escuelas particulares o en el hogar de los ni-

de la Iglesia en lo que respecta a los asuntos temporales, donde reconocían al Estado pleno derecho, como una manera de permitir también la convivencia de distintas maneras de pensar. Esto implicaba el monopolio educativo por parte del Estado, para imprimir también un sello característico de este progresismo no intervencionista en el perfil del ciudadano.

Los líderes de la postura católica fueron José Manuel Estrada y Pedro Goyena, que sostuvieron durante años sus posiciones en la *Revista Argentina* (segunda época), en *La Unión* (fundada en 1882), y más tarde en *La Voz de la Iglesia.* Eduardo Wilde y Onésimo Leguizamón encabezaban el bando opuesto, y volcaron la defensa de sus ideas en *La Tribuna, La Prensa* y *La República,* así como en los periódicos de algunas colectividades. Se trató de uno de los debates más fuertes de esa época, pero que reiteraría, casi setenta años más tarde, la fuerza y la virulencia en otro de los puntos más ardientes del proyecto de Estado: la lucha por la educación laica o libre.

No obstante, el Congreso Pedagógico no se limitó a discutir acerca de la importancia de la educación religiosa. Hubo una gran riqueza de opiniones y de temas, y se presentaron trabajos sobre cómo sostener las escuelas del Estado, así como sobre la manera de

ños; puede comprobarse por medio de certificados y exámenes; y exigirse su observancia por medio de amonestaciones y multas progresivas, sin perjuicio de emplear, en caso extremo, la fuerza pública para conducir a los niños a la escuela.

Art. 5º: La obligación escolar supone la existencia de la escuela pública gratuita al alcance de los niños en edad escolar. Con tal objeto, cada vecindario de mil a mil quinientos habitantes en las ciudades, o trescientos a quinientos habitantes en las colonias y territorios nacionales, constituirá un distrito escolar, con derecho, por lo menos, a una escuela pública donde se dé en toda su extensión la enseñanza primaria que establece esta ley.

Art. 8º: La enseñanza religiosa sólo podrá ser dada, en las escuelas públicas, por los ministros de los diferentes cultos a los niños de su respectiva comunión, y antes o después de las horas de clase.

Art. 10º: La enseñanza primaria para los niños de seis a diez años de edad se dará preferentemente en clases mixtas, bajo la dirección exclusiva de maestras autorizadas.

Entrerriano nacido en 1837, fue legislador por su provincia y ministro de Justicia, Culto e Instrucción Pública durante la presidencia de Avellaneda. Presidió el Primer Congreso Pedagógico, donde se destacó por su defensa de las posiciones liberales. **Onésimo Leguizamón.**

jerarquizar la profesión docente. En un marco de modernización, se abogó por la educación mixta, la supresión de los castigos corporales, la incorporación de adultos, mujeres y minusválidos a ciertos niveles de la educación. Por sobre todo se reclamó el desarrollo de una pedagogía científica que tuviera en cuenta el desarrollo evolutivo de niños y adolescentes, con el auxilio de otras ciencias, de modo que se permitiera una eficaz transmisión de los conocimientos pero también una formación acorde con las necesidades de la época.

En cuando a los contenidos, hubo reclamos sobre la importancia de incluir instrucción cívica y conocimientos de economía, como una manera de que los niños comprendieran la necesidad de que el país se desarrollara en el camino de la producción. Paul Groussac planteó el dramático problema de la no concurrencia a la escuela, ofreciendo el dato de que solamente la séptima parte de la población infantil cumple con la educación. "La República Argentina está —dijo— en la situación de un padre de siete hijos que educa a uno rudimentariamente y deja a los otros seis en la más floreciente ignorancia..."

El Congreso llegó a conclusiones amplias, en las que se abordaban apasionadamente todos los temas que incidirían en el diseño de un proyecto educativo eficaz. El ministro Wilde, al cerrar las deliberaciones, dijo que la educación se había convertido en una "pasión pública". Sin duda, al tratarse la Ley 1420 esta pasión se convirtió en un peligro: el de que se creara una profunda división entre los miembros de la ciudadanía.

La educación popular

La necesidad de organizar la enseñanza primaria mediante una ley adecuada se agudizó luego de que Buenos Aires, al ser federalizada, diera a la nación las escuelas de su jurisdicción. En 1875 se había sancionado una Ley de Educación Común que se mantuvo vigente provisoriamente, pero luego de las conclusiones del Congreso Pedagógico correspondía dictar una ley que rigiera las escuelas de la jurisdicción nacional. La comisión de Justicia, Culto e Instrucción Pública de la Cámara de Diputados trabajó durante los años 1882 y 1883 en la elaboración de un proyecto que pasó a ser considerado por los legisladores en julio de ese último año.

Ya se habían perfilado dos posiciones, que se polarizaron apenas se conocieron los alcances del proyecto. Gratuidad y obligatoriedad eran dos principios en los que todos coincidían, pero las opiniones se dividieron en torno al artículo tercero, que establecía que "los padres, tutores o personas en cuyo poder se encuentren los niños están obligados a proporcionarles como mínimo de instrucción las siguientes materias: (...) moral y religión y nociones sobre instituciones republicanas, en especial sobre la Constitución del país". Añadía que era "necesidad primordial la de formar el carácter de los hombres en la enseñanza de la religión y las instituciones republicanas", agregando que el Consejo Nacional de Educación "estaría obligado a respetar en la organización de la enseñanza religiosa las creencias de los padres de familia ajenos a la comunidad católica".

Los liberales impulsaron una redacción que cambiaba el punto de vista. Leguizamón, apoyado por otros diputados, propuso que se considerara la posibilidad de impartir enseñanza religiosa en las escuelas

Las manifestaciones católicas contrarias a la exclusión de la enseñanza religiosa no influyeron en el ánimo de los legisladores.
Caricatura de **El Mosquito** *sobre las recolecciones de firmas para los petitorios católicos.*

Más allá de las posiciones encontradas, se imponía la necesidad de una legislación que organizara a nivel nacional la enseñanza entonces dispersa y desordenada que se brindaba en las escuelas del territorio. **Escuela Normal de Jujuy, 1887.**

"por los ministros autorizados de los distintos cultos (...) antes o después de las horas de clase". Esta propuesta triunfó por 43 votos contra 10, aunque no sin que se discutiera ardorosamente. Leguizamón calificó el proyecto de inconstitucional, argumentando que no respetaba la libertad de conciencia; Pedro Goyena, por el contrario, señalaba que la Constitución no postulaba un Estado ateo, ni siquiera neutral. Delfín Gallo, por su parte, acusó a los poderes eclesiásticos de querer recuperar el poder que detentaban en tiempos de la colonia, y Wilde, con gran sagacidad política, mostró cómo la enseñanza religiosa coartaría la inserción de los inmigrantes en las escuelas.

Los senadores rechazaron la propuesta de Leguizamón, pero Diputados insistió en el proyecto, esta vez con mayor número de votantes a favor, y el 8 de julio de 1884 se aprobó la ley con la redacción laicista del artículo tercero. No obstante la mayoría obtenida en el Parlamento, hubo alguna reacción en contra: un desfile de madres católicas, que manifestaron en carruajes, y un petitorio firmado por más de 16.000 padres de la Capital Federal. Un artículo de Sarmiento se tituló, jocosamente, "La escuela sin la religión de mi mujer".

La importancia de la Ley de Educación Común iba más allá de la cuestión religiosa: su intención radicaba en una democratización de los conocimientos, y postulaba gratuidad, obligatoriedad y gradualidad para los niños de entre seis y catorce años. Se adoptó la coeducación y se implantaron jardines de infantes y escuelas para adultos. Además, la Ley previó todos los detalles de la estructura administrativa, incluyendo obligaciones y facultades de los docentes y de las inspecciones técnicas y administrativas. También describió los mecanismos de sostén económico y de distribución de los recursos.

Durante el debate, la realidad política hizo que el énfasis se pusiera en el juego de poderes, desechando los verdaderos alcances de una ley de esta naturaleza. El diputado Luis Lagos García dijo en aquella ocasión que "la cuestión que se discute no es cuestión de escuela atea ni tampoco cuestión religiosa: es, simplemente, una cuestión de dominación". Lo cierto es que esta oposición de poderes surgió ante la necesidad de proyectar los destinos del país. La perspectiva de una nación compuesta por ciudadanos de todos los orígenes llevó sin duda a rechazar una supuesta ingerencia de la Iglesia Católica, que sin duda hubiera frenado la tan necesaria inmigración.

Algunas consecuencias inmediatas

Otras leyes siguieron a la de educación. Tras ella, se creó el Consejo Nacional de Educación, con la presidencia de Benjamín Zorrilla, y ese mismo año (1884) se sancionó la ley que establecía el registro civil para la Capital Federal y territorios nacionales, de-

Las nuevas industrias

Las industrias textiles estaban bastante desarrolladas a fines del siglo XIX. Se producían medias, camisas, toallas, mantas, ponchos, casimires ordinarios, capas, sombreros y zapatillas. Sólo se importaban las calidades superiores (...) La manufactura de bolsas creció rápidamente con la expansión de la agricultura; cinco fábricas tenían, hacia 1900, capacidad para producir más de 100 millones de unidades; la protección aduanera impedía la entrada del producto ex-tranjero. Los hilados pagaban derechos relativamente bajos y se importaban a pesar de la abundancia de lana en el país (...) Muchas curtidurías y fábricas de artículos de cuero se habían establecido en el país antes de los años noventa, pero la importancia de esta industria creció notablemente en aquellos años (...) El sector de los metales estaba representado, en el período, por fundiciones de hierro, talleres que producían varios tipos de maquinaria, fábricas de clavos y tornillos, camas de hierro, cajas de hierro, balanzas, utensilios domésticos y letreros metálicos. Las empresas de Pedro Vasena, Carlos Zamboni y Pedro Merlini se ocupaban de la fundición de columnas, vigas y barras, al tiempo que construían guinches, sierras, calderas y varios tipos de máquinas (...) Otras industrias protegidas que lograron progresos importantes durante el período fueron la de los carruajes, el vidrio, el papel, los fósforos y el tabaco.

VICENTE VAZQUEZ
PRESEDO
"Evolución industrial, 1880-1910"
en *La Argentina del Ochenta al Centenario*

La sanción de la ley 1420 significó una derrota para las posiciones de la Iglesia, que advirtió el escaso predicamento de sus posiciones entre la élite gobernante y comenzó a organizarse para revertir esa situación.
Caricatura de La Garra alusiva al debut del Congreso Católico.

jando entonces fuera del control de la Iglesia matrimonios y nacimientos. Cuatro años más tarde, se modificaba el Código Civil en función de la implantación del matrimonio civil, y nuevamente hubo encendidas manifestaciones de protesta por parte de los católicos, aunque la mayoría se impuso por cuarenta y ocho votos contra cuatro.

La polémica entre católicos y liberales continuó durante toda la década, y hubo algunos episodios que revelaron la profundidad de las diferencias. Tal el caso del delegado apostólico, monseñor Luis Mattera. No solamente los periódicos y diarios habían seguido matizando con sus opiniones la polémica: también la Iglesia resolvió expresar su opinión en sus documentos pastorales. Los obispos de Salta y del Litoral cumplieron con sus deberes episcopales, pero en Córdoba, provincia tradicionalmente católica, el vicario monseñor Jerónimo Clara calificó a la ley del Congreso de "impía y atea" y no solamente prohibió a sus fieles leer los periódicos liberales, sino también que enviaran a sus hijos a las escuelas donde hubiera docentes de fe protestante, refiriéndose a aquellos institutos cordobeses que habían empleado maestras y profesoras norteamericanas.

La reacción del presidente Roca no se hizo esperar: teniendo en cuenta la condición de funcionario público a que lo sometía el vicariato, dispuso la destitución y el procesamiento judicial del vicario, a causa de las opiniones contrarias al orden social y a la autoridad nacional. Pero ahí no acabó todo: Clara desconoció lo resuelto por el presidente, y encontró el apoyo del nuncio apostólico, Luis Mattera, quien reforzó la prohibición de enviar a los niños a escuelas donde hubiera profesoras "acatólicas". Esta medida llevó la cuestión al Ministerio de Relaciones Exteriores, dado el carácter diplomático de las funciones desempeñadas por Mattera, y ante la respuesta del religioso, el presidente dispuso su expulsión del país en veinticuatro horas.

Profesores de la Capital y de Córdoba se solidariza-

Las páginas de la prensa reflejaron intensamente la polémica que dividió aguas en la sociedad, muchas veces apelando al humor. Esta caricatura, publicada en El Mosquito, *muestra a Eduardo Wilde llevando con un lazo a Aneiros, quien dice: "Reconozco al patrono y respeto al patronato".*

ron con Mattera, entre ellos José Manuel Estrada, que fue dejado cesante de su cargo de rector del Colegio Nacional, y el jurista Rafael García, cuya estatua fue levantada frente a la universidad, años después, como homenaje de los católicos a su actitud frente a la medida que lo separó de su cátedra. Hay que destacar, sin embargo, que el presidente Roca circunscribió prolijamente los alcances de la cuestión a las consecuencias que podría haber llegado a tener la insubordinación de los religiosos. No hubo en sus medidas ningún contenido anticatólico; antes bien, cuando los salesianos misionaron en la Patagonia contaron con todo el apoyo del presidente. Luego de estas circunstancias, la Iglesia no tuvo que afrontar ningún brote que la hiciera temer represalias.

Algunos historiadores opinan que, en esta oportunidad, la Iglesia pudo comprobar los cortos alcances de su prédica, tras lo cual resolvió organizar un con-

El proceso de laicización en Europa

La experiencia francesa era, por otra parte, un buen ejemplo de la otra faceta del liberalismo ideológico. Con la instalación de los republicanos de espíritu laico en la dirección del nuevo régimen, abrióse en Francia un período de neta laicización y separación entre el Estado y la Iglesia que duró casi cincuenta y cinco años (1879-1924). Hubo, sin duda, períodos de conflicto agudo y de apaciguamiento, pero la ofensiva contra el "clericalismo" fue muy fuerte entre 1789 y 1886 y luego entre 1896 y 1907. La persecución, como la llamaban los defensores de la Iglesia, no procedía de una crisis general del Estado y de la Sociedad, como aconteciera entre 1792 y 1799. Era una burguesía de abogados, de legistas, de hombres de negocios, de intelectuales, que perpetuaban en el poder dinastías que ellos representaban. Esa burguesía gobernante profesaba una filosofía que aceptaba el principio de la igualdad de los ciudadanos, recomendaba el trabajo, el ahorro y la frugalidad, creía en la ascensión por el mérito, prohibía la intervención del Estado en las relaciones entre los grupos de interés y desafiaba a la Iglesia Católica, a la que veían como una sobrevivencia del antiguo régimen vencido por sus mayores.

Por convicción o por táctica, esa burguesía limitaba constantemente la influencia eclesiástica mientras proponía objetivos generales aceptables: la defensa de la república,

greso católico y formar un partido confesional, la Unión Católica, de corta vida. En cambio sí tuvo mayor extensión el trabajo de los sacerdotes católicos en los círculos obreros, pero esto ocurrió años más tarde, cuando los ecos de la polémica religiosa del 80 se habían disipado.

Otras leyes innovadoras

En su mensaje inicial, el presidente Roca había señalado que había tantos asuntos sobre los cuales legislar, que era como si recién se fundara la nación. No solamente la educación, sino todas aquellas otras circunstancias derivadas de la federalización de Buenos Aires y de la recuperación de los territorios del Cha-

el desarrollo de la educación, el progreso de una moral cívica independiente. La "cuestión religiosa" estaba cíclicamente en el centro de los debates políticos de la Francia de la década de los 80. Discutida con pasión y con lujo de argumentos, si no tuvo consecuencias dramáticas se debió a la situación de prosperidad económica y a la marginación del proletariado. El ejemplo francés se exponía entonces como el de una nación avanzando sistemáticamente por la vía de una laicización creciente hacia la separación entre la Iglesia y el Estado. La lucha ideológica y la "cuestión religiosa" eran facetas, pues, de la cuestión *política* según los términos en que se desarrollaban en tiempos del pontificado de León XIII, y del liderazgo laicista del francmasón republicano Jules Ferry. Entre 1879 y 1886 y a través de la batalla por la escuela laica, se producía la paulatina secularización de la vida social francesa. No era ya el Estado laico, sino el laicismo como ideología militante y el anticlericalismo como postura de combate lo que traducían la cultura francesa y los emigrantes que portaban las banderas del *Risorgimento* italiano.

Sea porque los argentinos miraban hacia Londres y París, o porque los inmigrantes trasladaban sus temas y sus polémicas al Río de la Plata —o por ambas cosas a la vez— la generación del 80 expresó el proceso de secularización de la vida argentina muy a la europea.

CARLOS ALBERTO FLORIA
y CESAR GARCIA BELSUNCE
Historia de los argentinos

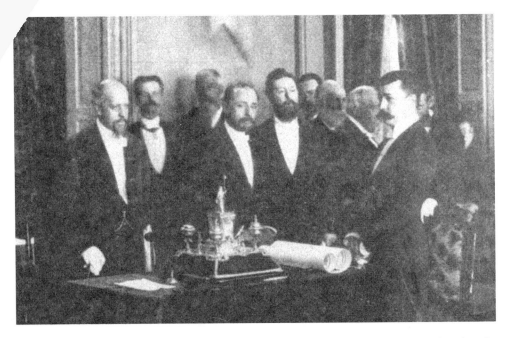

Julio A. Roca, Eduardo Wilde y Miguel Juárez Celman en la ceremonia inaugural del Colegio de Varones, 1884.

co, la conquista definitiva de la Patagonia y las demás situaciones que surgían del propósito de organizar el país.

Durante los gobiernos de Roca y de Juárez Celman se echaron las bases definitivas de la legislación argentina. En 1881 se sancionó la Ley Orgánica de Justicia de la Capital Federal, que establecía la estructura de cámaras de apelaciones, juzgados en los distintos fueros y juzgados de paz. Como consecuencia, nuevos cargos fueron cubiertos por los partidarios del régimen, algunos de los cuales se trasladaron desde las provincias para instalarse definitivamente en la Capital. En 1882, la Ley de Organización de la Municipalidad de Buenos Aires permitió confirmar al intendente Torcuato de Alvear, que ya desempeñaba ese cargo desde dos años antes. Estas dos leyes permitieron la reconciliación de Roca, provinciano, con las élites porteñas, que definitivamente aceptaron a su presidente.

Durante 1883 y 1884 el debate religioso no fue el único. Se discutió la Ley Universitaria, propuesta por Nicolás Avellaneda, que por entonces era senador nacional, y la Ley de Registro Civil, que preludiaría las polémicas religiosas posteriores. También de 1883 es la Ley de Territorios, que delimitaba las nuevas divisiones administrativas de la Patagonia. La posición de Bernardo de Irigoyen, ministro de Interior, se enfrentó con la de los representantes de San Luis, Córdoba, Mendoza y Buenos Aires, que pretendían que los nuevos territorios pasaran a engrosar sus jurisdicciones. En este debate se destacó Ramón Cárcano, joven diputado cordobés, que recordaría estas circunstancias mucho más tarde, en su libro *Mis primeros ochenta años*. En la polémica sobresalió por su mesura y calidad humana uno de los mayores parlamentarios de todos los tiempos, Bernardo de Irigoyen, cuya oratoria cortesana atraía numeroso público a los debates. También el periodismo seguía su actuación, y así se comprobó en ocasión de su defensa del tratado de límites con Chile, en 1881.

Uno de los grandes debates que tuvieron lugar durante el gobierno de Juárez Celman fue el de la Ley de Matrimonio Civil, en el que volvieron a destacarse José Manuel Estrada y Pedro Goyena, por los católicos, junto a otros compañeros de ideas tales como Estanislao Zeballos y Wenceslao Escalante; sus oponentes descollantes fueron los senadores Carlos Rodríguez y

La polémica religiosa cobra nuevos bríos en 1888, con el debate acerca de la Ley de Matrimonio Civil, pero el resultado de la votación en la Cámara de Diputados —48 a favor, 4 en contra– refleja la debilidad de las posiciones clericales. **Uno de los primeros matrimonios civiles celebrados en Buenos Aires.**

Con la fundación de La Plata y la legislación sobre organización de la Municipalidad de Buenos Aires culminan los conflictos entre la otrora provincia rebelde y el Estado nacional.
Torcuato de Alvear.

Pedro Funes, cuya oratoria trajo recuerdos del debate de 1884 en torno a la Ley de Educación.

Gracias a la existencia de alrededor de doscientos periódicos, de los cuales cien se editaban en la Capital Federal, todos los grandes temas debatidos en el ámbito parlamentario llegaron hasta el ciudadano. Fue así como comenzó a cobrar peso la opinión pública, que puede manifestarse libremente e incluso ejercer presión sobre las decisiones gubernamentales. El Congreso operaba como caja de resonancia de las distintas tendencias, circunstancia que ayudó a que las prácticas ciudadanas fueran progresando aceleradamente. La cobertura informativa no solamente se limitaba al ámbito nacional: ya en 1875 se había inaugurado el servicio telegráfico con Europa por medio del cable submarino. Esta novedad, más la instalación de una sucursal en Buenos Aires de la agencia Havas, multiplicó las posibilidades de estar al tanto de lo que ocurría en el mundo. La Argentina se abría, se ensanchaba, pulía sus instrumentos democráticos, miraba esperanzada al porvenir.

La generación del 80

Hacia 1880, el pensamiento positivista había adquirido predominio universal y sus concepciones abarcaban todas las disciplinas. Como consecuencia, la fe en el progreso indefinido permitía diseñar planes optimistas. En la Argentina de la época los científicos y los hombres de letras respondieron a las necesidades de una nación joven que buscaba encontrarse a sí misma. Un país había quedado atrás: había nacido otro, comunicado con el mundo, en el que se recibían hombres, capitales, mensajes y mercancías del exterior. La antigua condición periférica se había transformado: la generación del 80 no lo lamentó, y de inmediato se lanzó a sentar las bases de la república moderna.

La ciencia, clave del progreso

En la década de 1880 se adjudicaba una gran importancia a la ciencia, en la que se veía el instrumento que abriría horizontes más amplios a la humanidad. En la Argentina, los dirigentes advirtieron que se habían producido grandes modificaciones en la vida de las comunidades, a partir de ciertos inventos (el frío artificial para la congelación de la carne), tecnologías (molinos de viento, alambrados) y elementos de uso doméstico (teléfonos, sanitarios, luz eléctrica) cuya aplicación era el resultado de investigaciones y descubrimientos científicos.

De esta manera, tanto el Estado como algunos particulares, sobre todo a través de la creación de asociaciones, se abocaron a la tarea de fomentar la labor de los investigadores, añadir nuevos conocimientos a los ya adquiridos, formar nuevas camadas de científicos y encontrar aplicaciones prácticas a la ciencia especulativa. Se trató de un movimiento que respondía a las condiciones de la época, pero que a la vez se vio probablemente restringido por la escasez de recursos humanos especializados. No obstante, a él le debe el país el fundamento para el posterior desarrollo de la ciencia y la investigación.

La necesidad de ahondar en el saber científico se acrecienta a medida que el desarrollo de las ciencias permite un conocimiento cada vez más profundo de la naturaleza y su evolución.
Fachada de la Academia de Ciencias Exactas de Córdoba, grabado, 1878.

A instancias de su fundador, la Sociedad Científica se transformó en uno de los centros más importantes de jerarquización de la investigación científica. **Estanislao Zeballos.**

Alcances del positivismo

A partir de 1860 la biología había logrado hegemonizar el campo de las ciencias, logrando el predominio sobre los estudios físicos y matemáticos. Probablemente el fundamento de esta situación proviniera de que tanto biólogos como sociólogos tenían ciertas claves importantísimas: el conocimiento de las leyes del desarrollo de la vida humana unos, y el desarrollo del cuerpo social los otros.

En la Argentina hubo asombrosos esfuerzos por constituir una base adecuada al desarrollo científico europeo. En 1872, en el departamento de Ciencias Exactas de la Universidad de Buenos Aires se constituyó la Sociedad Científica Argentina, por inspiración del entonces estudiante Estanislao S. Zeballos. Zeballos había expuesto la necesidad de "fundar una sociedad que sirviera de centro de unión y de trabajo para las personas que desearan servir al desarrollo de las ciencias y sus aplicaciones". Dicha Sociedad se convirtió en la única tribuna científica argentina y el único centro de consultas para los gobiernos de la Nación y de la provincia de Buenos

Durante una expedición al Chaco, el fotógrafo Lucio Correa Morales tomó esta fotografía en la que aparecen, a la izquierda, Florentino Ameghino; de pie, Eduardo L. Holmberg y a la derecha, con una copa en la mano, Federico Kurtz.

Aires. La Sociedad creó un museo, organizó cursos y conferencias, promovió la realización de exploraciones y viajes —como los de Francisco P. Moreno y Ramón Lista a la Patagonia—, y desde 1876 publicó sus *Anales,* que continuaron apareciendo durante muchos años.

Otro centro de irradiación de trabajos y reflexiones fue la Academia de Ciencias de Córdoba, que en 1878, a los cinco años de vida, se separó de la Universidad tras haber organizado la Facultad de Ciencias Físico-Matemáticas. Creada y sostenida por el gobierno, pero dotada de amplia autonomía, la Academia se concentró en las ciencias naturales, especialmente en la geología y la mineralogía.

Los padres de la ciencia

Estas instituciones fueron el fruto de un ambiente muy favorable al desarrollo de las personalidades y a las realizaciones de la ciencia en la década de 1880. Florentino Ameghino, Francisco P. Moreno y Eduardo Ladislao Holmberg, figuras que descuellan en sus respectivos campos, son los "tres grandes de la época", pero además de los "grandes", hubo muchos otros hombres que impulsaron la incipiente ciencia argentina.

Ameghino demostró una temprana vocación para la investigación geológica y paleontológica. Inició sus publicaciones en 1875, con escaso eco en los medios académicos. En su viaje de 1977 a Europa buscó llenar los vacíos de su información, puesto que fue autodidacta. En 1880-1881 editó su obra más original, *La antigüedad del hombre en el Plata.* Sus enfrentamientos con el paleontólogo Carlos Germán Burmeister le impidieron concretar su propósito de fundar un museo antropológico, y tuvo que convertirse en librero para sobrevivir. En 1884 publicó *Fitogenia,* un aporte a las doctrinas evolucionistas, y a raíz de ello obtuvo una cátedra en Córdoba, donde permaneció un par de años. En 1886 fue nombrado vicedirector del Museo de La Plata, y donó a la sección de paleon-

Hombre de profunda vocación científica, la tesis de Ameghino sobre el origen americano del hombre le valió no pocos cuestionamientos. **Florentino Ameghino en su gabinete de trabajo.**

tología los huesos que había ido reuniendo pacientemente. Sus discrepancias con Moreno lo hicieron renunciar abruptamente al cargo, pero se radicó en La Plata y posteriormente volvió a la institución, que dirigió hasta su muerte.

Las tesis de Ameghino fueron cuestionadas, pero sus descripciones en los campos de la geología y la paleontología aún hoy son útiles. Sin embargo, es probable que el rasgo más importante de su personalidad haya sido la profunda y excluyente vocación científica, la voluntad de ser un "sabio". En 1881 Sarmiento decía que ese "paisano de Mercedes", que nadie conocía, "es el único sabio argentino". No fue el único, pero su constancia para remontar obstáculos y superar sus propias falencias sigue siendo un ejemplo. En cierto modo, Ameghino describió su lucha en 1882, al hablar en el Instituto Geográfico Argentino. Al relatar su experiencia en la Exposición Continental, afirmaba: "...os engañaríais si creyérais que el hombre apareció en la tierra dueño y señor de la ciencia infusa y perfectísima. Ello es el resultado de un progreso lento y continuo de un sinfín de genera-

El pensamiento darwiniano

Pudiera decir, señores, que me era familiar el nombre de Darwin desde hace cuarenta años, cuando embarcado en la *Beagle* que mandaba Fitz Roy visitó el extremo sur del continente, pues conocí el buque y su tripulación y desde luego el *Viaje de un naturalista*, que hube de citar no pocas veces hablando del estrecho. Recordaréis que nunca me mostré muy celoso de nuestras posesiones australes, porque no las creía dignas de quemar un barril de pólvora en su defensa, reprobando se montase con fantásticas descripciones la imaginación de estos pueblos que esperan todavía hallar el Dorado (...)

No me atrevería a tener opinión propia sobre la teoría fundamental de Darwin en presencia de mi ilustre amigo el sabio Burmesteir, que no la acepta como comprobado sistema de la naturaleza, desechándola por ser efecto de un procedimiento no científico, por cuanto no parte de hechos reconocidos e incontrovertibles (...)

Y hay entre nosotros muchos que con razón propia creen, practican y prueban las doctrinas del ilustre sabio, con la circunstancia de que se enriquecen con su creencia, cosa que nos sucede a todos los que

ciones que nos han precedido y nos lo han trasmitido bajo distintas formas...".

Por su parte, Francisco Moreno —a quien la posteridad adjudicaría, como si fuese un tratamiento nobiliario, el título de "perito" por su actuación en los trabajos de delimitación fronteriza con Chile— fue a la vez explorador y organizador. Como en el caso de Ameghino, su interés por la antropología y la arqueología comenzó cuando era muy joven. En 1873 inició sus exploraciones en la Patagonia, que recorrió en todas direcciones. Los relatos de Moreno sobre este tema están llenos de humor, y comparten una abundante información y una humana comprensión de los indígenas, —a pesar de que, en alguna oportunidad, en las cercanías de Bariloche, estuvo a punto de ser sacrificado por ellos—. Sus colecciones, que en 1877 constaban de 125.000 ejemplares, fueron la base del Museo Antropológico y Arqueológico de La Plata, del cual, con toda justicia, fue director vitalicio. En 1889 el museo ya estaba instalado en su actual edificio e inició la publicación de sus *Anales* y de una revista propia, convirtiéndose en un centro de activos traba-

---

creemos en el progreso humano.

Los inteligentes criadores de ovejas son unos darwinistas consumados, y sin rivales en el arte de variar las especies.

De ellos tomó Darwin sus primeras nociones, aquí mismo en nuestros campos, nociones que perfeccionó dándose a la cría de palomas, que es en Europa el arte de hacer variedades a merced de la fantasía del criador.

Hay en nuestro país centenares de estancieros, criadores de ovejas y de otros animales. Entre ellos descuellan los Pereira, Duportal, Chas, Ocampo, Olivera, Casares, Kemmis, Lowry, que leen de corrido a Darwin con sus puntos y comas cuando se trata de la variación por la selección animal; ellos la hacen artificialmente, escogiendo a los reproductores.

Le hemos dado, pues, ciencia y fama a Darwin, con los fósiles y las crías argentinas, y siguiendo sus indicaciones se enriquecen nuestros estancieros.

Me parece que hay motivo suficiente para que seamos los argentinos partidarios de la doctrina del transformismo, puesto que nosotros transformamos una variedad de ovejas en otra. Hemos constituido una nueva especie: la oveja argentífera, porque da plata, y porque es argentina además.

DOMINGO F. SARMIENTO
"Discursos populares"
en *Obras completas*

Luego de viajar por el territorio nacional, el naturalista alemán Carlos Germán Burmeister se estableció definitivamente en Buenos Aires en 1861. **Caricatura de El Mosquito, 1888.**

jos sobre geología, mineralogía, zoología, botánica, antropología, arqueología y etnografía, con la participación de naturalistas extranjeros.

La Argentina le debe a Moreno no solamente el desarrollo del "naturalismo", como se llamó a la ciencia positivista, sino también hechos tales como la donación de lo que sería, años más tarde, el Parque Nacional Nahuel Huapi, otorgado a su persona por los servicios prestados en la cuestión de límites y devuelto por Moreno a la comunidad nacional para que todos los argentinos pudieran disfrutar de su deslumbrante belleza.

Eduardo Holmberg, científico y escritor precursor de la literatura fantástica, fue una figura polifacética. En el campo de las ciencias naturales, trabajó en temas relacionados con mineralogía, botánica, zoología y medicina, carrera esta última que había estudiado, aunque nunca ejerció su profesión. Fue el primer profesor de ciencias naturales en la Universidad de Buenos Aires y promovió la publicación de varias revistas científicas, como *El Naturalista Argentino,* la *Revista Argentina de Historia Natural* y la *Revista del Jardín Zoológico.* Fue director del Zoológico de Buenos Aires desde 1888, y, sobre todo, un formador de discípulos, a quienes atraía por su desbordante imaginación y la vastedad de sus conocimientos. El historiador de la ciencia José Babini recuerda, como rasgo típico de su humor, que en 1915, al retirarse de la docencia, se le tributó un brillante homenaje. Rodeado por las personalidades más encumbradas del país, Holmberg inició su discurso de agradecimiento con estas palabras: "Más feliz que el emperador Carlos V, escucho de pie mis honras fúnebres sin que ningún tornillo flojo las haya decretado...". Entre sus actividades figura la de haber sido traductor de Dickens, Wells y Conan Doyle.

Otros precursores

Otros investigadores, sin la espectacularidad de los antes mencionados, trabajaron productivamente en la década del 80. Entre ellos, el matemático Valentín Balbín, que en 1887 publicó una obra sobre cálculo de cuaterniones y en 1889 fundó la *Revista de Matemáticas Elementales;* el geómetra Jorge Duclout, introductor de la geometría moderna en el país; el físico Manuel B. Bahía, que en 1890 publicó *Las unidades,* el botánico Cristóbal Hicken y los astrónomos del Observatorio de La Plata, quienes en 1886 empezaron a publicar el *Anuario* de ese importante centro. Por otra parte, en 1889 un acontecimiento abrió un nuevo panorama en la medicina: la conferencia dictada por el doctor Juan B. Justo en el Círculo Médico Argentino, en la que aconsejó el uso de la asepsia en las prácticas quirúrgicas. El futuro fundador del Partido Socialista había realizado un largo viaje de estudios por Europa, donde advirtió que la etapa de la antisepsia estaba superada por esta otra que permitía nuevos y audaces procedimientos de cirugía. Pocos meses más tarde, en el Hospital de Clínicas, se realizó con éxito la operación de un quiste hidatídico de cerebro, utilizando las técnicas difundidas por Justo. Un par de años antes, el doctor Teófilo Susini había fundado el Instituto de Patología en la Facultad de Medicina de Buenos Aires.

En la década de 1880 la tendencia de los estudios médicos giró en torno de los temas de higiene sobre

El museo arqueológico y antropológico de La Plata se fundó sobre la base de la colección de quien fuera su director vitalicio: Francisco Pascacio Moreno.
Sala taller del Museo de Ciencias Naturales de La Plata en 1888.

los cuales había llamado la atención Guillermo Rawson. Sus seguidores –Pirovano, Wilde, Gutiérrez, Argerich, Podestá, Ramos Mejía y otros– se interesaron por los problemas patológicos, físicos y mentales derivados de la falta de asistencia pública, la miseria de los sectores marginales, el hacinamiento de los conventillos, la prostitución, el delito, la locura. Muchos de ellos eran políticos o habían pasado por la política; de modo que el conjunto de temas que los ocupaba excedía el puro interés científico y formaba parte de los problemas que preocupaban a algunos gobernantes y pensadores. El mismo proceso llevaría a José María Ramos Mejía a incursionar en el campo historiográfico con obras como *Las neurosis de los hombres célebres* y *Las multitudes argentinas,* discutibles en cuanto a sus interpretaciones, pero originales puesto que se valían de la psiquiatría y la psicopatología para

---

Ciencia y ficción

En 1874, por fin, la Universidad porteña se reorganiza e incluye en su estructura una Facultad de ciencias Físico-Naturales que abre sus puertas en 1875. En este clima de incipiente pero sugestiva renovación intelectual, Holmberg ingresa en 1872 a la Facultad de Medicina donde se doctorará en 1880. Es compañero de José María Ramos Mejía y camarada de la promoción que en 1882 culminará sus estudios en la Facultad de Derecho: José Nicolás Ma-

tienzo, Juan Agustín García, Rodolfo Rivarola, Luis M. Drago y Ernesto Quesada. Casado en 1874 con Magdalena Jorge Acosta, Holmberg publica ese mismo año su primer trabajo científico –sobre arácnidos– en los *Anales de Agricultura*, al mismo tiempo que traduce los *Pickwick Papers* de Dickens y prepara *Dos partidos en lucha.*

No es extraño que el darwinismo golpeara entonces las puertas de una República ávida de novedades; lo insólito reside en que la primera profesión pública del credo darwinista fuese expresada a tra-

vés de una obra de ficción escrita por un estudiante de medicina de veintidós años.

Se trata indudablemente de un ejercicio literario primerizo; el lector advierte que Holmberg está bien informado, es sutil en la ironía y hasta en la crítica social, imaginativo pero con frecuencia farragoso en la exposición. El breve prefacio, fechado en diciembre de 1874, introduce a la obra mediante un conocido recurso fictivo: su verdadero autor sería un tal Ladislao Kaillitz –versión apenas deformada del Kannitz original de los Holmberg–, un darwinista

descubrir las claves del comportamiento de personajes del pasado.

El historiador Marcelo Montserrat afirma que, en 1870 y en los años subsiguientes, tener espíritu científico, ser positivo, equivalía a definirse como evolucionista. Y agrega en una insuperable síntesis: "Desde los exclusivos clubes de la gente de pro, o aquellos comercios orgullosamente erigidos por inmigrantes bajo el rotundo nombre de 'El Progreso', hasta las ediciones españolas de Francisco Sempere, fundadas en Valencia con el patrocinio de Blasco Ibáñez, y que tanto harían por la difusión del evolucionismo baeckeliano en las filas del anarquismo; desde el Jardín Zoológico porteño que dirigiera celosamente Holmberg entre 1888 y 1901, ganándose el afecto popular y las tapas de *Caras y Caretas,* hasta aquella 'Verbena de la Paloma' que haría furor en el Buenos Aires del

que entrega el manuscrito al relator, a punto de partir hacia Europa. Tras una cita de "nuestro caro amigo el poeta Rafael Obligado", comienza la acción. ¿Cuál es la trama que alimenta los catorce capítulos de *Dos partidos en lucha*? Holmberg aprovecha los convulsos momentos políticos por los que pasan la ciudad y la nación –las elecciones presidenciales del 12 de abril en las que el mitrismo ha triunfado holgadamente en Buenos Aires frente a la victoria de Avellaneda-Acosta en casi todo el interior, la reunión del colegio Electoral donde estos últimos obtienen 146 votos contra 79, y la rebelión mitrista que será finalmente derrotada en diciembre– para urdir sobre ellos un doble tejido de equívocos políticos y culturales. Los preparativos de aquel golpe secular vencido por el ferrocarril, el telégrafo y los Remington, según la concisa fórmula del ministro norteamericano Thomas Osborn a su gobierno, con sus mítines populares y la enconada lucha de los boletines periodísticos, abren la pequeña novela, tras el relato de un corto viaje del autor al Río Negro, ya mencionado, y escrito a la manera de un homenaje al periplo darwiniano de cuatro décadas atrás.

Holmberg, quien comienza lamentándose retóricamente de su desconocimiento del naturalista inglés –"Sin embargo, yo que acababa de pasar mi último examen de preparatorios en la Universidad, no sabía quién era Darwin" (pág. 3)-, no tarda mucho en iniciar sus célebres ataques a Burmeister, "un sabio demasiado sabio quizá, y esto lo entenderán los que estén en antecedentes" (pág. 7).

Marcelo Montserrat
La mentalidad evolucionista

novecientos y que proclamaba con madrileño gracejo que 'hoy las ciencias adelantan que es una barbaridad', desde la escuela normal de Paraná, foco de expansión de las nuevas ideas con Jorge Stearns, Pedro Scalabrini y Alfredo Ferreira, hasta los cordobeses 'germansabios', como llamaba Gould a los profesores Lorentz, Doering y otros que acompañaron a Roca en su decisiva campaña al desierto; desde el atrevido impuso de Luis Jorge Fontana, colaborador de Burmeister y explorador intrépido del Gran Chaco, hasta el afán taxonómico del botánico Cristóbal M. Hicken, discípulo de Holmberg y fundador del 'Darwinion', cuyo lema sería *In aggregatio evolutio maxima,* o los notables aportes de Miguel Lillo en Tucumán; desde las tierras del sur exploradas por el infatigable Perito Moreno o por Estanislao Zeballos, hasta el celeste hemisferio austral descripto por Gould en su *Uranometría argentina* (1879) y en los trabajos que llevó a cabo hasta su regreso a los Estados Unidos en 1885; en todas estas vigorosas expresiones y en muchas más se expresará hondamente, más allá de las palabras, la fe positiva en el progreso evolutivo".

Fotografía publicada en el libro Apuntes preliminares sobre una excursión a los territorios de Neuquén, Río Negro, Santa Cruz y Chubut, *del perito Francisco Moreno.*

Las letras enjuician la realidad

En 1875, mientras era juzgado por un consejo de guerra a causa del alzamiento que había encabezado el año anterior, Bartolomé Mitre comenzó su *Historia de San Martín y de la emancipación sudamericana*, una ingente obra centrada en la figura del Libertador, que publicó en 1887. Una ley promulgada por Roca hizo posible la edición: ¡todo un signo de la época! Coherente con su propia trayectoria, Mitre trataba de dibujar una imagen del pasado nacional ensamblada con la ideología de los organizadores del país y que, además, presentara a los nuevos argentinos −los inmigrantes y sus hijos− una versión histórica que los hiciera sentir partícipes de una evolución que, después de sobrellevar anarquías, tiranías y enfrentamientos, culminaba ahora con una realidad promisoria de libertad y progreso. Más documentada y orgánica que su anterior obra sobre Belgrano, su *Historia de San Martín...* consagró definitivamente a Mitre como el primer historiador argentino.

El mismo año de publicación del libro de Mitre apareció el primer intento de revisión histórica: la obra de Adolfo Saldías sobre Rosas que, en ediciones posteriores, llevó el título de *Historia de la Confederación Argentina*. Sin enfrentar el estereotipo que pesaba sobre la imagen histórica del Restaurador, Saldías trató de enjuiciar con imparcialidad los resultados de su actuación. Y aunque su contribución fue criticada −incluso por Mitre− como una solapada justificación de la tiranía, la suma de documentación aportada por Saldías −Manuelita Rosas le había suministrado los papeles que su padre había llevado al exilio− dio a la *Historia de la Confederación Argentina* el carácter de una obra de consulta imprescindible.

Una vez abierta la brecha de los estudios históricos, siguieron *El federalismo argentino* de Francisco Ramos Mejía (1887) y los cinco tomos de la *Historia argentina* de Mariano Pelliza (1888), que mostraron la preocupación de los hombres representativos de la época por un rastreo científico del pasado nacional.

La prolífica actividad de Zeballos se extendió al terreno literario, en el cual descolló con obras descriptivas de la situación indígena y de los aspectos rurales del país. **Tapa del libro Descripción amena de la República Argentina, de** *E. Zeballos.*

Esa preocupación puede conectarse con una de las líneas temáticas de las letras argentinas durante la década de 1880. Al analizar la producción literaria de aquellos años, aparecen algunas líneas que expresaron el pensamiento de los hombres del 80.

Una de éstas fue, sin duda, la nostalgia. En un momento de espectaculares transformaciones, muchos escritores volvieron la vista hacia atrás para rescatar —o idealizar— el país de antaño, cuando Buenos Aires era todavía una "gran aldea", cuando la "juvenilia" del colegio nacional hacía sus travesuras, cuando la "tradición nacional" no sufría el embate del cosmopolitismo. Las palabras destacadas con comillas son los títulos más representativos de esta tendencia: el de Lucio V. López (1884), que reconstruye la ciudad porteña veinte años atrás; el de Miguel Cané (1884), que evo-

Un francotirador

Wilde ha ido convirtiéndose en el típico escritor signado para integrar antologías, páginas selectas, trozos escogidos. Con mayor o menor beneplácito de los antólogos, que de alguna manera excusan lo que consideran sus fallas como escritor profesional al elogiar su desparpajo, su versátil agilidad, o que aluden a un "lo mejor de Wilde" que lamentan no poder destacar, limitados por la finalidad didáctica de sus selecciones: "no elijo aquí todas las mejores (...) pues (...) a los estudiantes no todas pueden ofrecerse". (José María Monner Sans.) Esa zona "mejor" de Eduardo Wilde casi siempre se situará más allá de lo puramente literario, de lo que se ofrecerá al consumo de los alumnos: "Es así como lo que de esos escritos llega a los estudiantes —cuando algo llega— se detiene morosamente en lo literario y esquiva, so capa de profilaxis pedagógica, lo más característico de su pluma, o sea su capacidad de libre examen, que es precisamente lo que presta a muchas de sus páginas una actividad escalofriante". (Florencio Escardó.) El propio Wilde parece justificar esa imagen suya de mero aficionado a la literatura, de "franco-tirador" que ve sus ensayos como un excedente de sus trabajo *serios* y de su acción en la realidad tumultuosa. Con "cierta coquetería torpe" –como la llama Sylvia Molloy– que comparte con sus contemporáneos, Wilde finge desprestigiar su obra de escritor relegándola al entretenimiento, al capricho que aún le permite el escaso ocio encontrado en medio del trajinar desde la cátedra o el cargo público. "¿Usted piensa que yo escribo para usted?" –dice al lector de *Aguas abajo*–.

ca la estudiantina de la misma época, y el de Joaquín V. González (1888), que abrió el interés del público por los aspectos costumbristas y folklóricos de la realidad argentina.

No fueron éstas las únicas expresiones de la nostalgia. En esta misma categoría podemos inscribir las *Memorias de un viejo*, de Víctor Gálvez (seudónimo de Vicente G. Quesada), que, publicadas en tres tomos, aparecieron en 1889, y en las que se reunían recuerdos de la época de la Confederación y de los años posteriores, contados con gracia y ternura; y también las *Tradiciones de Buenos Aires* que Pastor S. Obligado empezó a publicar en 1888, muy en el estilo del peruano Ricardo Palma. Menos nostálgicas, pero siempre con la intención de revalorizar una vertiente nacional olvidada o subestimada, son las tres obras de Estanislao Zeballos: *Callvucurá o la dinas-*

"¡Yo escribo para mí, como escriben para sí todos los autores que procuran el bien de la humanidad!" Para el bien de la humanidad: la coquetería se aguza en un filo doble. Para Wilde, alardear de desdén ante las normas del decoro literario es un tácito confrontamiento del inevitable solipsismo que sería todo acto de escritura con otras formas de acción sobre las circunstancias del mundo. En su artículo sobre el *Fausto* de Estanislao del Campo y en la polémica subsiguiente con Pedro Goyena, aprovecha el candor infatigable de su contrincante –que no deja de tomarlo en serio– para acumular pullas violentas y de gracia discutible contra la ascética, sublime grandeza atribuida a la poesía: "La poesía es una enfermedad de la inteligencia, un estado anormal del pensamiento, pero tiene, como lo fantástico, la belleza de las ilusiones y la utilidad del lujo"; "Para ser poeta, es necesario tener tiempo de sobra: lo mismo que para gastar lujo es necesario tener dinero de más"; "Hay actualmente menos soñadores porque hay más hambre; la prosa abunda más porque las necesidades del estómago se han vuelto más apremiantes". *Pági-nas muertas, Tiempo perdido* son títulos de Wilde que presumen de instalar lo literario en el espacio de lo innecesario. ¿Será pues, Wilde un escritor al margen, sólo por añadidura? ¿Podrá no verse en su fragmentarismo, en su caprichoso repentismo, nada más que el signo de quien va hacia la literatura en busca de pasatiempo u olvido del tiempo: de la historia, del suceder que deben modificarse?

Enrique Pezzoni
"Eduardo Wilde"
en E. Gallo y G. Ferrari
*Argentina del Ochenta
al Centenario*

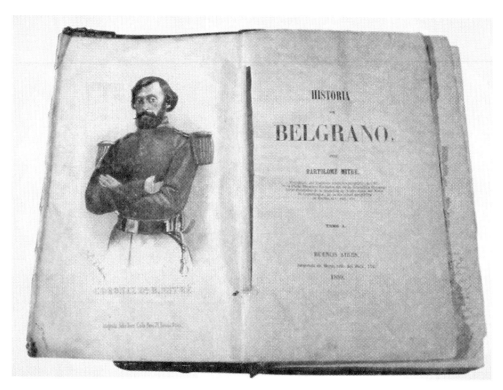

Con su obra sobre Belgrano, Mitre se convierte en el precursor de numerosa producción historiográfica de la década del 80.
Portada de Historia de Belgrano, *edición de 1859.*

tía de los Piedra (1884), *Painé y la dinastía de los Zorros* (1886) y *Remu, reina de los Pinares* (1888), que constituyen una estilizada saga indigenista. El prolífico Zeballos también publicó, al mismo tiempo, dos obras fundamentales sobre la Argentina rural: *Viaje a la región del trigo,* en 1883, y *Viaje a través de las cabañas,* en 1888, de lectura indispensable para entender la transformación del país en sus sectores agropecuarios, y que formaron parte de la *Descripción amena de la República Argentina* iniciada con *La conquista de quince mil leguas.*

Por supuesto, estos últimos libros ya no pertenecen al reino de la nostalgia. Pero tampoco pueden incluirse entre esos ensayos, digresiones y ciertas amenidades que marcan otra de las líneas características de las letras de la década de 1880, la cual a veces ha sido juzgada como la más peculiar de la época. Se trata de las *causeries,* en las que Lucio V. Mansilla y Miguel Cané fueron maestros. Conversaciones con el público, amenas, anecdóticas, a veces cáusticas, nunca muy trascendentes, que describen el acontecer cotidiano o comparan lo que ocurre en el país con lo que sucede en el resto del mundo: testimonios de un momento argentino. *Entre-nos,* de Mansilla, publicada en cinco irregulares tomos que se editaron en 1889 y 1890, parece ser la obra más representativa de este estilo, pero también lo son los muchos libros de viajes escritos por argentinos que visitaban Europa y se creían en la obligación de enviar sus impresiones a alguno de los diarios de su país y, más tarde, de reunirlas en un volumen... Nombres como Martín García Mérou, Eduardo Wilde y Santiago de Estrada pueden incluirse en este rubro, como también Roberto J. Payró en sus libros iniciales *(Scripta,* 1887, y *Novela y fantasía,* 1888).

Los literatos del 80 fueron ideológicamente escépticos y, como consecuencia, irónicos y humoristas en su conversación, en tertulias domésticas y en los elegantes Club del Progreso, Jockey Club y Círculo de Armas. Como afirma el crítico Enrique Anderson Imbert, "este arte de la conversación se manifestaba

Uno de los sentimientos expresados en la literatura de la década fue la nostalgia del país de antaño, como reacción a los cambios acelerados que vivía la sociedad. **Juvenilia, *de Miguel Cané, edición vienesa de 1884.***

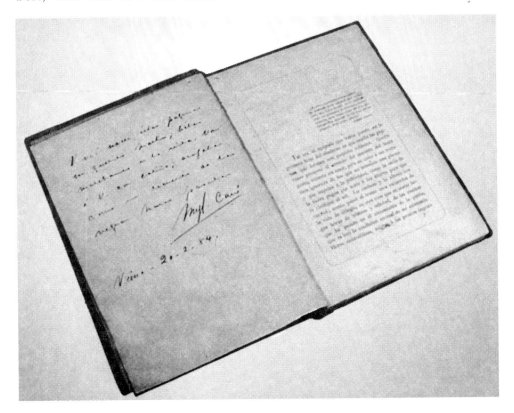

El debate en la escuela

La cuestión estalla a mediados de 1883 cuando comienza en Diputados la discusión de una legislación orgánica y completa para la educación primaria. La Comisión de Culto e Instrucción Pública remitió a la Cámara de Diputados su dictamen en favor de una ley de educación obligatoria y gratuita cuyo artículo 3º estaba redactado básicamente así: "Los padres, tutores o personas en cuyo poder se encuentran los niños, están obligados a proporcionarles como mínimo de instrucción las siguientes materias": lectura y escritura, aritmética, geografía, nociones de historia argentina y general americana, labores de mano de uso común en las escuelas de niñas y nociones de agricultura en las rurales, nociones de higiene, ejercicios gimnásticos y de música vocal, *moral y religión* y nociones sobre instituciones republicanas, en especial sobre la Constitución del país. La disposición propuesta terminaba declarando "necesidad primordial la de formar el carácter de los hombres en la enseñanza de la religión y las instituciones republicanas. Es entendido que el Consejo Nacional de Educación está obligado a respetar en la organización de la enseñanza religiosa las creencias de los padres de familia ajenos a la comunidad católica".

El debate entra, desde ese momento, en un embudo que conduce al citado artículo 3º y luego a la disposición análoga que habrá de proponer en un proyecto alternativo Onésimo Leguizamón con apoyo de otros diputados. No hay desacuerdos fundamentales respecto de la *gratuidad* y la *obligatoriedad* de la enseñanza –que con precisiones apropiadas a su tiempo estaban previstas ya en la legislación de la provincia de Buenos Aires–, pero emerge la polémica, y atrapa a todos, en torno de la enseñanza de la religión. Para Onésimo Leguizamón es inconstitucional en cuanto afecta la libertad de conciencia; Pedro Goyena sostiene que la Constitución no quiere un "Estado sin Dios" ni un Estado neutral, eufemismo que encubre "Estado ateo"; Delfín Gallo advierte sobre la pretensión eclesiástica de recobrar el predominio de otrora, y Eduardo Wilde, que participa como ministro de Justicia, Culto e Instrucción Pública de Roca luego de la renuncia de Manuel D. Pizarro, añade a los argumentos anticlericales el tema alberdiano de la *inmigración* que podía ser "estorbada" por la ausencia de libertad religiosa. El proyecto de la comisión es rechazado por 43 votos contra 10, y el nuevo proyecto encamina a los participantes a la discusión del tema polémico esta vez en el artículo 8. Los contenidos mínimos del proyecto anterior reaparecían en el artículo 6, pero "moral y religión" eran en éste "moral y urbanidad". Y la enseñanza religiosa entraba en el artículo 8 de esta forma: "La enseñanza religiosa sólo podrá ser dada en las escuelas públicas por los ministros autorizados de los diferentes cultos, a los niños de su respectiva comunión, y antes o después de las horas de clase.

también en los géneros fragmentarios que preferían: la epístola, el artículo suelto, la anécdota, el cuento, el cuadro costumbrista, el ensayo, el diario íntimo".

Frente a estos caballeros de la literatura, que compartían sus funciones de gobierno con la escritura, aparecen los representantes de la tercera línea, la que podríamos llamar del rechazo o la denuncia. ¿Rechazo de qué? Del país que se estaba construyendo, con elementos muy diferentes a los que habían soñado los organizadores. ¿Denuncia de qué? De una realidad que, a juicio de los denunciantes, presentaba aspectos negativos, siniestros, cuya prevalencia podía llegar a ser catastrófica.

Testigos molestos

Eugenio Cambaceres, Manuel T. Podestá, Antonio Argerich fueron los testigos molestos de un desarro-

El debate se encamina de inmediato hacia el artículo 8. Centeno quiere evitar "la lucha religiosa", los argumentos se reiteran y el proyecto Leguizamón es al fin aprobado. En Senadores la querella recomienza. El miembro informante se asombra por el ardor del debate cuando "en todos los casos se incluye la enseñanza religiosa" y Eduardo Wilde, con sorna y según su estilo advierte: "no ha sido ésta una de las sesiones de que más se vanaglorie el Senado argentino. Esta cuestión de la enseñanza religiosa en las escuelas, señor Presidente, no ha sido una cuestión ni de creencias, ni cuestión de política, ni cuestión moral: ha sido cuestión de mayorías y minorías".

Cuando hay estipendio, añade con causticidad, la enseñanza religiosa "es fácil". En el Senado, empero, la política del Ejecutivo no progresa: Diputados reitera con 48 votos contra 10 y Senadores no obtiene número para insistir. El 8 de julio de 1884 se sanciona la Ley 1420. Una ley, como un documento, tiene vida propia. El debate descubre pasiones, calidades y apetencias de poder, principistas honestos pero impotentes para neutralizar los designios del P.E.N. y del roquismo, y pragmáticos que oscilan entre el anticlericalismo y la disciplina partidaria. Pero el debate educacional del 80 es como el *iceberg* que esconde cuestiones de fondo y rasgos interesantes.

CARLOS FLORIA
"La querella escolar"
en E. GALLO Y G. FERRARI
Argentina, del Ochenta al Centenario

llo que, en general, se aplaudía. Pero el gran testigo, el hombre del rechazo y la denuncia, fue, paradójicamente, un viejo que durante toda su vida había postulado aquello que ahora se concretaba: Sarmiento, quien en 1888, con la publicación de *Condición del extranjero en América* (recopilación de artículos difundidos a lo largo de los tres años anteriores), invalidó ese aluvión inmigratorio que él y Alberdi habían promovido y que ahora aparecía como una inquietante deformación. Los organizadores habían anhelado aportes de razas rubias, disciplinadas y "mecánicas". Y resultaba ahora que sobre el puerto se volcaban semanalmente enormes contingentes de italianos meridionales desclasados, españoles analfabetos, europeos de regiones orientales, "turcos", "rusos", una fauna incomprensible, enigmática, difícilmente asimilable, la hez del Viejo Mundo...

El viejo Sarmiento reacciona entonces a su modo,

La baja condición social y cultural de gran parte de la masa inmigratoria despertó la tenaz oposición de Sarmiento, expresada en las páginas de los diarios de la época. **Domingo Faustino Sarmiento,** *óleo de* ***Eugenia Belín Sarmiento.***

fulminando esta invasión y evidenciando, incluso, cierto antisemitismo que no era sino un celoso cuidado por el destino de su patria. Fue su último rugido: murió ese mismo año, en Asunción.

Los recelos de Sarmiento fueron recogidos por voceros menos notorios. Tales prejuicios se expresaron en forma de novelas, de las cuales las de Eugenio Cambaceres son las más importantes. *Música sentimental* (1884), *Sin rumbo* (1885), *En la sangre* (1887), no se refieren solamente al fenómeno de la inmigración sino que manifiestan, desde la óptica de los sectores dirigentes, un rechazo al país tal como se está modelando, en el que también está incluido el tema de la degradación de los valores morales: "Un nombre, una fortuna, oro, eso abría todas las puertas, daba todo" *(Sin rumbo).* De algún modo también evidencian la alarma de la burguesía —a la que pertenecía el autor— ante ese incontrolable movimiento que transformaba el país, manejado hasta entonces como propio por ese sector social. Luego, a partir de 1880,

El ambiente especulativo que precedió a la crisis económica de 1890 dejó sus huellas también en el terreno literario. **Carlos María Ocantos y su hermana, fotografiados en Madrid.**

Dirigiéndose a Carlos Pellegrini, Eduardo Wilde dice: "Jefe, hace quince años que trabajo y estoy hastiado de cocinar. Voy a entregarme a mi arte favorito, a... la literatura".
A la izquierda, El Mosquito *comenta: "¡Ah! Dios mío, si volviera a colaborar en* El Mosquito*...".*
Caricatura publicada en 1889.

dicha línea de narrativa se continuará con las novelas del "ciclo de la Bolsa", que describen el ambiente febril y maniático que precede a la crisis de 1890. Son éstas *La Bolsa,* de Julián Martel, *Quilito,* de Carlos María Ocantos y *Horas de fiebre,* de Segundo Villafañe.

Podestá y Argerich, ambos en la misma línea de Cambaceres, reproducen una temática más o menos similar, con *Irresponsable* (1889) e *¿Inocentes o culpables?* (1884), respectivamente. La novedad consiste en su parecido con el naturalismo francés: hay una mirada biologista sobre las desgracias que se acumulan en sus personajes, que terminan condenándolos a la marginación, a la enfermedad o al delito.

Un país en busca de sí mismo

Al intentar una caracterización del significado de la actividad científica y literaria de la década que se inicia en 1880, podríamos decir que en ese período se manifiesta el anhelo de una nación joven que busca encontrarse a sí misma. Hay ansiedad por catalogar la realidad, encontrar los mejores modos de explorar sus recursos naturales y optimizar el uso de los humanos. Y un vehemente deseo de hallar bases de sustentación –a veces en el pasado, a veces en la irritada descripción de la realidad– para una comunidad que bruscamente se ha encontrado con el mundo. La condición periférica de la Argentina pertenece al pasado. Ahora el país recibe mensajes, ideas, hombres, mercaderías y capitales del exterior, y a la vez empieza a tener presencia universal. Los sectores dirigentes se encuentran desgarrados entre la aceptación de esa realidad o su propósito de conservar el control. A la vez –o por eso mismo– se enfatizan y estilizan aquellos elementos que constituyen un término de referencia nacional –la tradición, la historia, los recuerdos de los grandes viejos– para no naufragar en el hervor fecundo y mareante de ese caos. Es la misma intención que en esos años hace pintar a Cándido López escenas de la guerra de la Triple Alianza e impulsa a otros artistas plásticos a reproducir hechos patrióticos o históricos.

En esta búsqueda muy pocos advirtieron la importancia de una pantomima que un circo ítalo-americano representaba en 1884. Se trataba de una versión de la novela *Juan Moreira*, a la que su autor, Eduardo Gutiérrez, adaptó para el teatro Politeama. Los cómicos no hablaban: toda la acción se representaba mediante la mímica, y esta mudez se compensaba con

Con la representación teatral de Juan Moreira, *la novela de Eduardo Gutiérrez, surge en la Argentina un nuevo teatro, basado en el arquetipo del gaucho perseguido por la codicia aliada al poder.* **Grupo fotografiado en 1895 junto a la iglesia de Flores. De pie, segundo desde la derecha, Eduardo Gutiérrez.**

duelos criollos, cantos y danzas acompañados por conjuntos de guitarras, jinetes que entraban en el recinto haciendo caracolear sus corceles... Diez años después, en Chivilcoy, el circo de Podestá convirtió la pantomima en teatro, con diálogos extraídos de la novela de Gutiérrez. En ese momento quedaba constituido un teatro original, continuador de la creatividad crítica originada en la literatura gauchesca. Como una manera más de búsqueda de la identidad nacional, el arquetipo del gaucho perseguido por una autoridad injusta en complicidad con un gringo codicioso habría de constituirse en símbolo. Símbolo del país que quedaba atrás, símbolo de la vocación de encontrar voces propias para expresar al que venía...

La Revolución del Parque

L a renuncia de Juárez Celman fue solamente una de las consecuencias de la Revolución del Parque, desatada en la mañana del 26 de julio de 1890. La historia argentina conocía ya levantamientos, revoluciones, conspiraciones, intrigas. Sin embargo, este hecho, dividió la historia del país en dos etapas bien diferenciadas. La Revolución del Parque significó el comienzo de la política moderna. A pesar de la derrota, se convirtió en bandera de lucha del radicalismo y promovió no solamente una rectificación del esquema de poder del régimen, sino también la aparición de nuevos valores, tanto en las filas del oficialismo como en los distintos grupos de oposición.

Una nueva generación de políticos

La revolución cívico-militar que estalló en la madrugada del 26 de julio de 1890 y cuyo escenario principal fue el Parque de Artillería de Buenos Aires, donde hoy se levanta el edificio de los Tribunales, es uno de esos acontecimientos que marcan un punto de viraje en la historia.

Roca, que había aprobado a Juárez Celman como su sucesor, dice de él en 1889: "No hablaré de su ignorancia y falta de preparación y de miras para desempeñar el gobierno de la Nación, porque ha podido suplirlo con un poco de sentido común...".
Casa del doctor Miguel Juárez Celman.

En lo inmediato, provocó la renuncia del presidente Miguel Juárez Celman y su reemplazo por Carlos Pellegrini. A más largo plazo, resultó en la vertebración de la Unión Cívica —una fuerza llamada a ser el tronco inicial de corrientes políticas con larga vida en el escenario nacional— y en el reagrupamiento del roquismo y el mitrismo en un entendimiento que duró hasta 1912 y sostuvo el orden de cosas vigente. Una nueva generación comenzó a descollar en el recinto del Parque: no solamente estaban allí Leandro Alem e Hipólito Yrigoyen, sino también el distinguido médi-

co porteño Juan B. Justo y el joven abogado rosarino Lisandro de la Torre, quienes compartieron las intensas jornadas con Marcelo T. de Alvear, el subteniente José Félix Uriburu y muchos otros importantes protagonistas de las décadas siguientes.

Durante la presidencia de Juárez Celman se otorgaron concesiones ferroviarias indiscriminadas, muchas de ellas a modo de pago por favores políticos recibidos.
Estación del Ferrocarril del Sud.

El "unicato"

A lo largo de sus tres años de gobierno, Juárez Celman había recogido antipatías heredadas de la gestión de Roca y también otras nuevas. Por una parte, los católicos no habían olvidado las leyes que motivaran las grandes polémicas del sexenio anterior; además, agregaban a la cuenta del presidente la ley de Matrimonio Civil y lo recordaban como el gobernador de Córdoba que había mantenido una actitud militantemente anticlerical. Por su parte, Juárez Celman no había dado ningún paso para borrar esas cicatrices aún abiertas.

Los mitristas lo aborrecían por considerarlo el continuador del régimen que en 1880 los había desplazado definitivamente del poder, y lo acusaban de pervertir el sistema republicano con las intervenciones en Tucumán y Córdoba y con el sistema de "unicato"

Al igual que Aristóbulo del Valle, Alem estaba persuadido de que no era suficiente con forzar el retiro de Juárez Celman de la presidencia: se imponía una revolución armada. **Leandro N. Alem.**

que prevalecía. Curiosamente, Roca y sus amigos se sentían traicionados por Juárez Celman y denunciaban las ventas de ferrocarriles y la concesión de las obras de salubridad de Buenos Aires como actos indignos de un Estado consciente de sus responsabilidades. La juventud porteña repudiaba la obsecuencia del círculo que rodeaba al presidente. Los financistas y especuladores le echaban la culpa de la crisis, y la incipiente clase media, así como los sectores obreros, veían en Juárez a un vulgar saqueador de los dineros públicos. Además, para Buenos Aires el presidente cargaba con otro grave defecto: era cordobés... Para colmo, pretendía que lo sucediera otro cordobés, el joven director de Correos y Telégrafos, Ramón J. Cárcano.

Juárez Celman desoía las calumnias que corrían so-

Diploma de la Confederazione
Operaia otorgado a Dardo Rocha

Casa de Gobierno vista desde el río, *de A. Della Valle*

Edificio de la Aduana

Conventillo de fines del siglo XIX

bre su integridad y no hacía nada para granjearse la simpatía de la capital de la nación, en la que era casi un recién llegado. Amigo de sus amigos, carente de una gran visión política, se manejaba dentro del grupo en el que confiaba y no trataba de ampliar las bases de sus sostenes políticos. Había logrado ser el jefe del Estado y el jefe del virtualmente único partido: ¿qué podía temer entonces? Los sobresaltos parecían propios de una prosperidad demasiado rápida: pasarían cuando sus manifestaciones patológicas —el juego de bolsa, la especulación— se agotaran en sí mismas.

El mitin del Jardín Florida

Juárez Celman no tenía en cuenta, sin embargo, una atmósfera en la que gradualmente se iban acumulando nubarrones que sólo esperaban un agente

La rueda de la especulación giraba vertiginosamente, salpicando la figura presidencial con rumores de comisiones ilícitas, maniobras y negociados turbios. **Una liquidación de fin de mes en la Bolsa de Buenos Aires, publicada en La Ilustración Sudamericana de 1892.**

activador para descargarse. Y éste llegó el 20 de agosto, cuando un grupo de jóvenes oficialistas organizó un banquete en adhesión al presidente con el propósito de contrarrestar los ataques de quienes lo acusaban desde varios sectores. Unas palabras imprudentes por su adulonería y la proclamación reiterada de la "incondicional adhesión" de los comensales provocaron un airado artículo de Francisco Barroetaveña en *La Nación* y movieron a un grupo de jóvenes, casi todos estudiantes, a realizar un acto de repudio. Este tuvo lugar en el jardín Florida —un local de espectáculos situado en Florida y Paraguay— con un inesperado éxito de público. En un ambiente de fervoroso entusiasmo se proclamó la constitución de la Unión Cívica de la Juventud y se aclamó a los oradores, Aristóbulo del Valle, José Manuel Estrada y Vicente Fidel López.

Sin embargo, el héroe de la jornada fue Leandro

Horas críticas

Al inaugurarse la presidencia del doctor Juárez Celman, la situación económica, que en este país, más que en otro alguno, es a la vez efecto y causa de su "constitución" general, podía calificarse de excelente. Dominada la crisis del año anterior, volvían a correr, multiplicadas y caudalosas, las fuentes de la riqueza pública. A pesar de subsistir la inconversión del billete bancario, habíase logrado contener su depreciación, en términos tales que, por octubre de 1886, quedaba el agio reducido a 10 por ciento, pudiendo, sin exagerado optimismo, entreverse como próximo el saneamiento total de la moneda fiduciaria. No corresponde bosquejar aquí el cuadro de lo que siguió, ni habría utilidad en indicarlo a grandes rasgos, subsistiendo en la mente de todos, por vista directa o referencia, su impresión de conjunto. Baste recordar que tres años de locas especulaciones y despilfarros, de excesos suntuarios y

Alem, redescubierto por el pueblo de Buenos Aires en esa oportunidad. Retirado de la política después de su defensa de la autonomía porteña en 1880, Alem aparecía como la figura austera, republicana y de raíces populares que contrastaba con el elitismo del grupo gobernante; a partir de ese momento, el caudillo de Balvanera, devuelto a la oratoria y a la aclamación multitudinaria, se consagró al activismo cívico. En pocas semanas, la Unión Cívica —abandonando el aditamento "de la Juventud"—, se organizó en todas las parroquias de la Capital Federal y logró constituirse en algunos pueblos bonaerenses. Casi todos los comités —palabra nueva en el vocabulario político de la época— estaban presididos por Mitre y Alem, y el mitrismo aportaba personalidades promisorias a la estructura de cuadros.

monstruoso abuso del crédito, llevaron a una nación robusta y ayer próspera, al borde del abismo. Es harto sabido que este pueblo, lejos de sentir en las alturas una influencia morigeradora, no encontraba en sus mandatarios, tan destituidos de previsión como de principios, sino ejemplos de improbidad e incitaciones al servilismo. Nunca, en efecto, gobierno republicano menos acreedor al respeto exigió y obtuvo, sin sangre ni violencia, un tributo tan general y enorme de adulación y rendimiento: después de perturbar la razón, el desenfreno de los apetitos borraba en las almas las antiguas nociones de dignidad y virtud.

En otra ocasión, al evocar aquellas horas críticas de la historia argentina, me esforcé por repartir equitativamente las responsabilidades. No acepté la tesis, entonces muy válida entre los adversarios del gobierno, que achacaba a éste solo la culpa entera del desastre nacional aunque para ello debieran ellos aparecer como menores incapaces, sin voluntad ni discernimiento. Por esto mismo, volviendo al objeto personal de este bosquejo, no debo intentar, contra toda verosimilitud y justicia, presentar a Pellegrini como un censor austero de las funestas costumbres que no practicaba: fue partícipe de ellas, siquiera por tolerancia pasiva. La circunstancia atenuante que en su favor puede invocarse, es la de que su adhesión al grupo presidencial no correspondió sino al primer período, relativamente inocuo, del régimen.

PAUL GROUSSAC
Los que pasaban

"Fatal ha sido la semana para los agiotistas. La Cámara Sindical acaba de mostrarles que en la Bolsa, lo mejor, es respetar los decretos del Gobierno." **Caricatura publicada en El Mosquito** *del 11 de agosto de 1889.*

Crisis y malestar creciente

¿Cómo se llegó a esta explosión en una Argentina que durante una década pareció afirmada sobre sólidas bases institucionales? Las causas del movimiento fueron variadas. De manera determinante hay que computar el malestar que se generalizó como producto de la crisis, que se hizo inocultable hacia mediados de 1889. Testigo incómodo de aquella inquietud era el comportamiento del oro en relación con el papel moneda, que se desvalorizaba cotidianamente, a veces a grandes saltos y, en otras secuencias, en forma lenta pero inexorable. La Bolsa enloqueció: personas antes solventes entraron en cesación de pagos e incluso se produjeron suicidios. El drenaje de oro se volvió incesante: hubo que pagar deudas, intereses y servicios. Si en 1888 se había girado a Europa la cantidad de 4,5 millones de pesos oro, en los primeros meses de 1889 esta sangría importaba 25,3 millones. Se paralizaron las construcciones y se sucedieron huelgas de albañiles y carpinteros.

Como paliativo, el ministro Rufino Varela lanzó al mercado 40 millones de pesos oro con el fin de calmar la inquietud. Los valores fueron devorados casi instantáneamente y Varela optó por renunciar. Lo reemplazó Wenceslao Pacheco —más realista que su antecesor–, quien propuso un plan de restricción en la emisión de papel moneda. El mensaje al Congreso que acompañó el proyecto identificaba con bastante rigor algunas de las causas del malestar: "La perturbación proviene (...) de que los cientos de miles de inmigrantes alteran el mercado de consumo antes de producir; los ferrocarriles, los puertos (...) los instrumentos de agricultura, la construcción de obras públicas, la edificación, embellecimiento e higiene de las ciudades representan cantidades considerables de capital inmovilizadas e improductivas por el momento (...). Debe añadirse la suba artificial de los valores de la propiedad urbana y rural, las exageraciones de una especulación desmedida en los valores mobiliarios, la pasión del juego y el agio (...), la emisión excesiva y frecuente de cédulas hipotecarias, el afán de lujo y los gastos superfluos". Desdeñaba, en cambio, como causales de la crisis, "el desequilibrio en-

tre la exportación y la importación, el saldo que el país
paga al exterior por sus deudas o la renta que retiran las
empresas o los particulares que residen en el extranjero", y afirmaba que el gobierno disponía en Europa de
fondos que aseguraban el servicio de la deuda externa y
las garantías de los ferrocarriles hasta enero de 1891.

Este mensaje, destinado a inspirar confianza, se
envió al Congreso en octubre de 1889. Para entonces
el oro, que a principios de año valía 147 pesos, estaba
en 240, y el costo de la vida había aumentado a un ritmo similar. Y aunque la ley 1.641 autorizaba al Poder
Ejecutivo a vender en Europa 24.000 leguas cuadradas por un importe total de 60 millones oro, todos
pensaban que este recurso (que finalmente no se
concretó) correría la misma suerte que el arbitrado
por Varela. En ese momento, un nuevo factor ingresa
al escenario de la crisis: el movimiento popular encabezado por Leandro N. Alem.

El Frontón Buenos Aires

En su actividad proselitista, los cívicos tuvieron algunos choques con la policía, lo que no contribuyó a

Construido en 1889, el Frontón Buenos Aires fue escenario del multitudinario mitin cívico del 1º de abril de 1890, que provocó la caída del gabinete nacional.

pacificar los ánimos; tampoco las alternativas financieras favorecían la tranquilidad. El oro bajó unos puntos en enero y febrero de 1890, pero a principios de marzo subió incontrolablemente; además trascendieron gruesos descubiertos en las liquidaciones de varios agentes de Bolsa. El presidente, después de pasar una temporada en Córdoba, adoptó algunas medidas: una comisión estudiaría la situación legal de la Bolsa, se decretó la intervención de todas las sociedades anónimas y se resolvió no escriturar ningún contrato de gobierno que significara una garantía o gasto de cualquier tipo. Sin embargo, el oro seguía subiendo y el pánico también. A la hora de buscar un responsable, Juárez fue el destinatario de todos los sentimientos negativos: había querido ser "el Único"; ahora sería el único responsable de la situación.

El 1º de abril se efectúa en el Frontón Buenos Ai-

El Presidente recorre la ciudad

(...) El Presidente quiere, ante todo, visitar a su ministro de la Guerra en el Cuartel General establecido en la plaza Libertad. El trayecto debe hacerse a pie. La noche, dormida en un silencio profundo, está inmóvil y diáfana. La luna es tan blanca sobre el claro cielo azul cubierto de estrellas, que parece que derramara nieve. Subimos por la calle Maipú. Las pisadas nuestras resuenan sobre el pavimento de piedra como si fuera sobre una caja sonora. Se recomienda caminar lo más suavemente posible para no despertar peligros. Apenas se acallan las pisadas, se oyen los ladridos de perros como si llenaran la ciudad. El general Mansilla interrumpe un instante el silencio para observar, con su bello espíritu, que el intendente tenía muy descuidados sus graves deberes de mataperros.

Seguimos por la calle Córdoba, donde no hay cantones.

Entramos en la plaza por la esquina de Cerrito, y continuamos

res un acto cívico de proporciones nunca vistas hasta entonces. En esa ocasión habló Mitre, a quien le siguió Barroetaveña: éste presenta al presidente de la Junta Ejecutiva de la Unión Cívica, y cuando Alem toma la palabra el público llega al delirio. El orador resume su discurso en la breve frase con que cierra uno de sus párrafos: "¡Esto no tiene vuelta!". Después les toca el turno a Del Valle y a tres dirigentes católicos –Miguel Navarro Viola, José Manuel Estrada y Pedro Goyena–, y la reunión concluye con una marcha hasta la pirámide de Mayo.

Fue una demostración impresionante por su número y por la expectabilidad de los participantes. La respuesta del gobierno, un cambio total de gabinete, hubiera sido adecuada en otras circunstancias, pero en ese momento ya nada podía mejorar la situación. El ambiente de Buenos Aires era de total oposición y

---

por la diagonal a la esquina de Charcas y Libertad. La Plaza está cubierta de fogones ardiendo y armas en pabellón. Los soldados duermen, los centinelas alerta. En varios sitios conversan y ríen alrededor del fuego y siempre alguna mujer les sirve el mate con bombilla de plata. Al pasar frente a la estatua de Alsina encontramos a su alrededor cuatro carros descubiertos llenos de cadáveres tan mal estibados que algunas cabezas, brazos y piernas cuelgan a los costados. Todos descubrimos nuestras cabezas en aquella noche helada, e imitando al Presidente, nos detuvimos un instante rindiendo nuestro homenaje, en aquella hora y en aquel cuadro impresionantes.

El general Levalle se adelanta a recibir al Presidente y entran juntos en la sede del comando, la casa de Amadeo, frente a la confitería *París*. Visita el campamento y las trincheras, felicita a un soldado que desde la mañana está herido al pie de su cañón, recibe sobre el terreno la explicación de los ataques y operaciones del día y conversa alrededor de una hora con su ministro de la Guerra. El ministro le afirma que la revolución está vencida.

El Presidente se retira después a la Casa Rosada, en la misma forma que vino. Nombra apenas llega comandante de campo al coronel Enrique Godoy, y adopta algunas otras resoluciones de carácter militar. Todos vamos después a procurar algún reposo, durmiendo sobre los muebles menos incómodos del gran caserón vacío.

La tensión moral se desvanece ante la fatiga física. El cansancio y el sueño alivian todos los pesares.

RAMON J. CARCANO
Mis primeros ochenta años

en el Interior ya se percibían sus ecos. No se trataba de una oposición en el sentido republicano de la palabra: la idea era voltear al gobierno por la fuerza.

La conspiración

Cuatro días después del mitin del Frontón, un grupo de oficiales en actividad entrevistó a Alem y ofreció su concurso para la revolución. Desde ese momento, la Junta Ejecutiva de la Unión Cívica, ampliada a diez miembros, se dedicó a conspirar.

Esta actitud, que excluía toda alternativa pacífica, puede resultar difícil de comprender, pero la revolución estaba en la atmósfera y era asumida con naturalidad por la fuerza opositora. Nadie podía detenerla. Los debates de mayo en el Congreso habían puesto a Juárez en la picota: Del Valle lo acusó en el Senado de

José Manuel Estrada participó, junto a otros católicos de militancia destacada, en la fundación de la Unión Cívica de la Juventud y en la manifestación del Frontón Buenos Aires.

autorizar emisiones clandestinas, y aunque el senador Manuel Derqui desarticuló inesperadamente los argumentos de Del Valle, la opinión pública quedó convencida de que el propio Estado estaba falsificando nada menos que el signo de la soberanía, el papel moneda donde campeaba la imagen de la República.

Se conspiraba abiertamente. Hubo reuniones a media cuadra del departamento de Policía a las que asistieron oficiales, muchos de ellos de uniforme. Después de intensas deliberaciones, el general Manuel J. Campos fue designado jefe militar del movimiento. Sin embargo, Alem insistía en que la participación civil debía ser preponderante, y de acuerdo con este criterio se pidió la adhesión de ciudadanos de diversos sectores, con lo que el secreto del complot terminó esparciéndose por toda la ciudad. Se eligió el día: 21 de julio. El lugar: el Parque de Artillería, donde se concentrarían las unidades comprometidas para dejar sin armas al gobierno. Reunidas las fuerzas militares y civiles, se avanzaría sobre la Aduana y la Casa de Gobierno. El presidente provisional sería el propio Alem, con Juan E. Torrent, Bonifacio Lastra, Juan José Romero, Joaquín Viejobueno y Pedro Goyena como ministros. Todos se comprometerían a no figurar como candidatos en las elecciones que se convocarían de inmediato.

Pero el 18 de junio el presidente y Roca recibieron la confidencia de uno de los militares comprometidos. La delación coincide con los insistentes informes de la policía, y Juárez ordena la detención del general Campos y del coronel Julio Figueroa, además del traslado de un par de regimientos sospechosos. La junta revolucionaria suspende de inmediato la ejecución

El Cuartel del Parque de Artillería, un depósito de armas situado donde hoy se levanta el Palacio de Tribunales, fue el escenario de las jornadas de julio de 1890.
Las tropas revolucionarias frente al Cuartel del Parque, óleo de Da Ré.

del plan. Todo parece quedar desarticulado y un gran desaliento campea entre los conspiradores.

La revolución

Al día siguiente, *La Nación* sintetizaba así la información sobre estas medidas: "Nieblas por todos lados. Un día de agitación. Revoluciones. Noticias alarmantes". Y el día 20 hablaba de una conspiración militar que contaba con 7.000 hombres. Pero la revolución tenía preso a su jefe, y aunque el coronel Mariano Espina ofreció encabezar el movimiento, tenía fama de bárbaro, y debido a ello su propuesta no fue aceptada.

Inesperadamente, el 22 de junio el ambiente se distiende. La policía afloja su vigilancia sobre los conspiradores, y los jefes detenidos obtienen autorización para recibir visitas. Es así como el general Campos mantiene, en su lugar de detención ubicado en el Regimiento 10 de Infantería, una larga entrevista con Roca. Después de esta reunión, Campos hace

El desaliento revolucionario

La revolución estaba irrevocablemente perdida. Fue esta la opinión de la junta, del general Campos y del general Napoleón Uriburu, que se nos había incorporado el primer día del movimiento. Sin embargo, los doctores H. Yrigoyen y M. Demaría pensaban que todavía era posible triunfar. Demaría indicaba la conveniencia de trasladarnos a Entre Ríos para municionarnos en Montevideo y volver por el camino del Rosario levantando a nuestro paso el norte de la provincia de Buenos Aires. Yrigoyen sostuvo que todavía no era el caso de dar por vencida la revolución, y que una vez que se había jugado este recurso supremo, había el deber de hacer mayores esfuerzos, indicando al efecto que saliéramos del Parque batiéndonos en retirada y

saber a la Junta que el día que se señale saldrá al frente del regimiento donde está detenido para concentrarse en el Parque y llevar a cabo el plan anterior. Alborozo en la Junta: ¡todo está salvado! Se fija una nueva fecha, el sábado 26 de julio: en lo demás, no varían los planes.

Efectivamente, en la madrugada de ese día llegan al Parque de Artillería, sobre la Plaza Lavalle, en la manzana que hoy ocupa el palacio de Tribunales, tres regimientos de infantería, uno de artillería, un batallón de ingenieros, una parte de la guardia de la Casa de Gobierno y un buen número de cadetes del Colegio Militar, además de varios centenares de civiles. Cuando al salir el sol el general Campos ordena tocar el Himno Nacional frente al edificio, la emoción y la alegría de los revolucionarios parece desbordar. ¡Nadie puede oponerse! ¡Sólo falta marchar sobre la Casa de Gobierno!

Entretanto, Juárez Celman, Roca y el vicepresidente Pellegrini deliberan sobre la actitud que debe adoptarse. Los dos últimos aconsejan al presidente abandonar la ciudad y éste cae en la debilidad de

---

penetrásemos a la provincia de Buenos Aires, la que inmediatamente, como era notorio, se pondría de pie en favor de la revolución, y a la vez facilitaría su acción al pueblo de la capital, para que se nos incorporase. Se le observó el mismo inconveniente de la falta de municiones y de elementos para armar tantas fuerzas; y entonces sostuvo que podíamos embarcarnos, municionarnos en Montevideo, tomar las provincias del litoral y

después, en el terreno de los hechos, con el conocimiento de la actitud que asumieran los pueblos de la República, resolver lo que correspondiera honrosa y patrióticamente.

El doctor Alem se retiró con varios amigos. El general Campos lo hizo con el doctor L. V. López y algunos miembros de su familia. Me había comprometido a acompañar al comandante García, jefe del 9º, y así lo hice. A la hora de oraciones

(del martes 19 de junio) le dejaba en su casa de la calle Piedad entre Libertad y Talcahuano y me retiraba a la mía, con la tristeza profunda de tan gran desastre, pero con la resolución inquebrantable de continuar la lucha por la reorganización constitucional del país.

ARISTOBULO DEL VALLE
Origen, organización y tendencias de la Unión Cívica

·BUENOS AIRES·JULIO 26 de 1890·

Alem insistía en que la participación civil debía ser preponderante, y de acuerdo con este criterio se pidió la adhesión de ciudadanos de diversos sectores.
Cantón cívico.

aceptar esa sugerencia. Se arma apresuradamente un convoy ferroviario que lo llevaría a Campana y, a partir de ese momento, Pellegrini queda, de hecho, a cargo de la represión, secundado eficazmente por el ministro de Guerra, general Nicolás Levalle, que ya ha adoptado por su cuenta algunas medidas. Es así como los alrededores de la plaza Lavalle son cercados por un precario dispositivo militar que impide a los revolucionarios abandonar el lugar, aunque parece evidente que durante todo el día 26 habría bastado una salida decidida para romper el cerco.

En el Parque, la preocupación reemplaza muy pronto a la euforia inicial. ¿Por qué no se intenta una salida? La junta revolucionaria delibera permanentemente, pero acata las órdenes del general Campos, quien explica la conveniencia de seguir concentrados allí. De todos modos, los civiles han tomado posiciones en edificios de los alrededores formando "cantones" donde menudean las boinas bancas que distinguen a los cívicos.

Durante el día ambos bandos se tirotean y hay muchos muertos y heridos. A la noche cesa el fuego. El corresponsal del *Times* de Londres transmite su impresión: la ciudad es un cementerio, lúgubre, medroso. Al día siguiente, domingo 27, se reanudan las hostilidades y el coronel Espina, sin esperar órdenes del general Campos, hace un avance por Talcahuano hacia Plaza Libertad, donde el ministro de Guerra dirige las operaciones. De pronto suenan en ambos bandos los clarines que mandan el alto el fuego. Se ha pedido un armisticio para que los revolucionarios puedan retirar a sus muertos, y Pellegrini ha aceptado. Mientras cesan las hostilidades llegan refuerzos gubernamentales y en el Parque crece la sensación de fracaso, pues ha trascendido el informe de Campos a la junta, que anuncia que las existencias de municiones son más escasas de lo que se había supuesto. En consecuencia, no hay posibilidades de resistir mucho tiempo el asedio.

El lunes 28, aunque continúan los tiroteos aislados, la lucha más intensa es la que se desarrolla en el interior del Parque para convencer a los recalcitrantes de la necesidad de un armisticio; en ese sentido ya se están desarrollando negociaciones más o menos públicas. El martes 29 se firma la capitulación. Las

Los enfrentamientos entre sublevados y tropas gubernamentales se producen en el Parque de Artillería y en los alrededores, donde los alzados ocupan varios edificios.
Cantón cívico en Talcahuano y Piedad (hoy Bartolomé Mitre).

condiciones impuestas por el gobierno son generosas: no se perseguirá a nadie y los militares comprometidos no serán sancionados.

En el Parque y los cantones crecen la frustración y el enojo. Se buscan responsables; el coronel Espina increpa a la Junta, y el mismo Alem deberá retirarse casi clandestinamente porque muchos soldados están en una actitud de abierta insubordinación. Angel Gallardo cuenta en sus memorias que un grupo de jóvenes de conocidas familias porteñas fue conducido por Marcelo T. de Alvear a un punto del sur de la ciudad con el pretexto de cumplir una misión; en realidad, lo hizo para salvarlos de la soldadesca y desconcentrarlos con cierta seguridad.

En la Casa de Gobierno, a las cinco de la tarde, el presidente (que el día anterior había regresado de su desairado viaje), acompañado por Roca y Pellegrini, recibe la capitulación y ordena acallar los clarines de triunfo que algún inoportuno había hecho tocar. La revolución había terminado. Pero, como diría el senador Manuel D. Pizarro al día siguiente, el gobierno estaba muerto.

Los heridos —el alzamiento causó más de mil bajas— era atendidos en improvisados puestos sanitarios que carecían de todo tipo de implementos médicos.

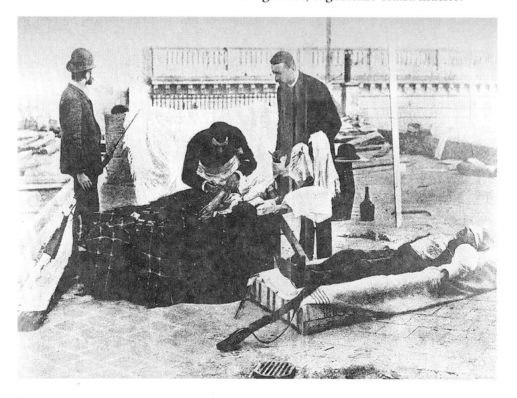

La caída del gobierno

Marcelo T. de Alvear (primero desde la izquierda) aparece en la foto junto a varios protagonistas de la sublevación, algunos de los cuales llevan boinas blancas, símbolo cívico del alzamiento.

En los días subsiguientes, sin que los porteños pudieran recuperar el ritmo habitual de la ciudad, Juárez intentó algunas salidas. Aceptó las renuncias de sus ministros y buscó apoyo. Pero el vacío crecía en torno de él. El domingo 3 de agosto convocó a los parlamentarios a una reunión en la Casa de Gobierno. Era —dice Juan P. Balestra en su clásico libro *El noventa*— "un día desolado, sin tranvías ni coches, sin hipódromo, sin teatros y sin diarios; la ciudad parecía aletargada y muda".

Los ministros de Juárez preguntaron a los legisladores si el gobierno podía contar con ellos. Se pidieron precisiones pero no las hubo. Entonces se integraron comisiones para entrevistar a Roca, Pellegrini y Levalle. Cuando regresaron, la atmósfera de la reunión se volvió más sombría: Roca había afirmado que el espíritu de la rebelión se estaba extendiendo, y Pellegrini había sintetizado su opinión diciendo que "no se puede gobernar sin dinero, sin fuerza y sin opinión". El ministro de Guerra reiteró su lealtad, pero no garantizó la del Ejército si no se cambiaba el rumbo.

La reunión terminó con una noticia explosiva: el ministro de Hacienda informó que dos semanas más tarde había que pagar medio millón de libras esterlinas por el servicio de la deuda externa y las garantías de los ferrocarriles. "Y no disponemos, en total, de más de 35.000 pesos moneda nacional..."

Al día siguiente, lunes 4 de agosto, la Asamblea Legislativa aceptaba la renuncia del presidente. Ramón J. Cárcano, que redactó el texto, cuenta en *Mis primeros ochenta años* que Juárez estaba tranquilo, pero hondamente afectado por la soledad en que se encontraba.

"Me voy al campo a criar vacas", dijo festivamente Cárcano. "Cuide de no criar cuervos", contestó el presidente renunciante, como si dejara escapar una obsesión que lo torturaba.

El ideario de Alem

No podemos analizar aquí las ideas políticas de Alem. Pero hay que señalar, para concluir con esta breve semblanza, que dos fueron los temas fundamentales que desarrolló: el federalismo y la soberanía popular. Esos dos temas dan continuidad a su prédica y forman la base de su ideario. Desde sus primeros discursos en la Legislatura, Alem bate el parche sobre la necesidad de preservar la autonomía de las provincias, limitar el creciente despotismo del poder central y dar personalidad a los estados locales para vivificar la naciente democracia argentina y equilibrar el sistema republicano, proclamado por la constitución, pero aún incumplido. Del mismo modo insiste en la soberanía popular como fuente de la legitimidad del poder, y denuncia las corruptelas que la degradan; pero además sostiene que un país como el nuestro no puede vivir en la ficción de gobiernos designados por minorías usurpadoras. Sobre estos dos aspectos fundaba Alem su pensamiento político; desde luego no era una temática original. En distintos grados de sinceridad la habían entonado todos los políticos argentinos, desde 1852 en adelante.

La originalidad del pensamiento de Alem residió en su prédica sobre la moral como fundamento de la política que diseñaba, y en la entrega total a un principismo que le clausuró las salidas políticas pero le abrió, en cambio, el camino hacia la entusiasta adhesión popular. No clamaba solamente por la moral en el correcto manejo de los dineros públicos. Veía a la democracia como una actividad fundada en la soberanía popular y el respeto a las autonomías, pero regida, sobre todo, por principios absolutos. No concebía a la políti-

El 7 de agosto Carlos Pellegrini asumía la presidencia en el marco de una explosión de júbilo que pareció clausurar los días de luto y tristeza vividos desde el 26 del mes anterior.

¿Traición o acuerdo?

Nunca llegaron a saberse con certeza las razones de ciertas contradicciones que se advierten al observar los hechos. Una conspiración casi pública que se desploma con la detención de su jefe militar; el súbito aflojamiento de las medidas preventivas y un nuevo impulso conspirativo que culmina con la concen-

ca como una mera competencia por la obtención del poder. Su ética política le vedaba lo que veía como acuerdos a espaldas del pueblo y lo llevaba a denunciar encrespadamente todo sistema que oliera a nepotismo, autoritarismo u oligarquía: Miraba la política como una cruzada, una misión, y trasfundió a su propia lucha la actitud mesiánica que había elaborado en los entresijos de su espíritu a lo largo de años de oscuridad política.

Siendo un hombre manso y bondadoso, creó una tradición de intransigencia que muchas veces fue malentendida por sus epígonos, convirtiéndola en intolerancia y sectarismo. Era un federalista sincero, y sin embargo, su partido constituyó, décadas después de su muerte, una de las más poderosas fuerzas de integración nacional. No vio o no le interesó el problema social que ya estaba diseñándose en la compleja sociedad de fines del siglo pasado; y sin embargo, los humildes y los marginados lo veneraron, y su barbada efigie presidió durante muchas décadas los hogares más pobres del país. Y cuando, finalmente, el partido que fundara llegó al poder, un cuarto de siglo después de su desaparición, fueron sus íntimos los que atacaron con mayor saña a quien lo había llevado a la victoria.

Paradojas como éstas suelen tachonar la trayectoria de los dirigentes políticos. En el caso de Alem no resultan chocantes. Por el contrario, se compaginan con su carácter contradictorio, su personalidad errática, su ideario elemental. Sobre estas carencias, la pureza de Alem, su carácter, su terrible integridad, siguen siendo los elementos más refrescantes y nobles de la tradición política argentina.

Félix Luna
"Alem, la terrible integridad"
En E. Gallo y G. Ferrari
Argentina del Ochenta al Centenario

El análisis de los documentos del período permite inferir que Roca y Pellegrini se valieron del alzamiento cívico para lograr la renuncia de Juárez Celman, y evitar al mismo tiempo un triunfo de los sublevados que llevara a Leandro Alem a posiciones de poder. **Julio A. Roca,** *dibujo de* **H. Stein.**

tración en el Parque sin que el gobierno tome iniciativas para evitarla; un plan revolucionario perfectamente viable que deja de cumplirse; negociaciones que se entablan y llegan a buen fin pasando sobre la vocación combativa de civiles y militares...

El análisis histórico ha confirmado la intuición popular de la época: la revolución fue traicionada. O, mejor dicho, hubo dos revoluciones distintas: la de los cívicos, que ingenuamente pelearon y murieron para derrocar el sistema vigente, y la de quienes imprimieron media máquina al estallido para lograr ciertos objetivos y evitar ciertas consecuencias. Por cierto, su actuación fue magistral.

Roca y Pellegrini habían detectado claramente dos peligros para todo lo que ellos representaban: Juárez y Alem, el presidente de la nación y el candidato a presidente revolucionario. El primero, desprestigiado y sin autoridad pero obstinado, podía arrastrar en su inevitable caída todo el sistema establecido; el segundo, por su origen social y político, por su temperamento inestable y vehemente y su carácter intransigente, era un elemento incontrolable con el que no cabía negociación alguna. Entonces había que urdir delicadamente las cosas para encauzar la revolución de tal modo que, sin triunfar por completo, bastara para desplazar a Juárez. A partir de la entrevista de Roca con Campos, el plan marchó a la perfección. El jefe militar de la revolución, firme partidario de Mitre —sugestivamente ausente del país desde el mitin del Frontón Buenos Aires—, creía en la necesidad de una solución nacional alrededor de la figura del vencedor de Pavón. En consecuencia, las convicciones de Roca y de Campos coincidían en la conveniencia de liquidar a Juárez y no permitir el acceso de Alem al poder.

Esto explica la facilidad con que el complot, aparentemente desarticulado con la detención de Campos, revive de inmediato, y cómo los regimientos comprometidos pudieron salir de sus cuarteles sin inconvenientes. Se comprende asimismo la actitud de Campos, que mantiene a sus fuerzas acantonadas en el Parque sin emprender la ofensiva prevista, y se hace la luz sobre el vacío que aisló al presidente después del fracaso militar de la revolución.

Los autores y víctimas de esta urdimbre nunca hablaron públicamente del asunto, pero hay evidencias documentales que demuestran la verosimilitud de esta tesis. Alem no podía denunciar una intriga que lo dejaba disminuido en su carácter de jefe civil del movimiento y siempre se refirió elusivamente a "factores negativos" y "resistencias" que habrían operado para frustrar el alzamiento cívico. Juárez, que guardó un digno silencio en los años que le quedaron de vida, no pudo callar su amargura en una carta enviada al tutor de sus hijos, que estaban estudiando en Londres, diez días después de su renuncia, fecha que imprime a su efusión una autenticidad y una emotividad innegables. Decía: "he sido víctima de la conjuración más cínica y más ruin de que haya memoria en los anales de la miseria humana, cuyo protagonista era un hombre a quien había profesado una vieja y leal amistad y con quien me ligaban otros vínculos que no ha sabido respetar. Ni yo ni mi familia mantendremos relaciones de ningún género con Roca".

Por su parte, Roca develó parcialmente el misterio en una carta dirigida al ministro argentino en Washington, Martín García Mérou, un mes y medio después de la renuncia de Juárez: "Ha sido una providencia y una fortuna para la república que no haya triunfado la revolución ni quedado victorioso Juárez.

A pesar de la derrota, la Unión Cívica persistió en su lucha, asumiendo como un triunfo propio la renuncia de Juárez Celman.
Plaqueta de homenaje de la Unión Cívica de Chivilcoy, 16 de noviembre de 1890.

Los avatares que sufriría la Unión Cívica en los años siguientes llevarían a Leandro N. Alem a terminar con su vida seis años después del alzamiento del Parque. **Leandro N. Alem.**

Yo vi claro esta solución desde el primer instante, y me puse a trabajar en este sentido. El éxito más completo coronó mis esfuerzos, y todo el país aplaudió el resultado, aunque haya desconocido al autor principal de la obra".

Finalmente, Campos también reveló su participación en "esta solución". Un año después de la Revolución del Parque, cuando la Unión Cívica se dividió entre los intransigentes de Alem y los que apoyaban el acuerdo Mitre-Roca, el antiguo jefe militar del movimiento cívico, fiel a su adhesión a Mitre, se pronunció por esta alternativa. Al responder a una carta que lo felicitaba por esta actitud, Campos dijo que ella era "consecuencia lógica de la que asumí en la revolución".

Los cívicos, y luego los radicales, convirtieron las jornadas de julio de 1890 en una gesta. Glorificaron sus símbolos: la boina blanca, la cucarda verde, blanca y rosa, la memoria de los caídos, e hicieron de su recuerdo una efemérides de celebración ciudadana. Pero el hecho indiscutible fue que Pellegrini, enérgico, prestigioso, lleno de recursos y dispuesto por sobre todo a restablecer el orden y la autoridad, quedó como presidente, con el apoyo de Roca, que fue designado ministro del Interior. Se abrió así una difícil etapa, cuyo más duro desafío era la reconstrucción de la confianza pública. A ello se consagró desde el primer momento el nuevo presidente, rodeado de una renovada esperanza popular y del apoyo de los círculos de mayor significación económica.

De la crisis a la consolidación nacional

L os veintiséis meses del gobierno de Carlos Pellegrini estuvieron signados por los problemas financieros. Roca, el artífice de la presidencia de Pellegrini, vio en "el Gringo" al "piloto de tormenta" que sabría sacar adelante el país, a diferencia del "irresponsable capitán" Juárez Celman. De allí en adelante, el crecimiento económico acompañaría un período de consolidación. Las leyes, la educación, la nueva organización de la economía, permitieron al país llegar al Centenario con algunos traspiés, pero sólidamente plantado en un modelo agroexportador, muy conveniente para él y para los países centrales.

Resolver la crisis financiera

Pellegrini comenzó su gobierno en el pico más alto de la crisis. Los acreedores asediaban no sólo a los particulares sino también a los gobiernos municipales y al central. Había deudas por doquier, y ningún demandante dudaba de que la responsabilidad fuera del gobierno nacional.

Finalmente, el ministro López anunció un plan, a fines de agosto de 1890, que consistía en la emisión de 60 millones de pesos en billetes de tesorería y en la enajenación del 4,5 por ciento de los fondos públicos para garantir parte de la emisión de billetes del Banco Nacional. Se crearía también la Caja de Conversión de los Billetes de Banco y se proyectaba pedir un nuevo préstamo en el exterior, a través de la firma Baring, por un monto de 20 millones de pesos oro. Pero

Recuperar la confianza internacional en la capacidad de pago de una Argentina que dependía de los grandes centros internacionales del poder económico: tal fue el signo de la gestión de Carlos Pellegrini.
Carlos Pellegrini, *óleo de* **M. Pereyra Míguez.**

a fines de 1890 una desgracia se sumó a las ya existentes: la firma Baring entró en liquidación, precisamente cuando llegaba a Londres el representante del ministro de Hacienda, el doctor Victorino de la Plaza.

Hasta entonces el servicio de la deuda oficial argentina se había pagado puntualmente. Pero no sucedía lo mismo con los papeles privados, aquellos que ponían en peligro a la Baring. Comenzó entonces una serie de presiones sobre el gobierno argentino para que la firma inglesa se salvara y con ella el "honor nacional", según se decía en la política de la época. De este modo, los recursos de la emisión, originariamente concebida para encaje del Banco Nacional, se aplicaron al pago de la deuda externa. El papel moneda, producto de dicha emisión, se utilizó para comprar oro que debía girarse al exterior.

La escandalosa reacción de la Bolsa de Buenos Aires hizo que se produjeran desórdenes, gritándose contra los "sindicatos" de especuladores y los bancos particulares. El gobierno suspendió las operaciones en oro, reemplazadas por operaciones en pesos moneda nacional. Pero la banca privada rechazó el pedido de auxilio de Pellegrini y López, negándose en algunos casos incluso a recibir papel de curso legal. Frente a esta situación, la casa central del Banco de

La Bolsa reaccionó violentamente a las medidas gubernamentales. La cotización del oro subió abruptamente y, el 24 de noviembre de 1890, el Ejército y la Policía debieron intervenir para sofocar los disturbios que se habían desencadenado frente al edificio. **Edificio de la Bolsa de Buenos Aires.**

Caricatura referida a la creación del Banco de la Nación, titulada "Música celestial", publicada en El Mosquito *del 13 de septiembre de 1891.*

Londres ordenó a su filial aceptar las leyes argentinas y participar en las soluciones adoptadas por el gobierno. En compañía del delegado argentino De la Plaza, los financistas ingleses habían resuelto que resultaba imprescindible poner primero al Estado argentino en situación de solvencia, revalorizar su moneda y luego reclamar la deuda.

Lo cierto es que, un año después de la Revolución del Parque, sombras ominosas caían sobre la gestión de Juárez. Como por ejemplo la cifra de 1,2 millones de libras invertidas en obras públicas, en conceptos absolutamente injustificables. Tanto Juárez Celman como Eduardo Wilde se defendieron públicamente de las acusaciones formuladas por la prensa argentina e internacional, pero no hubo pruebas concretas ni de su inocencia ni de su culpa. El 6 de marzo de 1891 el presidente convocó a una reunión de notables con el objeto de impedir la caída de los bancos Hipotecario y Provincia, pero ni siquiera el préstamo obtenido en esta ocasión pudo impedir que ambos cerraran el 7 de abril.

Fue así que el gobierno decidió la creación de un

nuevo banco oficial, el Banco de la Nación Argentina, que atendería prioritariamente las necesidades de las industrias agropecuarias. El año de 1891 terminó felizmente: una excepcional cosecha de trigo aumentó el nivel de las exportaciones y contribuyó a resolver, por lo menos, la coyuntura. Nacía un nuevo país, "el granero del mundo".

Ferrocarriles y exportaciones

Los ferrocarriles fueron uno de los emprendimientos en los que el Estado nacional hizo inversiones, para compensar el desgano de los capitales privados. Juárez Celman había enajenado líneas ferroviarias de propiedad pública, pero a pesar de ello en la década del 90 se siguieron construyendo rieles por cuenta del Estado. Se unieron de esta manera las capitales provinciales de Jujuy y La Rioja, se siguió con el trazado del Ferrocarril Central desde el Norte hasta Bolivia por La Quiaca y pudo avanzarse hasta Orán por el Chaco. En la Patagonia comenzaron a realizarse estudios para extender nuevos ramales, algunos de los cuales se concretaron años más tarde. Al terminar la segunda presidencia de Roca, la red del Estado se extendía a lo largo de 2.000 kilómetros y había 1.500 más en construcción.

La presidencia de Figueroa Alcorta dio apoyo a los ferrocarriles públicos; esta acción de integración del territorio no se contraponía con el liberalismo imperante en lo económico. Estas realizaciones fueron institucionalizadas cuando en 1909 se sancionó la ley 6757, por la cual se creó la Administración General de Ferrocarriles del Estado. Los directivos del organismo fueron designados por el Poder Ejecutivo, que lo dotó de autonomía financiera, de modo que pudiera

La política ferroviaria llevada a cabo durante la presidencia de Juárez Celman trajo como consecuencia la enajenación indiscriminada de la mayor parte de los 9.500 km de vías férreas, que en 1890 pertenecían mayoritariamente a capitales ingleses. **Locomotora,** *fotografía de 1870.*

adquirir materiales, expropiar terrenos y proyectar, construir y explotar líneas ferroviarias.

La capacidad exportadora argentina se incrementó con el mejoramiento del transporte, especialmente el ferroviario, que concentraba las cosechas en los puertos al modo de un gran embudo. Al finalizar el siglo, el 80 por ciento de la producción triguera y el 50 por ciento de la maicera se trasladaban por ferrocarril. Las principales vías troncales estaban diseñadas ya hacia fines de la década anterior, y una simple ojeada al mapa permitía advertir la relación entre transportes y exportaciones. En 1900, la red ferroviaria argentina llegaba a más de 16.000 kilómetros y era la décima del mundo: sólo la superaban las redes de los Estados Unidos, las principales potencias europeas, Canadá, Australia y la India. Más aún: en 1892, cuando todavía

Un hombre, un político, un dandy

Tocóle también a Pellegrini durante esta asunción interina del poder, por una coincidencia que parecía designio, inaugurar el Puerto Madero con un discurso en que trascendía, bajo la grave elocuencia del jefe de Estado, una vibración personal: podía hablar así, enseñando las manos y la frente —*clean hands and pure heart*— quien, durante diez años y tras las huellas paternas, había defendido en la prensa y en la tribuna la obra buena, ayer tan discutida y hoy triunfante, despreciando los cuchilleos calumniosos que atribuían a la defensa otro interés que el patriótico.

A las pocas semanas —el 4 de marzo—, Pellegrini se embarcaba para Europa, en el flamante vapor *Alfonso XII*, despedido con efusiones sinceras por sus amigos y adversarios políticos de buena ley. Pero, de todas las manifestaciones que señalaron su partida, acaso ninguna fuera tan honrosa y significativa como el silencio absoluto del diario oficial, ¡que se abstuvo hasta de mencionar el viaje del vicepresidente de la República!

Entre los frecuentes regresos de este gran argentino nativo a su patria de origen, aquella estancia en el mágico París del Centenario, durante la exposición del 89, tenía que dejar en su memoria huellas de luz nunca borradas. Joven aún, en toda la fuerza de su exuberante madurez, ardiente y apasionado como a los 20 años, disfrutando los honores de un casi jefe de estado sin sus trabas ni compromisos, rico por ocho o diez meses, tan abierto a las nobles fiestas del espíritu como a las caricias del lujo y envites del placer; la alta vida exótica le prodigó sus múltiples em-

se vivían las consecuencias de la crisis que había estallado dos años antes, en nuestro país se tendieron 2.400 kilómetros de vías, una cifra pocas veces alcanzada, no sólo en la Argentina sino en casi cualquier nación del mundo.

Un nuevo país se consolida

En la década del 90, los gruesos saldos exportables permitieron a la Argentina acumular los capitales necesarios para pagar su deuda externa y enriquecer no sólo a los terratenientes sino también a una clase me-

---

briagueces. Él las apuró ávidamente, sin contar ni medir, exprimiendo una tras otra, cual jugosos racimos, las horas fugitivas, que le dejaban sin embargo (y en ello revelaba su nobleza moral) más sediento que antes e insaciado. De esa Capua deleitosa y enervante fue a sacarle el llamamiento del deber. Más alta que el cantar de la sirena, resonó una voz lejana y conocida que no había desoído jamás: era el grito de la patria en apuros, que reclamaba el auxilio de sus mejores hijos. Pellegrini aceptó sin observación el encargo casi desesperado de intentar en Londres un nuevo em-préstito de respiro; y, portador de las condiciones menos draconianas que a los banqueros pudo arrancar, emprendió sin demora la vuelta a Buenos Aires, donde desembarcó a fines de noviembre. Aquí se inicia el período culminante de su carrera: el que confiere a su airosa y varonil figura el carácter definitivo y las proporciones históricas. (...)

Por más que Pellegrini conociera a su país y, durante esos ocho o nueve meses de ausencia, no hubiese perdido una hora la comunicación con sus hombres y cosas, el primer contacto de la realidad lo dejó espanta-do. Experimentaba en la moral la sensación del que, habiéndose evadido de un espeso fumadero y respirado unos minutos el aire fresco de la calle, vuelve a penetrar en la atmósfera sofocante y el tumulto ensordecedor. "Esta es tierra de locos", repetía al principio, hasta connaturalizarse de nuevo con la locura ambiente. A la verdad, la afección epidémica era siempre una misma, sólo que su período de "estado", como dicen los médicos, había llegado al paroxismo.

PAUL GROUSSAC
Los que pasaban

En la ilustración, el vendedor se dirige a Carlos Pellegrini: "Mister Carlos, mi leer en la diario que usted necesitar una liebre; mi vender a usted éste".
Pellegrini responde: "Hum..., tiene mucha cola su liebre, míster".
Caricatura aparecida en El Mosquito *del 14 de junio de 1891.*

dia insertada en las actividades comerciales, industriales y de servicios. Gran Bretaña definió asimismo su condición de mejor cliente, convirtiéndose en un socio que vigilaría atentamente las alternativas políticas de la Argentina.

La manifestación más notable de este cambio fue la exportación de ganado vacuno en pie. En 1887 este tipo de relación comercial con el exterior había redituado casi 5 millones de pesos oro; diez años más tarde alcanzaba casi 12 millones de la misma moneda, y los vacunos argentinos se imponían a sus similares de los Estados Unidos, Canadá y Australia, sobre todo por su bajo precio. También el ganado ovino sufría los efectos de la transformación rural: el merino era desplazado hacia el sur, a los campos patagónicos, que se iban poblando lentamente de lanares, transportados mediante prolongados arreos. En su lugar venía el Lincoln; luego el Rommey Marsh y otras razas. La mayor parte de la provincia de Buenos Aires, así como el Sur de Córdoba y Entre Ríos, fueron escenarios en los que se pudo palpar a simple vista esta transformación. Desaparecían las majadas o cambiaba su aspecto; en su lugar aparecían tropas de vacunos que dejaban atrás las características de sus antepasados criollos, flacos y guampudos, para redondearse, hacerse más grasos, más opulentos, con patas más cortas.

Ocurrió que las exportaciones de ganado y de carne congelada exigían un producto que fuera grato al paladar europeo. La desmerinización del ovino y la mestización del vacuno con razas inglesas requerían cambios en la alimentación: los tradicionales pastos duros que poblaban las pampas debían reemplazarse por pastos tiernos. Pero esta mutación era costosa, porque implicaba la necesidad de roturar la tierra.

La renovación agropecuaria

Una carta fechada en noviembre de 1892, aparecida en los *Anales* de la Sociedad Rural, detalla interesantes aspectos del establecimiento agropecuario de

La leyenda que acompaña a esta caricatura reproduce el diálogo entre los animales, que se desarrolla, alambrado mediante, en un puerto inglés cerrado por una barrera que dice "Trust norteamericano". La vaca llamada "Argentina" pregunta: "¿Cómo has podido entrar tan flaca?", y la vaca norteamericana responde: "Pues por eso". **Caricatura de Caras y Caretas *titulada "Nuestro ganado en Inglaterra".***

Benigno del Carril. El arrendamiento de tierras a chacareros italianos, con la obligación de dejarlas sembradas con alfalfa al término de su contrato de tres años, y la rotación de los ganados de pastoreo permitirían, según Del Carril, no solamente que los propietarios evitaran grandes inversiones sino que, a su vez, los arrendatarios dispusieran de tierras por las que pagaban una renta inferior a los beneficios que obtendrían de su producción, pero sin la enorme erogación de comprarlas a los precios corrientes. El resultado era el mejoramiento de los campos orientado a recibir un ganado distinto y refinado.

Entre 1890 y 1895 se sumaron algunos elementos adicionales, por ejemplo, el hecho de que el precio

Los bancos y la deuda

Roca en el Gobierno Nacional no permitió otros descuentos que los que él autorizó. D'Amico fue una excepción: no recomendó a nadie, pero bajó sin amigos. Vinieron: Juárez, en la nación y Paz en la provincia. Juárez hizo lo que Rocha: dejó cierta libertad al directorio del Banco Nacional, pero exigió con imperio que fuesen atendidas todas sus recomendaciones, que generalmente recaían en politicastros y especuladores. Paz llevó eso hasta el cinismo, como todo: durante su gobierno el Presidente del Banco iba a su casa o a su despacho y allí Paz sacaba su lista, y la entregaba para el descuento del día siguiente: y ¡guay! si se daba más o menos de lo que él mandaba; los descuentos de cédulas hipotecarias no tenían más diferencias, sino que Panelo no iba ni a la casa de Paz ni a su despacho, ¡iba a otra parte! Y en esas listas, allá iban a carradas los compadritos de los corrales; los estafadores reconocidos; los tramposos inveterados; los griegos de la carpeta; toda la crápula, toda la canalla que en tres años ha aumentado en ocho millones los créditos incobrables del Banco y que todavía los aumentarán en dos millones más; ¡y en cada lista seis o siete hombres honrados para sacarlos de testigos, por la moral!

No hay necesidad de probar que ese sistema aumentó la crisis que los valores se llevaron más allá de lo que suponía la fantasía de los especuladores, y que el juego y la especulación tomaron proporciones enteramente desconocidas en el mundo.

Continuarán después que pase esta crisis aumentando cada día sus obligaciones a pagar en el extranjero, desvirtuando sus instituciones de crédito, haciendo política con los bancos oficiales, o lo que es lo mismo, entregando su dinero a quienes no lo han de devolver. Así continuarán, porque ese es el carácter argen-

de la tierra subiera menos que el de los productos agropecuarios; lógicamente, ello implicaba una tendencia a la reducción de los arrendamientos.

Esta suma de factores explica el aumento de las exportaciones de trigo, maíz y lino. En 1890 las ventas de trigo al exterior no alcanzaban a 10.000 pesos oro; en el año 1900 llegaban casi a 50.000 pesos oro. Los 8.000 pesos oro que devengaba la exportación de maíz en 1890 se convirtieron en 13.000 en 1899. Y, en un decenio, los poco más de 1.000 pesos oro del lino se habían multiplicado por diez. Esto –téngase en cuenta– con precios que fueron declinando desde 1892 hasta fin de siglo. La Argentina se convertía con rapidez en un país básicamente exportador: ya en

tino; porque ese es su modo de ser; porque hace muchos años que así viene viviendo; porque el argentino prefiere gozar aunque se hunda al día siguiente, a trabajar modesta y pacientemente, asegurando una existencia de riqueza futura sin vanidades ni ostentación.

Dominada esta crisis, otra vez serán deslumbrados por las riquezas excepcionales de esa tierra privilegiada y volverán a las andadas, y cada cinco años tendrán una crisis cuyos peligros irán creciendo en proporción geométrica, hasta que llegue un día en que deban a los judíos de Londres y Frankfort todo el valor de sus tierras; en que los usureros del otro lado del mar sean dueños de todos sus ferrocarriles, de todos sus telégrafos, de todas sus grandes empresas, de todas sus cédulas, y de las cincuenta mil leguas que les hayan vendido a vil precio. Cuando no tengan más bienes que entregar en pago empezarán por entregar las rentas de sus aduanas, seguirán con entregar la administración de todas sus

rentas; permitirán, para garantir esa administración, la ocupación de su territorio, y concluirán por ver flotar sobre sus ciudades, en sus vastas llanuras, en sus caudalosos ríos, en sus altísimas montañas, la bandera del imperio que protege la libertad de Inglaterra, pero que ha esclavizado al mundo con la libra esterlina, cadena más fuerte y más segura que el grillo de acero más pesado que haya usado jamás ningún tirano.

Y no rían los argentinos en su vanidad de esta predicción. Por mucho menos que lo que ellos hacen, el Egipto está en la garra del león inglés, que jamás suelta su presa, y México cayó en poder del águila francesa, de la que pudo salvarse sólo por las inconstancias de Napoléon el chico, por el genio de Benito Juárez, y por la incontrastable virilidad de sus hijos.

Carlos D'Amico
Buenos Aires, sus hombres, su política

La cría de ganado ovino se inició a gran escala durante la década de 1850. Cuarenta años después seguía ocupando un puesto relevante en la economía nacional. **Carneros Rambouillet, originarios de Francia.**

1892 la mitad de la cosecha de trigo se destinaba al exterior. Entre 1890 y 1898 la tasa promedio del crecimiento anual del volumen de exportaciones fue de 6,2 por ciento, ritmo increíblemente alto que no fue superado antes ni lo sería después. En los primeros cinco años de la década, más de 2 millones de hectáreas se agregaron a la producción, y en 1895 existían más de cien mil establecimientos dedicados a la producción agrícola o ganadera, y en algunos casos a ambas a la vez.

El transporte ferroviario permitía el manipuleo de cereales con pérdidas mínimas, pero también benefició a la producción de carne orientada a la exportación: abarataba todo el proceso productivo y eliminaba el problema de la pérdida de peso en los animales. El sistema terminaba en los puertos, que en la década de 1890 se ampliaron extraordinariamente. El puerto de Rosario se constituyó en colector de una rica zona agrícola y distribuidor de su producción hacia el exterior, lo que generó un portentoso desarrollo de la ciudad y sus adyacencias. El censo municipal de 1900 anota para 1899 un total de casi 1,3 millones de toneladas de mercancías exportadas.

Tropas gubernamentales en la Plaza Libertad, durante la Revolución del Parque

Estanciero de la familia Anchorena

Imagen conmemorativa de la revolución del 26 de julio de 1890

Plaza 25 de Mayo de fines del siglo XIX, *óleo de L. Matthis*

Bahía Blanca, que en 1889 apenas contaba con un pequeño muelle para recibir productos importados, diez años después computaba un tráfico de 160.000 toneladas, de las cuales el 60 por ciento consistía en exportaciones; en 1897 se termina en Buenos Aires el puerto Madero, que pronto resultaría chico para el intenso tráfico que se encamina a través de él. Por esta razón, después de 1900 se hará necesario ampliar las instalaciones mediante la construcción de nuevas dársenas.

Detrás de muchas de estas empresas se movía una fuerza económica que en la década anterior se había instalado firmemente en nuestro país y que persistió en los años que siguieron a 1890, aunque con menor intensidad: el capital británico. En la década de 1890 se invirtieron unos 50 millones de libras esterlinas, cantidad menor que la colocada en los diez años anteriores, pero de todas maneras muy significativa no sólo por su cuantía sino porque demostraba confianza en un país cuya quiebra había sido proclamada a los cuatro vientos en 1890. No se limitaba únicamente a los ferrocarriles sino que también se orientaba hacia los puertos, la electricidad, los transportes urbanos y las tierras.

El método de arrendamiento que comienza a generalizarse durante la década de 1890 permite que los terratenientes se enriquezcan sin necesidad de realizar inversiones. **Estancia de la provincia de Buenos Aires.**

Un incipiente desarrollo industrial

La crisis había generado una política más proteccionista que la proclamada por Vicente Fidel López. Era necesario pagar en oro los productos importados, pero para comprar dinero metálico se requerían muchos billetes en papel. En consecuencia, convenía comprar mercadería nacional. Al conjuro de esta coyuntura se van sumando nuevos establecimientos industriales a los que ya existían. Antes de 1890 se elaboraban artículos de alimentación, vestidos, materiales de construcción, cigarrillos, muebles, ca-

El problema de la convertibilidad

La convertibilidad monetaria, en una economía aún rudimentaria y que dependía estrechamente del comercio exterior, era posible tan sólo si la balanza de pagos arrojaba permanentemente saldos positivos. Pero con el persistente déficit comercial que existió antes de 1890 —por la todavía débil producción agropecuaria y la cada vez mayor necesidad de productos importados— esa condición únicamente podía cumplirse mediante una gran afluencia de capitales extranjeros. Cuando la corriente de capitales se detuvo co-mo en 1885 y, con mayor impacto en 1890, el estrangulamiento del sector externo provocó de inmediato la caída del valor de la moneda y profundas crisis económicas y financieras.

La crisis de 1886 determinó la suspensión de la convertibilidad —ya en ese momento, como señalaba el entonces Director de la Casa de la Moneda, el oro acuñado había sido embarcado o fundido— y el país vivió hasta principios del siglo XX con dos patrones monetarios: un papel moneda nacional depreciado y usado para las transacciones internas, y el oro o divisas, que se utilizaban para las transacciones interna-cionales. En pleno auge de la economía agroexportadora, cuando ningún nubarrón teórico cubría el cielo de las teorías librecambistas, la Argentina tenía un "régimen de papel moneda inconvertible" basado en la expansión de la circulación monetaria y en la continua desvalorización de la moneda, factores ambos que originaron un agudo proceso inflacionario. De 62 millones de pesos moneda nacional en circulación en 1884, se pasó a 307 millones en 1893, mientras que el peso sufría, entre esos años, una devaluación del 224 %.

(...) Entre 1886 y 1890, la Argentina tomó prestado, de ese

rruajes, licores, fósforos, cerveza. A partir de 1890 se agregarían artículos lácteos y otros derivados de la agricultura y la ganadería, entre ellos, los de la industria frigorífica. En 1897, la rama lechera elaboraba 1,7 millones de kilogramos de manteca y otros subproductos, que se exportaban en buena proporción; Gran Bretaña se convirtió en importante consumidor de los lácteos argentinos. Otra de las industrias de transformación vinculada a la agrícola fue la harinera, que en la década que se estudia vivió un rápido crecimiento, al punto que en los terrenos destinados al puerto Madero se reservaron dos grandes extensiones para elevadores y molinos. En 1901, la recientemente constituida Molinos Harineros y Elevadores de

modo, casi 700 millones de pesos oro y el total de su pasivo alcanzaba en 1892 a 900 millones de pesos oro. Como la balanza comercial no lograba equilibrarse para hacer frente al servicio de la deuda externa, que llegó a representar cerca del 50 % del valor de las exportaciones, la desconfianza cundió entre los inversionistas extranjeros. La Casa Baring, principal agente financiero del gobierno argentino, entró en liquidación al no poder seguir colocando los títulos del país. Los más importantes bancos locales se declararon en bancarrota, en tanto que se acentuó la desvalorización del peso y la cotización de los títulos y acciones de las principales empresas declinaron en forma espectacular, conduciendo a muchas de ellas a la quiebra. Solamente la baja de los títulos de los ferrocarriles argentinos representaron una pérdida para sus tenedores de cerca de 20 millones de libras esterlinas.

Pero el origen de la crisis no era exclusivamente interno. Ligada estrechamente a Inglaterra, que era el centro del sistema financiero internacional, los movimientos de expansión y contracción que se originaban en la City repercutían seriamente en nuestra economía. En épocas de auge, los bancos y casas financieras inglesas expandían sus préstamos en el exterior con entera libertad, sin temor a que tal iniciativa pudiera causar una reducción excesiva de las reservas monetarias británicas. La razón consistía en que, cuando esto comenzaba a producirse y se originaba una fase de depresión, el Banco de Inglaterra recurría al remedio clásico de elevar el tipo de interés, con lo cual invertía el proceso expansivo y debilitaba la salida de capitales.

Mario Rapoport
"El modelo liberal"
De Pellegrini a Martínez de Hoz

Granos S.A., de capital argentino, británico y belga, era ya uno de los grandes consorcios mundiales de este rubro.

En lo que respecta a la industria frigorífica, en la década de 1890 se produjo el pasaje de la carne ovina a la vacuna. Si algún establecimiento, como el que Eugenio Terrason fundó en 1882 y que luego pasó a manos británicas, cerró sus puertas en 1898, la década fue fructífera para esta actividad. La River Plate Fresh Meat, con su frigorífico de Campana —al que debían llegar navíos fluviales para embarcar la carga en los de ultramar ya en el puerto de Buenos Aires—, la Compañía Sansinena de Carnes Congeladas, de capitales argentinos, cuyos establecimientos en Avellaneda y Bahía Blanca exportaban a Francia y Gran Bretaña, y la empresa Las Palmas Produce Co., con su planta en Zárate, se convirtieron en dinámicos centros que a fines de la década exportaban, en conjunto, 450.000 toneladas de carne ovina y 30.000 de carne vacuna. Se trataba, en todos los casos, de productos congelados, pues la técnica del enfriado comenzaría a difundirse recién en el nuevo siglo. Pero aunque su calidad no era óptima, las carnes argentinas constituían ya a fines de la década un rubro fundamental de las exportaciones.

Podría fijarse en el año de 1899 la finalización de la crisis de 1890. Por entonces, la baja del oro empieza a afectar a los exportadores, que son en esta coyuntura la síntesis de los intereses agropecuarios y en definitiva constituyen la columna más sólida de la economía argentina, el elemento que pudo arrancarla del marasmo y poner nuevamente en marcha sus circuitos. El gobierno de Roca, sensible a estos intereses, comprendió que había que detener la valorización del peso papel.

En agosto de 1899, el Poder Ejecutivo envía al Congreso un proyecto de ley que suscribe el ministro de Hacienda, doctor José María Rosa, y que propicia la creación de una Caja de Conversión con el propósito de convertir papel en oro a un cambio de 0,44 de oro sellado por un peso papel. El metálico que recibiera la Caja no podía destinarse a otro objeto que convertir billetes al tipo fijado.

El sistema era simple y beneficioso, pero exigía un

requisito previo: que las exportaciones hicieran que el oro afluyera al país. Tal condición existía en 1899 y se mantuvo durante bastantes años, permitiendo el incremento de los medios de pago en coincidencia con el crecimiento del ingreso nacional. Mientras duró, fue un mecanismo expresivo de la bonanza que reinaba en la Argentina. Más aún: la ley de conversión de 1899 sintetizó los éxitos económicos conseguidos en aquella década y representó, en el espíritu colectivo, el punto inicial de un ciclo de prosperidad que, se creía, habría de ser ininterrumpido, creciente, de proyección infinita.

La educación y el proyecto nacional

En 1893 había unos 250.000 alumnos matriculados en 3.000 escuelas primarias, públicas o privadas; ese mismo año se crearon 213 establecimientos nuevos, lo que significó un aumento de 3.300 alumnos. Era un crecimiento muy modesto en el proceso de alfabetización que los gobernantes argentinos se ha-

El auge de las exportaciones motorizó el desarrollo de la infraestructura portuaria nacional. **Inauguración del puerto de Buenos Aires, 1889, óleo de O. Cortazzo.**

Placa de opalina que las Escuelas de Artes Oficiales y Agricultura de la Pía Sociedad Salesiana otorgaron a Julio A. Roca por su rol promotor de la educación industrial.

bían propuesto desde los tiempos de Sarmiento. En esa época existían treinta y cuatro escuelas normales, con unos 12.000 alumnos, pero las camadas sucesivas de maestros y maestras no alcanzaban a cubrir las necesidades de la instrucción elemental, de la que, según se calculaba, estaban privados no menos de 400.000 niños. Un escrúpulo federalista y constitucional parecía impedir la injerencia del Estado nacional en este campo. Por fin, el diputado Manuel Láinez presentó un proyecto que se aprobó en 1905 con el número 4874, facultando al Consejo Nacional de Educación para establecer, en las provincias que lo solicitaran, "escuelas elementales, infantiles, mixtas y rurales" que impartieran la educación primaria en los términos de la ley 1420.

A su vez se ampliaron los institutos dedicados a la enseñanza secundaria, que en la concepción de Mitre debían ser centros formativos de las futuras clases dirigentes. En 1893 existían dieciséis colegios nacionales, todos dependientes del Ministerio de Justicia, Instrucción Pública y Culto; desarrollaban su labor paralelamente a institutos administrados por órdenes religiosas. Durante la segunda presidencia de Roca, el ministro Osvaldo Magnasco intentó reformar la concepción tradicional de la enseñanza secundaria. Magnasco buscaba orientarla hacia "ciencias y artes de utilidad práctica, a las lenguas vivas y a conocimientos de aplicación material e inmediata".

Toda la concepción normalista se enfrentó al ministro innovador, que finalmente debió renunciar. Sin embargo, su prédica no cayó totalmente en el vacío. Después de su dimisión, la ley 4270 ordenó la construcción de treinta y cuatro edificios escolares para la instalación de escuelas nacionales, normales de orientación regional, el Instituto Nacional del Profesorado y la Escuela Normal de Lenguas Vivas; también se crearon escuelas comerciales en Rosario, Concordia y Bahía Blanca, y se fundaron la Escuela Industrial de la Nación y numerosas escuelas prácticas de agricultura.

Hay que destacar, como parte de este proceso de consolidación nacional, la acción educativa que se desarrolló en los territorios nacionales. La compleja realidad que presentaban estos nuevos núcleos humanos exigió un especial esfuerzo a la Nación, que no sólo debió hacerse cargo de la creación de escuelas allí donde empezaban a formarse nuevas poblaciones, sino que además hubo de contribuir a la formación de una conciencia cívica y nacional. Las escuelas primarias territoriales, supervisadas por una inspección general creada en 1890, desarrollaron una labor heroica en las comarcas más alejadas e inhóspitas.

Para todas estas misiones —a las que deben sumarse las de las universidades nacionales de Córdoba y de Buenos Aires y, desde principios de siglo, la de La Plata— el Estado nacional destinó una parte de su presupuesto, que en 1898 llegaba al 12 por ciento. Estos aportes favorecieron, en general, la enseñanza media, a la que se dedicó en ese año el 44 por ciento del presupuesto total, del cual se destinaba a la educación primaria el 25 por ciento.

Un nuevo ejército

Terminada la campaña del desierto, se presentó a fin de siglo la amenaza de una guerra con Chile, lo cual obligó a la Argentina a revisar en profundidad el problema militar. En 1897 aparece el hombre que tendría a su cargo la renovación del Ejército: el coronel Pablo Ricchieri, nombrado presidente de la

Los acontecimientos políticos nacionales de la década habían encontrado un ejército mayoritariamente leal al gobierno. No obstante, las tensiones con Chile estimularon la tecnificación y modernización de las Fuerzas Armadas. **Campamento de Cura Malal, 1896, con el general Luis M. Campos y su escolta,** *óleo de A. Pistarietta.*

comisión encargada de la compra de armamento para la institución. Su gestión fue realmente importante, ya que la capacidad de negociación que demostró produjo enormes beneficios para el país.

En 1895 se dictó la ley 3318 de organización del Ejército de la República, antecedente casi inmediato de la ley 4301 de servicio militar obligatorio, preparada y proyectada por Ricchieri y aprobada por el Congreso Nacional en 1901.

Esta ley transformó al viejo y venerable Ejército en una fuerza moderna, eficiente, capaz de cumplir con las exigencias de la defensa nacional y dotada de un moderno armamento que la puso a la cabeza de los ejércitos de América.

La conferencia de La Haya

El doctor Sáenz Peña había sido elegido presidente de la delegación por sus colegas. Por esto mismo, ni pudo designársele para una "presidencia de honor", no revistiendo calidad de embajador (según lo explicó el secretario general de la conferencia), ni le correspondía una vicepresidencia, que fue atribuida al doctor Luis M. Drago. Intervino personalmente en la discusión del proyecto fundamental de la conferencia, que fue el establecimiento de una "Corte permanente de arbitraje"; y entre las declaraciones de su discurso fue muy notada la que señalaba, como coeficiente representativo de cada Estado, la importancia de su comercio exterior. Este criterio equitativo y racional, que se apoyaba en los últimos resultados comparativos de las estadísticas, fue para la conferencia una verdadera revelación. Aparecía la República Argentina, no solo con una capacidad productora únicamente inferior en América a la de los Estados Unidos y muy superior a la del Brasil y Méjico, sino como una de las naciones de índice comercial más elevado, pues ocupaba ya el quinto lugar en el mundo.

Pero la nota más intensa que dio Sáenz Peña en la conferencia de La Haya, y en la que resalta su personalidad de estadista con el mismo vigor que en el congreso de Washington, se encuentra en el discurso que pronunció en el acto solemne de la clausura, para agradecer a los gobiernos de Rusia y Países Bajos la invitación dirigida a la América latina. Bástenos transcribir el fragmento siguiente, que contiene todo un programa de gobierno en lo relativo a la política exterior: "Con los países americanos podemos diferir en las ideas, pero no en el sentimiento de amistad y de respeto recíproco que nutre la política de nuestro continente. La República Argentina puede repetir aquí lo

Las industrias al filo del siglo

En 1895, el censo industrial registraba unos 23.000 establecimientos fabriles en todo el país, con más de 165.000 obreros y un capital de 475 millones de pesos. Entre los rubros más significativos figuraban los relativos a la alimentación, vestido y tocador, construcciones, muebles y metales. Los propietarios y los obreros eran en su mayoría de origen extranjero, y se calculaba que el 80 por ciento de los trabajadores eran inmigrantes. La mayor parte de los establecimientos tenía características casi artesanales. Sin

que expresó en el congreso de Washington en ausencia de las naciones europeas: 'No nos faltan afectos para la América, nos faltan desconfianzas e ingratitud para la Europa'. Esta ha sido y será nuestra política: lo decimos con la conciencia de nuestra individualidad nacional y con todo el sentimiento de nuestra soberanía. La República Argentina cree tener la noción justa de su posición respecto de las naciones que ocupan el primer puesto en el elenco de los servicios prestados a la civilización. La talla de las naciones, como la estatura humana, es un hecho y un derecho, que haríamos mal en desconocer y haríamos bien en imitar, como impulso y como índice de la grandeza nacional. Nuestra civilización vino después de la vuestra, asimilando su experiencia y su sabiduría. Nosotros no olvidamos que hemos tenido antecesores: los respetamos y los admiramos; más aún: anotamos con placer que estos antepasados no declinan, pues los siglos renovaron sus energías y el progreso vivifica sus substancias activas. Con estos convencimientos, no podía la República Argentina pretender que su política gravitara en esta asamblea mundial; pero tampoco la ha modificado al pronunciarse en favor de los progresos internacionales, en sus formas más avanzadas y netas. Ha defendido sus ideas. Ha presentado, en verdad, sus tratados de arbitraje y de desarme, pero no con la pretensión de una enseñanza sino con la esperanza de una utilidad. Estos tratados son nuestra carta de identidad como amigos de la paz y observadores sinceros del arbitraje. El arbitraje obligatorio y el tribunal permanente eran los dos asuntos fundamentales de esta conferencia: la República Argentina ha votado por uno y por otro."

PAUL GROUSSAC
Los que pasaban

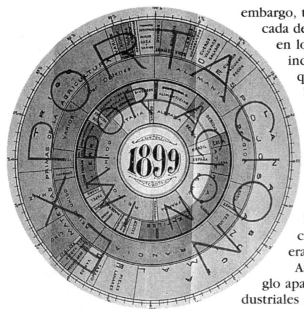

Los productos agropecuarios constituyeron la base de las exportaciones argentinas del período y posibilitaron la recuperación económica de fines de la década. **Gráfico de 1899 sobre el comercio exterior argentino.**

embargo, también en este aspecto la década de 1890 difiere de la anterior: si en los años 80 se podía crear una industria con una inversión pequeña, ahora resultaba imposible repetir semejantes hazañas sin un capital más importante. A los que intentaron iniciar una industria sin el aval de un capital sólido, pronto se les volvió necesario buscar un socio o un comprador. Y los capitales nacionales preferían dirigirse al campo, donde las ganancias eran seguras.

Así, en la última década del siglo aparecen capitalistas, más que industriales en su sentido específico. Como resultado de este fenómeno, la clase industrial tuvo como característica el estar constituida por personas vinculadas a la actividad agrícola-ganadera, conectadas a los circuitos comerciales y financieros, con buenas relaciones en los círculos del Estado. Los casos de Carlos Pellegrini, miembro del directorio de la Cervecería Bieckert, de Luis Zuberbühler, presidente casi perpetuo de la Bolsa de Comercio, propietario de extensos campos, que hacia fines de siglo estableció una fábrica de artículos de algodón y lana, o el de Nicolás Mihanovich, dueño de grandes propiedades rurales, fundador del frigorífico La Blanca y creador, al mismo tiempo, de una de las flotas navieras más importantes del país, ilustran esta doble condición.

En 1897 se reinició el pago de los intereses regulares de la deuda externa. En 1899-1900 se estimaba que esta salida de dinero equivalía al 35 por ciento de los ingresos generados por la exportación, una cifra alta, pero desde luego mucho menor que el 60 por ciento de 1890. La rebaja en el pago de la deuda se debía al crecimiento de las exportaciones, a la diversificación y mejor calidad de los productos que se enviaban al exterior y a la aceptación de los artículos del país por parte de los mercados europeos.

El asombroso éxito que iba cerrando una década tan sombría como la iniciada con la crisis del 90 se debió no solamente al trabajo de todos y a la confianza de los inversores, sino también a medidas que se tomaron como consecuencia de la crisis misma. Las medidas restrictivas y proteccionistas, la desvalorización del peso papel y la necesidad desesperada de exportar actuaron como elementos de estabilidad en una estructura económica que era sustancialmente sana, pero que sólo entonces pudo superar las consecuencias del descontrol de los años anteriores.

Consolidación por las leyes

Sin que nadie lo hubiera propuesto como programa, los deberes y atributos del Estado fueron definiéndose y, en consecuencia, se buscaron mecanismos aptos para ejercitarlos activamente. El Estado nacional empezó entonces a crecer.

En 1903 se incorporó a la Corte Suprema de Justicia de la Nación el doctor Antonio Bermejo, que ejercería su misión hasta 1929: su designación fue el comienzo de una jerarquización de la justicia que no se debió solamente a los juristas elegidos para desempeñar los diversos cargos, sino a una jurisprudencia eficaz y atinada. Así, el Poder Judicial de la Nación fue afirmándose en todas las provincias y, en la Capital

Quien fuera fundador y primer presidente del Jockey Club de Buenos Aires se rodeó, durante su corta presidencia, de banqueros y hombres de la más elegante sociedad política bonaerense.
Carlos Pellegrini (segundo desde la izquierda) junto a algunos amigos en la casa de Carlos Torcuato de Alvear.

Federal y los territorios nacionales, asumiendo cabal-
mente la función que le atribuyera la Constitución en
cuanto a las garantías civiles y a los derechos individuales, y contribuyendo, a la vez, a rodear de respeto
el Estado nacional.

Las revoluciones radicales

L a revolución del Parque instauró una nueva modalidad en la vida política: abrió un período de tumultos que se sucedieron en todo el país. El radicalismo se convirtió en una fuerza cuestionadora de la legitimidad de los gobiernos, considerándose con derecho a alzarse en armas en nombre del pueblo. En 1893, el partido de Alem impulsó levantamientos en distintos lugares. Fue el pico más alto de esta oleada, y sirvió para que el radicalismo no solamente definiera sus cauces, sino también para que dos de sus figuras señeras, Alem e Yrigoyen, se convirtieran, por mucho tiempo, en líderes de ese partido cuyas banderas serían la abstención revolucionaria y la intransigencia.

Si bien la revolución del Parque significó una derrota, la renuncia de Juárez fue considerada un triunfo propio, lo cual llevó a la Unión Cívica a persistir en su actitud revolucionaria. En enero de 1891, después de largas deliberaciones, los delegados de los comités cívicos realizaron una convención nacional en Rosario y proclamaron la fórmula presidencial para los comicios que debían realizarse un año y tres meses más tarde. La elección recayó en las figuras de Bartolomé Mitre y Bernardo de Irigoyen.

Parecía difícil que el roquismo, en crisis después de la caída de Juárez y a cargo de un gobierno tan difícil como el que estaba ejerciendo Pellegrini, pudiera triunfar sobre esos nombres ilustres, apoyados por un entusiasta concurso popular. Era un binomio que reunía al hombre más prestigioso del país con un dirigente muy respetado, y ambos representaban la tradición liberal y federal.

Con el sello inconfundible de su fundador, la UCR se convirtió en un referente para diversos sectores sociales cuyos intereses se veían afectados por la élite oligárquica gobernante. **Leandro N. Alem, óleo anónimo.**

El acuerdo

El 12 de marzo de 1891 hubo elecciones en la Capital Federal. Triunfó la Unión Cívica: Alem y Del Valle fueron elegidos senadores. Cinco días después, Mitre regresaba de Europa, donde había permanecido casi un año. La imponente recepción que le brindaron permitió conjeturar un absoluto triunfo electoral. Pero el 21 del mismo mes se produjo un hecho inesperado: Roca visitó al candidato cívico con el fin de proponerle un acuerdo. Al día siguiente, una circular firmada por ambos personajes —hay que recordar la trayectoria de ambos— anunció su propósito de "suprimir la lucha electoral para la presidencia futura", con la intención de evitar enfrentamientos que, en el estado en que se encontraba el país, serían muy negativos. El acuerdo suponía una fórmula única encabezada por Mitre e integrada por un amigo de Roca.

Los partidarios de Alem interpretaron la decisión de Mitre como una actitud personalista e inconsulta, que tendía a apuntalar una estructura de transmisión del poder cuyos vicios habían provocado la reacción cívica. Según los cívicos, el país necesitaba un enfren-

tamiento electoral libre y sin presiones, y como dijeron en un manifiesto, la agrupación "no se ha propuesto la elevación de un hombre al poder, sino cambiar el régimen imperante". Destacaban, además, que el paso dado por Mitre desconocía la decisión de la convención de Rosario y constituía un desaire para Bernardo de Irigoyen, desplazado abruptamente de la fórmula presidencial cívica.

Entre marzo y julio de 1891 se produjeron declaraciones y pronunciamientos que anunciaban la división de los cívicos. Esta se concretó con la fundación de la Unión Cívica Nacional, que ratificó el acuerdo y proclamó una fórmula en la que Mitre iba acompañado por José Evaristo Uriburu, un roquista de Salta. Por su parte, la fracción de Alem reconstituyó los órganos partidarios raleados por el alejamiento de los mitristas y resolvió distinguirse con el aditamento de "radical". En agosto, la convención

Acaudilladas por Bartolomé Mitre, las huestes radicales que apoyaban el pacto con el PAN conforman la Unión Cívica Nacional y respaldan la fórmula acuerdista Mitre-Uriburu. **Casa de José Evaristo Uriburu en Salta.**

de la Unión Cívica Radical (UCR) eligió el binomio Bernardo de Irigoyen-Juan M. Garro, y Alem realizó una gira electoral que lo llevó a Rosario, Córdoba, Tucumán, Salta y Jujuy, enardeciendo a las multitudes con su prédica y reforzando la organización del partido.

Poco tiempo transcurriría antes de que la política del acuerdo tropezara con las primeras dificultades. El Partido Autonomista Nacional (PAN), liderado por Roca, que había adherido a la fórmula Mitre-Uriburu, no lograba convivir con sus nuevos aliados; los desencuentros se hicieron tan profundos que finalmente terminaron por provocar en octubre no sólo la renuncia de Mitre a su postulación, sino también la de Roca a la jefatura de su partido. Hacia fines de 1891 el acuerdo estaba quebrado, más por sus contradicciones internas que por la acción del radicalismo, que volvía a ser agitado por una nueva excursión de Alem, esta vez a Cuyo.

El oficialismo se vio nuevamente puesto en aprietos cuando la hegemonía de Roca fue cuestionada por el surgimiento de una candidatura en el seno del PAN, bien acogida por varios gobiernos provinciales, entre ellos el bonaerense. Se trataba de Roque Sáenz Peña, figura joven y simpática que significaría una renovación en las filas del roquismo. Frente a este peligro, "el Zorro" (así se lo llamaba a Roca) urdiría otra de sus admirables maniobras. En una reunión de dirigentes del antiguo juarismo, mitristas, católicos y de su propio partido, propuso como candidato de unión nacional a Luis Sáenz Peña, un jurista de setenta años, acendradamente católico, que no despertaba resistencias ni tampoco entusiasmo. Naturalmente, su hijo Roque declinó su postulación inmediatamente, cediendo el paso a su padre. El respeto filial era en este caso un arma que retrasaba la renovación política de la Argentina...

La decisión de "suprimir la lucha electoral", anunciada en marzo de 1891 por Mitre y Roca, fue ejecutada por el presidente Pellegrini en abril de 1892. Una semana antes de los comicios, la plana mayor del radicalismo fue detenida bajo la acusación de estar preparando una revolución. La desarticulación del partido opositor convirtió en canónicas las elecciones y Sáenz Peña y Uriburu fueron proclamados por la casi unanimidad de los electores, asumiendo sus cargos en octubre de 1892.

Con su personalidad y sus posiciones, Leandro N. Alem supo ganarse el respeto y la confianza de muchos dirigentes del naciente radicalismo. **Leandro N. Alem con un grupo de radicales en 1893.**

La intransigencia revolucionaria

La debilidad del nuevo presidente era evidente. Sin partido propio, vacilando entre apoyarse en los mitristas o en los roquistas, descalificado por los radicales como producto de un enorme fraude, Sáenz Peña sumaba a estos factores su elevada edad y su inexperiencia política. No causa sorpresa, entonces, que su gestión haya estado marcada por estallidos revolucionarios en diversas provincias, algunos de ellos de inspiración radical.

El partido de Alem se había convertido en una fuerza que debía ser tenida en cuenta. Reunía la tradición del antiguo federalismo en las provincias y del autonomismo popular de Alsina en Buenos Aires. Si bien no tenía un programa definido, las apelaciones de su jefe a la moral republicana lo convertían en la contrafigura del positivismo materialista del régimen. El partido condenaba la política de acuerdos como una falsificación de la democracia y reclamaba comicios exentos de las ha-

Yrigoyen revolucionario

Buenos Aires está distraída aquel 30 de julio por la manifestación con que los radicales van a conmemorar el movimiento del 90. Yrigoyen, que ha desaparecido tres días antes, eligió la mejor oportunidad. Ese mismo día, en una localidad vecina, levántanse en armas los mitristas, que cuentan con tropas del ejército nacional.

Mientras "la juventud ilustrada", como dice *La Prensa*, al mando de Marcelo Alvear, se dirige a Temperley, y, después de breve combate, se apodera de la comisaría, emisarios de Yrigoyen hacen lo mismo en noventa pueblos de la provincia. En muchas partes no encuentran resistencia, y la policía se agrega a la revolución. En algunos pueblos los comités se levantan por sí mismos. Toda la Provincia está desde el primer día sublevada. Mo-

vimiento popular y democrático, en él no interviene el ejército, sino un partido poderoso con sus comités y sus autoridades.

Yrigoyen parte de El Trigo, a las ocho y media de la noche. Sus tropas están compuestas por civiles, por algunos soldados de línea dados de baja y por jefes y oficiales del ejército. Se dirigen al cercano pueblo de Las Flores. Van en tren, en vagones de pasajeros y de carga, y se cubren con boinas blan-

bituales presiones de las oligarquías locales. En 1898 Pellegrini definiría al radicalismo como un temperamento, más que un partido, y no se equivocaba: en ese momento era una reacción ética contra una élite cuyas distintas fracciones necesitaban pactar incesantemente para mantener el sistema imperante y, sobre todo, conservar su control. Con este marco ético las adhesiones tuvieron un sentido acorde: viejas familias criollas del Interior empobrecido, estancieros ricos de Buenos Aires, abogados católicos de Córdoba, colonos extranjeros de Santa Fe, universitarios de las ciudades y peones de campo. La UCR se convirtió, en muy poco tiempo, en un referente político distinto, que agitaba la consigna de la intransigencia como repudio al pacto de los sectores oligárquicos, y la bandera de la revolución como impugnación del sistema, aun cuando no hablaba de cuál podría ser la alternativa. A la tradición del Parque sumaba el rechazo a todo acuerdo. Y estos contenidos —inaceptables desde lo político, ya que precisamente eran su negación— seducían a vastos sectores de la opinión pública, hartos del paralizante paternalismo de Roca, Mitre y las oligarquías lugareñas.

---

cas. A la una están en Las Flores. La comisaría se entrega sin combatir. De Buenos Aires, a esa misma hora, llega un numeroso contingente de jóvenes. El pequeño ejército se encamina al Azul. También allí se entregan las autoridades. Y luego a Sierra Chica, donde se le incorporan ciento cincuenta soldados del presidio, y a Olavarría. Considerablemente aumentado con policías y partidarios, el ejército vuelve a Las Flores y de allí a Temperley. Al paso del tren, las gentes se aglomeran en las estaciones para vitorear a los revolucionarios. Los jóvenes se incorporan al movimiento. Los pueblos están embanderados y las campanas de las iglesias repican alegremente: *La Prensa* hace este comentario: "Es de llamar la atención que toda esta campaña se haya hecho sin disparar un tiro, debido a los extremos esfuerzos y tino del jefe de la revolución para convencer y evitar la efusión de sangre". Al estar frente a frente los revolucionarios y las autoridades, Yrigoyen levanta bandera de parlamento, conversa con las autoridades y las convence. Como San Martín al apoderarse de Lima, Yrigoyen triunfa, no con las armas, sino con la astucia y la persuasión. Y así vuelve a Temperley con dos mil quinientos hombres.

MANUEL GALVEZ
Vida de Hipólito
Yrigoyen

Proveniente de una acaudalada familia local, el joven Roque Sáenz Peña es proclamado candidato a la presidencia por un movimiento de renovación autonomista.
Luis Sáenz Peña, su esposa, Manuel Quintana y Roque Sáenz Peña.

El radicalismo contaba también con una camada de nuevos dirigentes políticos que sustentaban esas banderas. En Rosario, Lisandro de la Torre; en Mendoza, José Néstor Lencinas; Pedro C. Molina en Córdoba y Pelagio B. Luna en La Rioja, además de un grupo de jóvenes distinguidos en la provincia de Buenos Aires y la Capital Federal. Pero una figura pronto adquiriría proyección en el partido de Alem: su sobrino Hipólito Yrigoyen, que a diferencia de su tío contaba con una fortuna amasada en campos arrendados para invernada. Soltero, con cuarenta años en 1892, consagrado íntegramente a la tarea política, había sido designado presidente del comité de la provincia de Buenos Aires, el organismo más eficiente y activo de la UCR. En 1893, tío y sobrino habrían de lanzar el radicalismo a la vía revolucionaria, en un supremo esfuerzo para derrocar al régimen.

El violento invierno del 93

Con la única excepción de Marcos Juárez, hermano del presidente depuesto en 1890 y gobernador de

Córdoba, que se vio obligado a alejarse de su cargo a los pocos días de la renuncia del primer mandatario, los gobiernos provinciales susbsistían más o menos con el signo político bajo el cual habían sido electos. En general habían adherido a la política del acuerdo, aceptado luego la candidatura de Sáenz Peña como una manera de sobrevivir, y ahora se disponían a defender sus cuestionadas legitimidades.

Pero en noviembre de 1892 las cosas comenzaron a ponerse tensas. En Santiago del Estero fue derrocado Absalón Rojas, uno de los gobernadores netamente roquistas. Luego los mitristas lograron la caída del gobierno de Corrientes. Cada uno de estos episodios repercutía en el orden nacional, dentro del cual todos intentaban sacar partido de los cambios. A la cuarta crisis de su gabinete, el presidente adoptó una decisión casi desesperada: convocó a Aristóbulo del Valle, que no era radical pero que sugería desarticular los poderes locales y crear condiciones que permitieran a los pueblos manifestarse libremente. El 5 de julio de 1893 Del Valle asumió las carteras del Interior y de Guerra.

La respuesta de los radicales no se hizo esperar: de inmediato se desencadenaron los estallidos prometidos. Primero en San Luis, donde Teófilo Saá derrocó

Sin contar con el apoyo y la extensión del primero, el segundo levantamiento radical en Santa Fe fue brutalmente reprimido por las tropas gubernamentales. **Participantes en la insurrección rosarina de 1893.**

al gobierno local. Al día siguiente, en Santa Fe: después de una dura lucha, en la que participan a favor de los insurrectos los colonos suizos de Esperanza, se instala un gobierno presidido por Mariano Candioti. El 31 de julio casi todas las comunas bonaerenses son tomadas por los radicales en un asombroso alarde de organización: en algunos puntos sin lucha, en otros tras combatir con las policías locales o adelantándose a los mitristas, que habían adoptado la misma actitud revolucionaria.

Solamente en una semana, Buenos Aires, Santa Fe y San Luis habían reaccionado, cambiando el tono de la crisis, ante la neutralidad del gobierno nacional. Hay que imaginarse la atmósfera que vivía el país, con el espectáculo de esos ejércitos civiles que tomaban el poder en pueblos y ciudades enarbolando la bandera radical —roja y blanca—, designaban autoridades en

Un levantamiento en Santa Fe

El 24 de septiembre de 1893 un nuevo levantamiento armado, dirigido otra vez por la Unión Cívica Radical, sacudió a la ya muy castigada provincia de Santa Fe. No es fácil rastrear las causas que provocaron este nuevo estallido revolucionario. Es evidente, sin embargo, que el mismo no tuvo la popularidad que acompañó al movimiento de julio. Ambas revoluciones fueron dirigidas por los radicales, pero mientras en julio los rebeldes lograron el apoyo de vastos sectores sociales y políticos, en septiembre el movimiento fue duramente criticado por grupos que habían participado entusiastamente en el estallido anterior. En líneas generales, se sostuvo que el movimiento sólo contemplaba los intereses sectoriales del Partido Radical.

Cualquiera haya sido la causa del levantamiento, lo cierto es que el mismo tuvo consecuencias nefastas para los revolucionarios. Fue violentamente reprimido por tropas nacionales provenientes de las provincias de Buenos Aires y Entre Ríos. Derrotada la revolución, centenares de radicales fueron detenidos, los diarios de la oposición clausurados, y muchas de las nuevas autoridades rurales reemplazadas por otras de clara filiación autonomista. Un observador atento de estos hechos expresó con claridad las graves consecuencias que se avecinaban: "En mi opinión esta provincia ha perdido las ventajas alcanzadas por la revuelta de julio. Los radicales se han rendido ignominiosamente, sin haber puesto ninguna condición, por lo cual tendremos que estar sujetos nuevamente a la voluntad del Partido Auto-

fervorosas asambleas y creían tocar, de un momento a otro, el ansiado milenio que Alem había predicado con su oratoria apocalíptica. Todo tenía un aire de fiesta cívica: en Santa Fe, Gabino Ezeiza cantaba décimas sobre Alem y la revolución; en Buenos Aires, el payaso Frank Brown repartía chocolates a los milicianos de la boina blanca...

En su tarea como ministro, Del Valle reconoció a los gobiernos surgidos de estas revoluciones, y con ello favoreció movimientos similares en el resto de las provincias. Pero los hombres del régimen no podían tolerar tanta audacia. En un principio habían aceptado a Del Valle como la posibilidad de un entendimiento con los insurrectos. Ahora veían arrasado el principio de autoridad y contemplaban, aterrados, la caída de los bastiones de su poder. ¡Como ensayo, ya estaba bien!

---

nomista, cuyo odio por los extranjeros será mayor por la cantidad de colonos que han tomado parte en el movimiento revolucionario".

El párrafo citado indica con claridad que los colonos agrícolas volvieron a intervenir activamente en el conflicto armado. En septiembre faltaron las luchas contra las autoridades rurales y las tomas de juzgados de paz, jefaturas políticas y comisarías que habían caracterizado al movimiento de julio. Es posible, también, que el número de participantes no haya sido tan elevado como durante el primer levantamiento. El entusiasmo desplegado por los colonos durante los enfrentamientos armados puede colegirse de la descripción brindada por el corresponsal del semanario londinense *The Economist*: "...Alrededor de mil colonos suizos que muy tontamente permitieron ser arrastrados al movimiento, y que todavía más tontamente, si no maliciosamente, llevaron consigo las balas explosivas que usan para matar a su ganado... El uso de esos proyectiles exasperó de tal manera a las tropas nacionales provenientes de Entre Ríos, que los pobres suizos la pasaron bastante mal durante su retirada.

Nuevamente volvió a discutirse acaloradamente acerca de la participación de los extranjeros. Algunos la negaron enfáticamente; otros, como el corresponsal de *La Agricultura*, dijeron que lo habían hecho en "escaso número". Según este testigo los que participaron lo hicieron porque "habiéndose (los revolucionarios) llevado a sus hijos querían correr la misma suerte que ellos".

EZEQUIEL GALLO
La pampa
gringa

Esta vez fue Pellegrini quien se encargó de volver la historia a su cauce. Con su arrolladora actividad y su "gran muñeca" forzó a que el Congreso interviniera Buenos Aires y persuadió al presidente de que apartara a Del Valle, quien renunció el 12 de agosto para ser reemplazado por el mitrista Manuel Quintana. Juan Carlos Belgrano, a cargo del gobierno revolucionario de Buenos Aires —Yrigoyen se había negado a aceptar este puesto— tuvo que desarmar sus milicias, aunque todavía con alguna resistencia. Pero esta derrota no apagó otros estallidos: el 14 de agosto estalla un nuevo movimiento en Corrientes, predominantemente mitrista, pero con apoyo radical; el 7 de septiembre el gobierno de Tucumán es derrocado por los radicales locales, y el 24 del mismo mes estalla una segunda insurrección en Santa Fe, acompañada esta vez por la sublevación del acorazado *Los Andes* y dos torpederos. Y el propio Alem es aclamado en Rosario como "presidente provisional de la Nación".

Hacia fines de setiembre los levantamientos corren como regueros de pólvora, y el país entero parece a punto de incendiarse. Pero en 1893 había que contar con una realidad que tres años antes no existía: la lealtad del Ejército al gobierno nacional. Roca es designado jefe de las fuerzas que van a reprimir a los revoltosos, y una vez más salva el orden con esa mezcla de astucia y diligencia que lo caracterizó siempre. El general Bosch, que acompañado por Pellegrini acaba de derrotar a sangre y fuego la revolución de Tucumán, baja en ferrocarril al Litoral y vence a las fuerzas de Candioti en Santa Fe. Luego se dirige a Rosario para terminar con los restos del movimiento. El 1º de octubre Roca entra triunfante en la segunda ciudad de la República. Detienen a Alem y a los principales jefes radicales. La revolución ha sido derrotada.

La tragedia

La institución presidencial salió fortalecida luego de esta lucha por desestabilizarla, aunque el presidente Sáenz Peña se convirtió definitivamente en prisio-

El reconocimiento de los nuevos gobiernos locales surgidos de los levantamientos estimulaba la extensión del movimiento. **Caricatura de** El Mosquito **de 1889 titulada "Aristóbulo del Valle, brillante orador".**

Teófilo Saá, fundador del radicalismo puntano, encabezó en su provincia el derrocamiento del gobierno provincial.

nero del mitrismo y el roquismo. Por otra parte, los episodios revolucionarios dieron al radicalismo mártires y símbolos que posibilitaron su triunfo en las elecciones de diputados nacionales en la provincia de Buenos Aires, en febrero de 1894. Este se repitió un mes más tarde cuando estuvo en juego la gobernación del primer Estado argentino; sin embargo, esta última victoria le fue escamoteada al radicalismo por la alianza de mitristas y roquistas en el colegio electoral, que eligió a Guillermo Udaondo. También triunfaron los radicales en la Capital Federal, en los comicios que debían cubrir la vacante senatorial de Alem, procesado por rebelión. Como la Cámara alta demorara el tratamiento de su diploma, el líder radical renunció y fue reemplazado por Bernardo de Irigoyen.

Los triunfos en las urnas, sin embargo, no podían ocultar la necesidad de que la UCR encontrara un cauce adecuado para su política. Pasado el ramalazo revolucionario, o quizás a causa de él, aparecía un generalizado anhelo de paz y orden. Ya no había crisis ni malestar, como en el 90. El arreglo de la deuda externa había renovado la confianza de los inversionistas extranjeros en el futuro del país. Las grandes cosechas generaban saldos comerciales favorables. Se reanudaba, cada vez más copiosa, la corriente inmigratoria. La construcción de ferrocarriles continuaba, y la activación de diversas obras públicas, entre ellas la dársena norte del puerto de Buenos Aires y los puertos de Rosario y Santa Fe, creaba nuevas fuentes de trabajo y estimulaba la circulación de dinero y de bienes.

La estabilidad del régimen era tan grande que ni siquiera lo conmovió la renuncia del ministro del Interior, Quintana, en septiembre de 1894, a causa de la interpelación de Bernardo de Irigoyen, ni la dimisión del propio presidente en enero de 1895, reemplazado por el vicepresidente Uriburu, un hombre del círculo íntimo de Roca. En 1890, Juárez se había equivocado al mantener una política exclusivista que lo aisló de sus posibles apoyos políticos; ahora, en cambio, el régimen se sostenía mediante una delicada distribución de posiciones entre el mitrismo y el roquismo. Aunque Alem agitara el fantasma de la revolución, nadie creía en ella y nadie la deseaba ahora. Además, ¿qué podía ofrecer el radicalismo como alternativa a este sistema, que había logrado superar las secuelas de la crisis y retomaba los niveles de prosperidad de diez años atrás?

Alem, ese bello personaje que encarna todos los conflictos de la fe en la utopía, no lograba concretar nuevos objetivos para su partido. Un sordo tironeo se estaba desarrollando en el radicalismo. Por un lado estaban los fieles de Alem, los seguidores de su pureza e integridad, que desconfiaban de cualquier otro que pudiera surgir y revestían de infalibilidad toda opinión del tribuno. Por otro, aquellos a quienes irritaban los errores políticos de Alem, su escaso sentido organizativo, la inestabilidad de su carácter, el callejón sin salida en que se encontraba la UCR. Además,

Alem tenía deudas que no podía cancelar, y que Pellegrini sacó a la luz cruelmente en una batalla epistolar que casi culmina en un duelo. Como contrapartida de esto, la figura de Yrigoyen crecía, y la situación conducía a una paralización de la fuerza que tres años antes había estado a punto de alzarse con el país entero.

Los enfrentamientos internos tenían una larga historia. Al dividirse la Unión Cívica, Alem no había visto con agrado que su sobrino fuera designado presidente del comité de la provincia de Buenos Aires. Se habrían producido entonces los primeros roces políticos, agravados a lo largo del invierno de 1893. Alem casi no participó en la revolución que dirigió Yrigoyen en Buenos Aires, cuya organización —ya se dijo— fue asombrosa por su vastedad y sincronización. Los diarios de la época elogiaron el orden y la mesura de los radicales bonaerenses, la democrática reunión de la convención partidaria en Temperley, la terminante negativa de Yrigoyen a recoger un fruto personal del movimiento y la caballeresca actitud de ordenar a los revolucionarios que controlaban la estación de Haedo que dejaran pasar el tren que conducía a Pellegrini a

Prisionero de guerra

No estaba dispuesto a ocultarse. Desde que entraron las fuerzas nacionales comprendió que era un prisionero de guerra (...) Supo que el comandante Rodolfo Domínguez, con un grupo de soldados, tenía la comisión de atraparlo —acaso de fusilarlo— como si fuera un bandolero. Recorrían las calles; hurgaban las casas. Cuando el comandante Domínguez viene a su encuentro, él sale a recibirlo, muy tranquilo, con una pequeña canasta en la mano. Es todo su bagaje. Domínguez lo invita a subir a su coche. La custodia los sigue. En la Jefatura lo alojan en el salón del jefe. Enseguida, el general Bosch, con su ayudante, el coronel Florencio Madero, se hace anunciar. Es el jefe militar de la plaza. Viene a ofrecerle su amistad. La escena es caballeresca, teatral. Un instante. El general Roca telegrafía al presidente: "La policía acaba de capturar al doctor Leandro N. Alem. Espero instrucciones". El doctor Pellegrini le contesta: "El presidente ha resuelto que se le conserve en Rosario, bajo segura custodia". Hay más de 800 presos políticos en Santa Fe.

TELMO MANACORDA
Alem, un caudillo, una época

Miembro de una acaudalada familia latifundista, Mariano Candioti encabezó los levantamientos de 1893 en la provincia de Santa Fe.

Buenos Aires. Hay que reconocer la justicia de los méritos atribuidos a Yrigoyen en estas circunstancias, ya que más de 5.000 ciudadanos armados avanzaron sobre La Plata con las banderas radicales sin que se produjera un solo desmán. Además, el difícil desarme de estas milicias ocurrió disciplinadamente, sin que el altercado entre el coronel Martín Yrigoyen y el jefe de las fuerzas nacionales, que pudo ser grave, alcanzara a empañar la serena tristeza de la ceremonia.

Por entonces también se dijo que Yrigoyen se había negado a apoyar el segundo movimiento revolucionario de Santa Fe, que consideraba fracasado de antemano. Los periódicos de la época dan cuenta de la extrema desorganización de las huestes de Candioti y De la Torre, privadas en la oportunidad de la ayuda de los temibles rifleros suizos de las colonias. La comparación entre la pulcritud del movimiento coordinado por Yrigoyen y el desorden riesgoso de la revolución santafesina de septiembre sin duda salta a la vista. A fines de setiembre Yrigoyen fue detenido y conducido a un pontón en condiciones de insoportable incomodidad, mientras su tío padecía similares molestias en la cárcel de Rosario. Luego vino el exilio en Montevideo —donde estuvo hasta fines de 1893—, y la meditación forzada debe de haberle servido para pensar que la jefatura de Alem era incompatible con el éxito de su partido, que debía modernizarse indefectiblemente.

Estos antecedentes explican en parte que los resultados de las elecciones de marzo de 1896 hayan sido adversos para los radicales en la Capital Federal. Más atención que los radicales en aparente extinción provocó la lista presentada por una nueva agrupación, el Partido Socialista, fundado poco antes por el doctor Juan B. Justo, que actuara como médico en la revolución del Parque.

Tres meses antes había fallecido repentinamente Del Valle, en quien muchos radicales veían al candidato que podía reunir a todas las fuerzas populares en la renovación presidencial de 1898. De este modo el radicalismo perdía una alternativa, y Alem perdía no sólo a un amigo muy querido sino al compañero con quien había compartido su iniciación política al lado de Alsina. Finalmente, la tragedia política y personal de Alem estalló dramáticamente el 1º de julio de 1896. En las cartas que el tribuno radical escribe antes de suicidarse alude a su "lucha amarga y desesperada", al fin de su misión: "Para vivir inútil, estéril y deprimido, es preferible morir". Estas confesiones de fracaso se olvidan. El pueblo llora la muerte de un hombre desinteresado, sin dobleces, servidor de su ideal, y lo que se recuerda de su mensaje póstumo es aquello que mejor expresa su espíritu combativo: "¡Sí, que se rompa pero que no se doble!" y "¡Adelante los que quedan!".

El regreso de "el Zorro"

Con la muerte de Alem, el radicalismo perdió no solamente un orador vibrante sino también un luchador férreo y una figura muy querida. Pero aún habría

Junto con Julio A. Roca, el ex presidente Pellegrini tuvo un papel de primera línea en las acciones oficiales destinadas a sofocar los levantamientos radicales.

otras pérdidas que llevarían más por debajo el espíritu de sus militantes.

La figura de la UCR en quien se depositaban más esperanzas era ahora don Bernardo de Irigoyen, que desde el Senado había venido impulsando el proceso del régimen. En 1897, planteada la renovación presidencial, empieza a crecer en el radicalismo la idea de aliarse con las huestes de Mitre con el fin de oponerse a la elección de Roca. Los argumentos eran que la UCR, por sí sola, ya no podía ofrecer una oposición significativa; el mitrismo, en cambio, aportaría fuerzas importantes en la Capital Federal, Buenos Aires y Corrientes. Desde el diario *La Nación* se orquesta una campaña de gran envergadura para inducir a los radicales a embarcarse en una lucha común. Muchos de quienes habían sido íntimos de Alem rodean ahora a don Bernardo y finalmente logran que el comité nacional de la UCR apruebe el pacto con los mitristas.

Se propone una votación con listas independientes, a las que se denomina "las paralelas". Pero Hipólito Yrigoyen, desde su reducto del comité de la provincia de Buenos Aires, se niega terminantemente. Se

Un duelo a sable

Profunda es la conmoción que causan los términos de la renuncia de Lisandro de la Torre en la vida política nacional. La convención la rechaza e inmediatamente se clausura. Mientras, la gente aguarda la respuesta de Yrigoyen, desnudado ante el juicio público. Marcelo de Alvear, que presentara a principios de este mismo año a ambos —Hipólito y Lisandro— como socios del Jockey Club, es el mismo que se encarga de enfrentarlos al insistir al caudillo que envíe sus padrinos al rosarino, en salvaguardia del honor del grupo intransigente al que pertenece. Canjeados los poderes respectivos, los representantes de ambos acuerdan calidad de ofendido a Yrigoyen. El asalto será a sable, filo, contrafilo y punta, hasta que uno de los adversarios quede en inferioridad de condiciones.

Amanece el 6 de setiembre de 1897 (...) apenas Hipólito extiende su brazo cuando ya Lisandro se le va encima. Urgido por un vehemente deseo de terminar cuanto antes, el rosarino olvida su estilo, la postura académica, el golpe secreto de Pini, para arrollar al adversario con su embestida. Yrigoyen, que tiene la ventaja de su estatura y de su brazo más largo, detiene a Lisandro con un par de golpes que le alcanzan la mejilla izquierda y la cabeza, mientras el sa-

le ofrece dirigir el movimiento y aun se le sugiere que
podría ser gobernador de la provincia. Yrigoyen per-
siste en su negativa: todo lo que sea vincular al radicalismo con otra fuerza significaría desdibujarlo. En
consecuencia, frente a la decisión del comité nacional, Yrigoyen adopta una drástica resolución. En una
reunión realizada en la casa de Marcelo de Alvear, el
29 de setiembre de 1897, el comité de la provincia de
Buenos Aires decreta su autodisolución. La medida
equivale —se supone— a la muerte del radicalismo,
privado de su núcleo más activo y vigoroso.

La decisión de Yrigoyen tiene una secuela inespe-
rada: Lisandro de la Torre, que había sido uno de los
más decididos promotores de "las paralelas", renuncia a su afiliación y publica un documento en el que
responsabiliza a Yrigoyen, a su "influencia persistente
y negativa", por el fracaso de la apertura. "Merece-
mos a Roca...", dice el dirigente santafesino en uno
de sus párrafos. Los términos de la declaración son
tan severos que el episodio termina en un lance de
honor. Yrigoyen alcanza a herir a De la Torre en la
mejilla, y los duelistas no se reconcilian. Así se conso-

ble adversario le asesta un chicotazo en plena cintura que deja de inmediato una huella mo-
rada. De la herida de Li-
sandro comienza a ma-
nar sangre. El director
del duelo ordena el ¡al-
to! y, previo informe
médico, lo da por ter-
minado al comprobarse
que el muchacho rosa-
rino está en condicio-
nes físicas inferiores.
Han transcurrido ape-
nas cuarenta segundos
desde la iniciación del
asalto.

Lisandro, sonriente
a pesar del rostro en-
sangrentado, se dirige a
Yrigoyen:

—Me ha asestado dos
hachazos. Lo felicito.

No se reconcilian.

El médico examina
la cintura del caudillo
radical, tornada ya vio-
lácea.

—¡Dios! Fue un pla-
nazo. Se conoce que
De la Torre no sabe es-
grima, sino...

El rostro de Yrigo-
yen sigue tan indesci-
frable como antes. Li-
sandro se retira en
compañía de sus padri-
nos (...) Y de igual ma-
nera que Sarmiento,

que al intentar destruir
con su pluma a Facun-
do unió su nombre al
suyo en la posteridad,
Lisandro de la Torre
permanece vinculado
desde aquel día a su ad-
versario por el recuer-
do de un duelo que, si
no resolvió la diferen-
cia política, los ensam-
bló en la crónica de la
historia.

RAÚL LARRA
*Lisandro
de la Torre, vida
y drama del
Solitario de Pina*

lida una enemistad personal que va a tener consecuencias en la vida política argentina.

Los acontecimientos posteriores darían la razón a Yrigoyen en su oposición a la alianza con Mitre y sus partidarios. Al año siguiente don Bernardo aceptará ser gobernador de Buenos Aires con el apoyo de roquistas y mitristas, y estas bases políticas harán de su gestión un calvario; su prestigio quedará destrozado en los últimos años de su fecunda vida. De todos modos, la ruptura promovida por Yrigoyen provocó la desintegración de la UCR. El empuje político al que tantos marginados del régimen se habían plegado se desvanece. Algunos dirigentes se retiran de la vida pública, otros se van con don Bernardo, el resto entra en diversas combinaciones en sus respectivas provincias.

Pero don Hipólito no cejaba en su esfuerzo por construir un nuevo radicalismo. En su casa de la calle Brasil, que se haría famosa, pensaba los caminos del futuro. Unos pocos amigos dispersos en el Interior lo seguían. De la intransigencia, que había desgarrado la primitiva Unión Cívica en sucesivas escisiones, haría un recurso estratégico para distinguir al radicalismo

Aunque derrotados, los levantamientos favorecieron las perspectivas electorales del radicalismo, que triunfó en los comicios bonaerenses y capitalinos de 1894.
Casa de Gobierno, de A. Della Valle.

del resto de los grupúsculos partidarios. Convertiría la revolución, esa utopía siempre presente en la fantasía de los argentinos, en un elemento de reclutamiento de gente joven. Y agregaría un recurso táctico formidable: la abstención, que le permitiría ocultar durante años el real caudal de su partido, anatematizar los mecanismos electorales del régimen y mantener su fuerza política en estado de pureza ("de recogimiento", diría con su particular prosa) frente a los manejos y repartijas de los círculos gobernantes.

Por ahora, sólo eso. La política había cansado un poco a la ciudadanía, que se resignaba a la segunda presidencia de Roca. Pellegrini había conseguido un nuevo triunfo estratégico, y la figura de "el Zorro" era una garantía de orden y buenos negocios. Otras preocupaciones alteraban la paz del argentino medio: un nuevo pico de tensión con Chile y las inquietudes de la clase trabajadora, que encontraban su cauce en la prédica del anarquismo, que supeditaba la felicidad general a la abolición del Estado.

Los estallidos producidos entre 1890 y 1893 sirvieron para manifestar la incompatibilidad de una manera de hacer política —"el acuerdo"— con el sistema republicano. Estos acuerdos expresaban los intereses

A la estabilidad política lograda con la derrota de los sublevados se sumó una creciente prosperidad económica. Esos factores abonaron el terreno de la segunda presidencia de Julio A. Roca.
Julio A. Roca con sus ministros.

Vista de la despedida popular que recibió Alem al dejar Rosario para dirigirse a Buenos Aires, tras haber estado en prisión desde fines de septiembre de 1893.

de grupos de la élite dirigente, que sólo podían diferenciarse por su adscripción a determinadas personalidades: roquistas, udaondistas, pellegrinistas, mitristas, ugartistas. Frente a esto, los partidos nuevos marcaban las "figuraciones y desfiguraciones" que Yrigoyen señaló. Su partido, el radicalismo, en trance de agonía, sabría oponer su propia identidad como un instrumento de renovación de la vida política del país.

El mundo a fines del siglo XIX

E l final del siglo XIX fue el escenario donde se situaron los personajes que, apenas veinticinco años después, se enfrentarían en la gran conflagración. La última década del siglo encontró una Europa que expandía sus técnicas, capitales e ideas por el resto del mundo. Entre los pocos síntomas inquietantes para las metrópolis europeas se destacaban el conflicto anglo-bóer y la persistencia de los sentimientos nacionalistas en los Balcanes, la India y Egipto. Por otra parte, el conflicto entre China y Japón y la guerra de Cuba pusieron de manifiesto que jóvenes potencias no europeas pretendían insertarse en el esquema mundial de poder y contaban con los medios para lograrlo.

Las últimas colonias españolas

Cuba y Puerto Rico eran a fines del siglo XIX los últimos reductos del imperio español en América. En Cuba, los esfuerzos de varias generaciones de patriotas habían resultado inútiles: la isla permanecía todavía ligada por fuertes lazos a su antigua metrópoli. En 1895, el poeta José Martí y los patriotas Antonio Maceo y Máximo Gómez se rebelaron contra las autoridades españolas. El 19 de mayo de ese año moría Martí, luchando. Dos años más tarde la revuelta parecía estar dominada y sólo habría nuevas discusiones con el gobierno español respecto del estatuto político de Cuba, ya que la condición colonial de la isla resultaba anacrónica.

La opinión pública norteamericana seguía con interés los episodios bélicos, y el periodista Pulitzer relataba con brillante precisión las crueldades cometidas por los españoles. Algunos políticos de la Unión, entre los que sobresalía el joven Theodore Roosevelt, pensaban que el conflicto daría al gobierno de Washington la oportunidad de iniciar una gran política expansiva más allá de las fronteras.

El 15 de febrero de 1898 el acorazado norteamericano *Maine* hizo explosión en el puerto de La Habana. Quince días antes, el senador Henry Cabot Lodge había pronosticado: "cualquier día puede producirse en Cuba una explosión que resolverá gran cantidad de cosas". El episodio constituyó el *casus belli* contra España, pues el presidente McKinley, que en principio se negaba a tomar medidas que pudieran agravar el conflicto, terminó pidiendo la autorización del Congreso para expulsar a los españoles de la isla.

La guerra hispano-norteamericana fue tan breve como dramática: la escuadra española, compuesta por buques anticuados, fue aniquilada por los acorazados de la Unión en cuestión de horas frente a Santiago de Cuba. El almirante Cervera había proclamado antes del desastre: "la vieja España muere pero no se rinde". Sin embargo, unas pocas semanas más tarde España había sido derrotada. Cuba se constituyó en una especie de protectorado y, como corolario no es-

Aunque se desarrolló en territorio cubano, la nueva guerra independentista fue librada con el apoyo de numerosos combatientes puertorriqueños, animados por la idea predominante en la región de conquistar una federación antillana libre. **José Martí.**

perado del conflicto, la isla de Puerto Rico y el archipiélago de las Filipinas pasaron a integrar el patrimonio de los Estados Unidos, al que se anexó también el
archipiélago de Hawai, en el océano Pacífico. Comenzó así una era de expansión norteamericana, que se
extendería gradualmente hacia el resto del mundo,
peleando el predominio tradicional de Gran Bretaña.

Europa en el mundo

Los años noventa asistieron a la europeización del
mundo o, como se decía entonces, a la llegada de la
civilización a todo el universo. Esta década encontró
a Europa madura para modelar la realidad concreta
de acuerdo con la interpretación global de todo lo conocido, que provenía del pensamiento de la Ilustración y que se había convertido en dogma a través del
positivismo.

La aceleración del desarrollo había hecho necesaria, como lo ha señalado el historiador inglés Eric
Hobsbawn, la extensión del mercado. La mayor consecuencia de esta tendencia fue el nacimiento del capi-

*"Defensa de la
humanidad"; "proteger y
asegurar las vidas y
propiedades de nuestros
conciudadanos"; tales
fueron algunos de los
argumentos utilizados por
el presidente McKinley
para justificar la
"intervención forzosa de
los Estados Unidos como
país neutral", que devino
en la derrota de la
resistencia patriota y en la
ocupación de la isla.*
**Acción de sabotaje de
guerrilleros mambises,
Cuba, fines del siglo XIX.**

A fines de siglo, y presentándose como un país promotor de tratos justos para los pueblos de ultramar, Alemania decidió lanzarse con audacia a la competencia para conquistar nuevos mercados.
Oficiales alemanes de la colonias en 1892.

talismo contemporáneo, muy diferente del de los primeros años del siglo XIX, puesto que ya no consistía en las acciones de los capitalistas enriquecidos —cierto anónimo súbdito británico colocaba en subastas irregulares, por ejemplo, los excedentes de algún stock de telas de algodón de Manchester— sino que habían surgido nuevas prácticas y una nueva mentalidad. El capitalismo, gracias a su capacidad de acumulación, podía financiar la invención de nuevas técnicas y, a su vez, verse transformado por ellas.

Hacia 1890 había nacido la moderna industria química, en la que predominaba la producción de fertilizantes más que la de combustible. Las drogas para el mejoramiento de la salud y la higiene, producidas en gran escala, constituyeron muy pronto un importante rubro comercial. Esta segunda revolución industrial, de la que formó parte la química, tuvo como característica la aplicación de la electricidad como fuerza motriz.

Las potencias tradicionales habían dejado atrás las disputas por el territorio continental europeo y se orientaban hacia horizontes más vastos. Gran Bretaña, la primera potencia colonialista, se empeñaba en acotar los límites de sus dominios y en organizarlos.

Gran Bretaña y sus dominios

En las islas británicas, los últimos años del siglo fueron prósperos, casi felices, bajo la pacífica monarquía de la reina Victoria. Los sindicatos obreros optaron por negociar ese nuevo bienestar con los sectores altos y medios. En 1893 se formó el Partido Laborista, y poco a poco se extendió la convicción de que el Estado podía garantizar el mejoramiento de las condiciones de vida de los trabajadores.

Poco importaba que las mejores condiciones de vi-

La ampliación permanente de los límites de sus dominios favoreció el vertiginoso desarrollo económico británico y el mejoramiento de las condiciones de vida de la población.
Elecciones en Gran Bretaña a fines del siglo XIX.

da fueran en buena parte consecuencia del éxito de las empresas coloniales del Reino Unido. Estas prosiguieron en la década de 1890: en 1896 un ejército angloegipcio, comandado por lord Kitchener, conquistó el Sudán, tomándose así la revancha por la muerte de Gordon en Khartoum, ocurrida en la década anterior. Kitchener abatió la resistencia tenaz de los sudaneses y avanzó sobre el valle del Nilo: desde sus fuentes hasta su desembocadura, quedaba este río bajo control británico.

Un incidente ocurrido en Fashoda ratificó el dominio inglés en la región. Apenas terminada su campaña, lord Kitchener tomó conocimiento de que una expedición francesa había enarbolado su bandera en Fashoda, pequeña población situada a orillas del Alto Nilo. El victorioso lord llegó, obtuvo el retiro de los franceses y con ello demostró que el río de los faraones constituía una zona de influencia inglesa.

El independentismo cubano

A José Martí, el dirigente intelectual de la nueva etapa por la independencia de Cuba y Puerto Rico, y al Partido Revolucionario Cubano, les acompañan líderes militares de la primera guerra, como el dominicano Máximo Gómez, el general negro Antonio Maceo y los intelectuales puertorriqueños Ramón Emeterio Betances y Eugenio María de Hostos.

En los hechos, la nueva guerra de independencia de las posesiones españolas, que se inicia en 1895, reducirá sus operaciones a la isla de Cuba, sin perjuicio del aporte de numerosos puertorriqueños que concurren como voluntarios a las milicias insurgentes de la isla vecina, o que desde el exilio —como el caso de los citados dirigentes— animan la idea de una federación antillana de lengua castellana.

Las razones estructurales que explican la distinta actitud de Puerto Rico se relacionan con la temprana abolición de la esclavitud y el hecho de que la población de origen africano era minoritaria, pero también con la orientación de la economía isleña hacia la producción de alimentos y, a los efectos de la exportación, hacia el café y el tabaco, como resultado de una mayor división de la propiedad agraria trabajada por mano de obra libre.

Martí, que había nacido en La Habana en 1853, ya a los dieciséis años sufrió prisión por participar en la lucha independentista, y fue desterrado a España, México y Guatemala. Aunque volvió a su país, donde comenzó a ejercer como abogado,

Otro episodio que ratificó el poderío británico fue, sin duda, la guerra anglo-bóer. A partir de 1899, los bóers, descendientes de colonos holandeses que habitaban las repúblicas *afrikaneers* situadas al norte de Ciudad de El Cabo, se decidieron a salvaguardar su independencia política. Pretendían también preservar las riquezas mineras de la región. Sus líderes, el presidente Kruger, de la República de Transvaal, y Martin Steijn, presidente del Estado Libre de Orange, contaban con la simpatía de muchos gobiernos, en especial con la de Guillermo II de Alemania, país que se había convertido en el rival más temible del imperio británico.

Al principio, tal vez porque luchaban con pasión por sus libertades, los granjeros de a caballo que componían las tropas *afrikaneers* mantuvieron la iniciativa en las operaciones militares. Los ingleses se vieron obligados a recurrir al auxilio de fuerzas traídas de

---

fue de nuevo desterrado a España, y en 1881 se instaló en Nueva York, donde funcionaba la junta revolucionaria presidida por Tomás Estrada Palma.

Muchos coinciden en considerarle como la más notable de las personalidades latinoamericanas del siglo XIX a causa de sus obras literarias, su reflexión sobre los grandes problemas de América Latina y su devoción por la causa de su pueblo, que le conocerá como el Apóstol.

Organizó el citado Partido Revolucionario Cubano, que reanudará la lucha por la independencia cubana en 1895 con voluntarios y recursos reunidos en Estados Unidos y países del Caribe. Desembarcado en su isla patria, junto con los generales Máximo Gómez y Antonio Maceo, José Martí perecerá en uno de los primeros combates con las fuerzas coloniales en el paraje de Dos Ríos el 19 de mayo de 1895.

Otras sesenta expediciones mantuvieron, especialmente en la provincia de Oriente, el esfuerzo revolucionario, a pesar de la represión militar española dirigida por el general Valeriano Weyler, que para aislar a los patriotas puso en práctica, por primera vez en la historia contemporánea, "campos de concentración" de la población rural.

En la metrópoli —como hace notar Pablo de Azcárate—, pocos, poquísimos eran capaces de hacer justicia a la causa antillana, y sólo en 1897, a casi treinta años de iniciadas las "guerras de Cuba", se le concede un estatuto de autonomía. Era tarde.

CARLOS M. RAMA
Historia de América latina

La competencia entre Francia y Gran Bretaña por la conquista del Africa llevó a situaciones conflictivas, como el incidente producido en Fashoda, población donde culminaron los respectivos avances de las dos potencias.
Lord Horatio Herbert, vizconde Kitchener, óleo de C. M. Hersjall.

sus más lejanos dominios: la llegada a Ciudad de El Cabo de un cuerpo expedicionario auxiliar australiano marcaría un hito tanto en la historia de esta guerra como en la de la Comunidad Británica de Naciones.

Cuando Kitchener se puso al frente de las operaciones la contienda dio un giro total. Luego de la captura de Pretoria, en junio de 1900, la suerte de los bóers estaba echada: la guerra concluiría dos años más tarde y un breve tiempo después los bóers obtendrían su incorporación a la Unión Sudafricana, entidad política que agrupaba a las colonias inglesas del sur del continente.

Una vez que la guerra terminó, se conocieron las atrocidades que se habían cometido contra las poblaciones civiles. En efecto, Kitchener y los suyos, en su afán por ganar a cualquier costo, habían modificado las reglas de la guerra clásica: utilizaron nuevos métodos, en especial los campos de concentración rodeados de alambrados de púa, e inauguraron algunas técnicas represivas que tendrían un tétrico futuro en la historia del siglo XX.

El jubileo de diamante de la reina Victoria se celebró en 1897 y congregó en torno de la anciana soberana a los gobernantes del Imperio. Fue un encuentro que resultó oportuno para realizar la Segunda Conferencia de Representantes de las colonias británicas (la primera había tenido lugar en Ottawa en 1887). Joseph Chamberlain, el secretario de Colonias —que era el alma de la Conferencia—, planteó la necesidad de intensificar los intercambios económicos dentro del Imperio y evitar que el costo de la defensa común recayera exclusivamente sobre el Reino Unido. Como Australia contribuía desde 1887 con subsidios especiales al mantenimiento de la escuadra inglesa en el Pacífico, se suponía que otras colonias ricas —sobre todo Canadá y Nueva Zelanda– debían colaborar de manera similar.

Los escándalos de la Tercera República

Al comenzar los años noventa, la Tercera República francesa se vio conmovida por un escándalo político y financiero, el asunto de Panamá, y en 1894 estalló el *affaire* Dreyfus. Ambos sirvieron para que la derecha francesa cuestionara duramente la república parlamentaria.

El caso de Panamá sentó en el banquillo de los acusados a uno de los más prestigiosos empresarios franceses, Ferdinand de Lesseps, responsable de las

En 1894 estalló el affaire Dreyfus, que implicaba a un capitán del ejército francés en la venta de secretos militares a los alemanes. **Degradación del capitán Alfred Dreyfus.**

obras del canal de Suez, y a su hijo Charles. De Lesseps había formado en los años 60 una compañía para construir una vía navegable a través del istmo de Panamá, adelantándose así a los Estados Unidos.

Durante varios años los Lesseps, padre e hijo, lucharon contra múltiples inconvenientes, y cuando el proyecto ya podía estimarse fracasado, en 1891, se presentó contra Ferdinand y Charles una demanda por "presunción de estafa y abuso de confianza". El proceso sirvió, más allá de sus fines específicos, para que la derecha parlamentaria formulara acusaciones gravísimas contra un grupo de banqueros judíos relacionados con los turbios manejos financieros de la

El "nuevo imperialismo"

Hacia fines de siglo había cambiado también la vida cotidiana. El hombre del 900 parece más cerca del actual que de sus parientes de 1870. Incluso las grandes metrópolis se habían multiplicado. No eran sólo París y Londres, como a mediados del siglo pasado, sino Berlín, Moscú, Viena, Nueva York, Chicago, Río de Janeiro, Tokio... Buenos Aires. El mundo se integraba mientras las tensiones y conflictos se difundían, parecían relativamente próximos y avanzaba el nuevo imperialismo que embarcaba a las potencias europeas, pero también a los Estados Unidos de América y al Japón.

La idea imperial servía para la racionalización del dominio de las potencias principales. Los que padecían la política imperial sabían de su crudeza y cinismo. Los que la formulaban, como J. Chamberlain, tenían la visión del imperio como una "gran república comercial" y como una "unidad económica", con sus fábricas en Inglaterra y sus granjas en ultramar. Sin embargo, un imperio es al cabo un gran sistema político y económico, cultural e ideológico, como se vio en la formidable experiencia española. En un sistema imperial surgen problemas cuando se trata de conciliar los intereses de la metrópoli con los de las colonias o dominios. El centro de gravedad del mundo de habla inglesa se desplazaba hacia Estados Unidos de América. El factor demográfico parecía favorecer a los pueblos asiáticos, africanos y latinoamericanos. Se arraigaba a la creencia en el "peligro amarillo", sobre todo cuanto Japón derrota a Rusia en 1905.

El mundo presenciaba la aparición del "hombre prometeico" y la "rebelión de las masas" se esbozaba como un fenómeno propio de los nuevos tiempos. Por un lado, la democracia se ampliará y se convertirá en un

Compañía del Canal. Se los consideraba sospechosos por su origen judío alemán, y de este modo se exacerbaba el chauvinismo de la opinión pública, muy conmovida todavía por la derrota sufrida por Francia a manos de los alemanes en 1871.

En 1893, se condenó a varios funcionarios de la compañía, incluido el propio Charles de Lesseps, y también a algunos parlamentarios, entre ellos el "Tigre" Georges Clemenceau, cuyos vínculos comerciales con el poderoso banquero judío alemán Cornelius Herz quedaron comprobados. El ciudadano común tenía la impresión de que los banqueros eran en realidad los proveedores de los fondos que muchos políticos utilizaban en sus campañas y que tal situación ha-

concepto legitimador de los regímenes políticos. Por el otro, las revoluciones del nuevo siglo se caracterizarán tanto por la técnica en la toma del poder, fundada en la utilización de las masas, en el cultivo de las emociones y de las lealtades colectivas, cuanto por ser casi siempre terroristas y policiales: se avecinan revoluciones estatistas, autoritarias y, por su lógica interna, totalitarias. Se traducirán en el bolchevismo ruso, en el nazismo alemán y, en menor medida, en el fascismo italiano. Al lado de ellas, el franquismo parecerá un "pronunciamiento tradicional" con dimensiones de una guerra civil.

Un hecho casi universal se difunde traduciendo en parte la masificación democrática: la agonía de la sociedad de los notables tendrá su epílogo con la generalización del sufragio. Hecho consumado en el Imperio alemán y en la República francesa desde 1871; en Suiza en 1874; en España en 1890, en Bélgica en 1893; en Holanda en 1896; en Noruega en 1898; en Italia en 1912; y ampliado en Gran Bretaña en 1918, que diez años más tarde incluía a las mujeres. Estados Unidos de América lo había introducido para los varones entre 1820 y 1840 en todo el territorio, y en 1920 lo había extendido a las mujeres. Era una transformación importante, po-

tencialmente revolucionaria. Fue una sutil manera de romper con buena parte del pasado e hizo necesarios cambios en las organizaciones políticas. Esos factores no se dieron a un tiempo ni en todos lados; tampoco dejaron de enfrentar resistencia, incluso de sus presuntos beneficiarios –como los sectores medios, tradicionalmente individualistas–, ni dejó de operar lo que entre 1911 y 1915 un sociólogo alemán –Robert Michels– llamó la "ley de hierro de la oligarquía".

CARLOS ALBERTO FLORIA y
CÉSAR GARCIA BELSUNCE
Historia de los argentinos

bía incidido en la desdichada empresa de los Lesseps.

El proceso preparó el camino para el segundo gran escándalo de la década, el *affaire* Dreyfus, iniciado en 1894 cuando un capitán del ejército francés, Alfred Dreyfus, fue acusado de vender secretos militares a los alemanes. El proceso, que concluyó con la demostración de su inocencia y su rehabilitación, apasionó a los franceses. Mientras los periódicos de la derecha se preguntaban si un judío podía llevar las armas de la patria, la izquierda hacía del *Yo acuso,* de Emile Zola, una bandera de combate.

La fundación de la Acción Francesa por los escritores Charles Maurras y Leon Daudet, en 1898, coincidió con la ola de chauvinismo que por entonces hacía estragos también en los países de Europa oriental,

La publicidad acerca de los manejos financieros de la Compañía del Canal fue fomentada por sectores políticos franceses en una campaña destinada a deshacerse de sus oponentes más molestos. **Georges Clemenceau pronuncia un discurso en una reunión electoral, óleo de J. Raphaelle.**

Cuatro años después de la degradación y confinamiento de Alfred Dreyfus en la tristemente famosa prisión de la isla del Diablo, se inicia el proceso mediante el cual se determina su inocencia.
El capitán Alfred Dreyfus durante su segundo proceso, celebrado en Rennes.

asumiendo, entre otras, la forma de *pogroms*. En ese año clave para la historia del antisemitismo se ubica la fecha del legendario concilio del cual habrían salido Los Protocolos de los Sabios de Sion, una conjura de los grandes israelitas dueños del dinero mundial que supuestamente habría tenido lugar en territorio suizo, en Basilea.

La Alemania del Kaiser Guillermo II —que en 1890 despidió al anciano canciller von Bismarck— era otra de las potencias de la época. Pretendía ser un Estado único en lugar de un conglomerado de monarquías; para combatir el descontento obrero el gobierno se esforzaba por fortalecer la economía y el comercio exterior. El Reich se deslizaba apresuradamente hacia una competencia implacable por el predominio mundial con el Reino Unido, comprometiéndose en problemas de escala universal como el reparto de Africa y la llamada "cuestión de Oriente". El imperialismo europeo no vacilaba en avanzar a cualquier costo.

El Cercano
y el Lejano Oriente

En el Mediterráneo oriental y en las márgenes del Mar Negro se percibía claramente hacia 1890 la decadencia del Imperio otomano, otrora poderoso. Las cancillerías europeas, se disputaban su herencia, y también los Imperios austro-húngaro y ruso, que, debido a su ubicación geográfica, estaban en mejores condicio-

Los conflictos imperialistas

En 1873, aprovechando las dificultades financieras del bajá Ismail (1863-1879), Inglaterra compró el principal lote de acciones de la Sociedad del Canal de Suez. Pocos años después, Ismail suspendió el pago de la deuda pública; Francia e Inglaterra obtuvieron, en 1878, el derecho de nombrar dos controladores generales de la Hacienda de Egipto (condominio anglofrancés). La intervención extranjera provocó las protestas del partido nacionalista egipcio, dirigido por el coronel Arabi. Esta agitación proporcionó un precioso pretexto a Inglaterra y Francia para lograr la destitución de Ismail por el sultán de Turquía y su sustitución por su hijo Tewfick (1879). Pero continuando la oposición egipcia, Inglaterra intervino militarmente. En 1882 su escuadra se apoderó de Alejandría y su ejército ocupó el canal y El Cairo. Francia se había abstenido de participar en la empresa. De hecho, Egipto quedó bajo la soberanía inglesa, y aunque fracasaron varias de las tentativas británicas para adueñarse del Sudán (1882-1885), donde el movimiento nacionalista árabe había revestido formas de alzamiento religioso (los "mahdistas", del sobrenombre de Mohamed Ahmed, llamado el Mahdi, profeta), era evidente que la Gran Bretaña se propondría completar la ocupación del valle del Nilo.

La política de garantizar la ruta de la India por Suez había conducido, por lo tanto, a la adquisición por parte de Inglaterra de una sólida base de irradiación colonial en Africa. Los restantes puntos fueron Nigeria, cuya colonización fue confiada a una compañía privilegiada en 1885 (colonia desde 1900); la costa de Zanzíbar y la alta meseta del Uganda, en el Africa oriental (1890); y, en la porción meridional del continente, la colonia de El Cabo. En esta última región, el descubrimiento de las minas de oro y diamantes del Transvaal (Witwatersrand, en 1886) promovió el choque entre los bóers y los ingleses. El antagonismo tradicional entre

nes de extender influencias y dominios hacia el sur.

La cuestión de Oriente permanecía sin solución desde el Congreso de Viena de 1815: no había sido resuelta por la guerra de Crimea, en 1854, ni por la más reciente y sangrienta librada entre Rusia y la Sublime Puerta —así se denominaba al gobierno del sultán turco— en 1877-1878. La guerra se originó como consecuencia del apoyo que el zar otorgaba a las aspiraciones nacionalistas de Serbia, Montenegro, Rumania y Bulgaria. Estas naciones balcánicas lograron finalmente su independencia y fueron gobernadas por dinastías teutónicas o nórdicas, mientras sus economías, que proveían al mercado mundial de textiles fi-

---

unos y otros fue agudizado tanto por las ambiciones de los círculos financieros de Londres como por la política imperialista de los ministerios británicos. Ya en 1877 Disraeli había proclamado la erección del protectorado de Inglaterra sobre la república del Transvaal; pero reunidos los bóers bajo el caudillaje de Paul Krüger (1825-1904) lograron oponer victoriosa resistencia a las tropas británicas. Sin embargo, el Transvaal quedó en un régimen de protectorado mal definido. Posteriormente, la situación se agravó por la continua emigración de ingleses a las repúblicas bóers, los cuales reclamaron libertades políticas y de explotación minera.

(...) El imperialismo británico no se desarrolló exclusivamente bajo esta forma de imposición guerrera y económica. Desde mediados del siglo XIX fue principio de los gobernantes ingleses la concesión de un régimen de amplia autonomía a las grandes colonias de poblamiento, siempre que ello no significara la ruptura de la unidad imperial, celo-samente defendida por Disraeli y Chamberlain. Poco a poco el imperio británico derivó hacia una confederación (Commonwealth) de naciones inglesas, unidas no sólo por la economía y la flota de guerra, sino también por los lazos de unas tradiciones, una historia y una lengua comunes. Siguiendo el ejemplo del Canadá, las colonias de Australia, unidas en una federación similar a la de los Estados Unidos, recibieron el régimen de Dominio en 1900; Nueva Zelanda, en 1907; y en 1910, las cuatro colonias de El Cabo, Natal, Transvaal y Orange integraron el nuevo Dominio de la Unión Sudafricana, una de las más sorprendentes paradojas en la historia colonial inglesa, pues unía, bajo un sistema de independencia política muy poco restringida, a los adversarios de la víspera. Antes de la guerra mundial de 1914 el Imperio inglés maduraba en una vertebración política ágil y coherente.

JAIME VICENS VIVES
Historia general moderna

nos, frutas confitadas o drogas vegetales, estrechaban lazos con Rusia y Austria-Hungría. También los alemanes tenían relación con el Próximo Oriente, donde el Reich se había encargado de modernizar a la administración imperial otomana.

En la década de 1890 la atención de la opinión pública europea y de las cancillerías se centró en el problema de las minorías armenias, víctimas de crueles matanzas perpetradas por los turcos en 1895 y 1896. Tales masacres, que tenían carácter endémico, eran similares a las que periódicamente ocurrían en el Líbano entre los drusos y los musulmanes. Pero en los años noventa la cuestión del Lejano Oriente resultaba más interesante que la del Cercano Oriente, sobre todo en relación con los avances rusos en Manchuria. En 1891 el príncipe heredero ruso, el futuro Nicolás II, inauguró las obras de construcción del ferrocarril transiberiano, que gozaba de privilegios tan importantes que equivalían a la extraterritorialidad.

Gran Bretaña, muy preocupada por los avances de los rusos, prefería apoyar la expansión japonesa, a ex-

Durante estas décadas de expansión territorial, las alianzas o los distanciamientos producidos entre las potencias europeas estuvieron determinados por los intereses comerciales en pugna. **La escuadra francesa al mando del almirante Gervais en la base rusa de Kronstadt, julio de 1891.**

pensas del Imperio chino. Tanto los chinos como los japoneses pretendían imponer su hegemonía a la península de Corea. China contaba con la amistad de los cortesanos de Seúl, mientras que Japón se había asegurado las simpatías de los sectores progresistas coreanos, que ansiaban reformas políticas. Una serie de incidentes sirvieron de pretexto al partido militar japonés, encabezado por el ministro de guerra Yamagata, para iniciar las hostilidades contra los chinos, aliados del gobierno coreano.

Las potencias europeas supusieron que el milenario Imperio chino, con su mayor potencial territorial y humano, vencería sin mayores dificultades a los guerreros japoneses. Se equivocaron, y la guerra chino-japonesa de 1894 demostró la alta capacidad bélica alcanzada por Japón. En tres horas la marina del Imperio del Sol Naciente destruyó la flota china en la boca del Yalu, el río que separa a Corea de China. El sitio de Port Arthur, en territorio chino, fue otro de los episodios resonantes de esta campaña, que costó a los chinos la pérdida total de su ar-

Gran Bretaña, Rusia, Alemania, Francia... Con diplomacia o con cañones, Europa recorre el mundo buscando dominarlo. **Batalla de Kistam, durante la guerra chino-japonesa.**

mada y una indemnización de varios millones de *taels,* además del fracaso de sus proyectos políticos sobre Corea.

La posguerra resultó muy penosa para los chinos. Sólo la presión de Rusia, Alemania y Francia había impedido que Port Arthur quedara en manos de los japoneses, pero este servicio costó muy caro a Pekín: las exigencias de concesiones territoriales para que los agentes europeos construyeran factorías comerciales se multiplicaron, mientras que la protección a los misioneros cristianos, al principio a cargo del gobierno francés y más tarde del alemán, adquirió contornos peligrosos para la soberanía nacional.

Frente a las potencias tradicionales se alzan, a fines del siglo XIX, dos nuevos y peligrosos competidores no europeos: el Japón y los Estados Unidos.
Jinetes del ejército japonés en misión de reconocimiento.

Entretanto, China no lograba modernizar su administración y dentro de la corte de Pekín la emperatriz era completamente opuesta a cualquier reforma. En un clima de creciente hostilidad contra los extranjeros, el episodio más espectacular fue el sitio de las legaciones extranjeras en Pekín (1900). Un ejército en el que flameaban banderas británicas, rusas, francesas, alemanas y estadounidenses marchó a ocupar durante unas semanas la capital china y a liberar a los diplomáticos europeos, mantenidos como rehenes por

los *boxers* y las tropas imperiales que los secundaban. La victoria de los extranjeros dio origen a nuevas y costosas concesiones, sin que la cuestión de Oriente resultara por ello solucionada.

El nuevo imperio

En 1890 los Estados Unidos habían rematado con éxito el proceso de consolidación de su territorio y como resultado de ello surgía un problema nuevo: faltaba una frontera para explotar. La sensación más generalizada era que las puertas del progreso incesante se iban cerrando poco a poco.

En un clima de gran inquietud se desencadenaron las grandes huelgas de los años 90, estimuladas por la depresión económica. En 1892 fue la huelga del acero, y la de los obreros de Pullman en 1894. En 1896 la maquinaria electoral demócrata fue capturada por

La presencia extranjera, que se acrecentó después de la derrota, exacerbó la hostilidad de sectores de la población, que acusaron a la Emperatriz y a su Corte de traición y flaqueza ante los extranjeros. **Discusión de la paz entre chinos y japoneses, 1895.**

grupos llamados agrarios y por reformadores obreros que proponían medidas para suavizar la crisis, entre ellas prohibir la inmigración china y que la tierra pública se reservara para los que no tenían hogar. También querían combatir "la corrupción que domina las urnas, la legislatura, el Congreso, y llega hasta los magistrados". Sin embargo, el popular Jennings Bryant, nuevo líder demócrata, fue derrotado por el republicano William McKinley, electo para el período presidencial 1897-1901.

McKinley sostenía la clásica concepción aislacionista de los políticos de su país. Pero durante los años 90 se había gestado en la Unión un pensa-

El movimiento panamericano

El movimiento panamericano en sus primeras etapas ocupa frecuentemente lugar muy marginal en la efectiva política latinoamericana de los Estados Unidos. Esta se desarrolla bajo la doble inspiración de las necesidades estratégicas y del acrecido potencial económico estadounidense que, decisiva en el lanzamiento del movimiento panamericano pasa en éste bien pronto a segundo plano. El movimiento difundido en los Estados Unidos en pleno triunfo de la política proteccionista con que se identifica el partido republicano, tiene por primer inspirador a Blaine: en ese fin de siglo el proyecto de unificación aduanera de las Américas y el del ferrocarril panamericano tenía un decidido aire de época; eran la réplica, en el clima de afirmación de los imperialismos, de proyectos como el Berlín-Bagdad y el Cairo-Capetown. Pero por varias razones se revelaba menos capaz que esos modelos de arraigar en la realidad: el ascendiente de la economía norteamericana se daba aún en zonas restringidas de Latinoamérica; en éstas (y aún más decididamente en las restantes) el influjo de las nuevas y viejas metrópolis económicas europeas era demasiado grande para que fuese fácil barrerlo en beneficio de un indisputado predominio estadounidense; por otra parte, la posición de las naciones latinoamericanas en el ordenamiento jurídico internacional se había fijado en la etapa anterior bajo el signo de la tanto menos exigente hegemonía mercantil británica; por muchas que fuesen las insuficiencias políticas y financieras de más de uno de los nuevos estados, su plena soberanía internacional era formalmente inelimiable; en este sentido, Latinoamérica se prestaba menos que las zonas en colonización del Viejo Mundo para empresas de abierta conquista.

miento expansionista, cuyos voceros argumentaban que las naciones debían luchar entre sí por la existencia y recomendaba que la Unión construyera una gran marina de guerra y se apoderase de nuevas bases y colonias, abriera por la fuerza mercados distantes e ingresara poderosamente armada en la competencia de las grandes naciones. Otros sostenían que los Estados Unidos se hallaban en peligro de caer en el socialismo, aseguraban que la raza anglosajona había sido elegida por Dios para civilizar el mundo y que las principales responsabilidades de esta cruzada incumbían a la Unión. La guerra que Cuba libraba contra España desde hacía déca-

El proyecto panamericano iba a encontrar una resistencia abierta y eficaz capitaneada por la Argentina, cuya expansión, extremadamente rápida, se acompañaba de un estrechamiento de la dependencia comercial y sobre todo financiera de Gran Bretaña. En la conferencia panamericana de Washington, en 1889-90, un miembro de la delegación argentina, Roque Sáenz Peña, opuso a la fórmula estadounidense de América para los americanos, la de América para la humanidad, que reflejaba a la vez la decisión de algunos países de mantener sus vínculos desiguales con metrópolis europeas y la de los sectores que dentro de otros se opo-

nían al avance ya amenazante de la hegemonía norteamericana. De todos modos, aun Argentina iba a participar en la creación de la Oficina Internacional de las Repúblicas Americanas, una institución que, primero destinada a recoger información económica, fue adquiriendo gravitación creciente a lo largo de las sucesivas reuniones panamericanas: en México (1901-1902) el organismo recibió un cuerpo de gobierno integrado por todos los embajadores latinoamericanos en Washington y presidido por el Secretario de Estado de los Estados Unidos; en 1910, en Buenos Aires, esa Oficina Internacional de las Repúblicas Americanas se transfor-

mó en Unión Panamericana. Sin embargo, las tendencias a crear un ordenamiento regional se debilitaron progresivamente en América Latina: la búsqueda de un sistema de normas internacionales capaz de limitar, por lo menos en sus aspectos políticos, las tendencias expansivas de los Estados Unidos se orientaba cada vez más hacia los organismos mundiales en embrión, en especial el tribunal internacional de La Haya; junto a ellos se esperaba contar con la influencia equilibradora de las grandes potencias europeas.

TULIO HALPERIN DONGHI
Historia contemporánea de América latina

El expansionismo de los Estados Unidos dio sus primeros pasos en Japón, en 1854. La compra de Alaska en 1876 y la fortaleza de Samoa en 1889 fueron nuevos jalones de una política que se expresaría abiertamente en 1898 en Cuba y Puerto Rico.
Despacho de algodón en Nueva Orleans, óleo de Edgar Degas.

das brindó en 1898 la oportunidad necesaria para que se produjese el despertar del imperialismo norteamericano.

Entretanto, los países de Europa occidental ampliaban su visión del mundo. En 1900, la Exposición Universal realizada en honor del nuevo siglo mostró las plantas, los pájaros y los aborígenes de las lejanas regiones conquistadas por los europeos. También las técnicas que empezaban a proporcionar aquellos elementos que harían la vida cotidiana más confortable, en una época que ansiaba definirse por su amor a la belleza.

Anarquistas y socialistas

L as transformaciones económicas producidas en la última década del siglo XIX dieron origen a una clase social formada principalmente por trabajadores extranjeros, que no compartían ni el idioma ni la tradición cultural de nuestro país. Esos trabajadores fueron quienes más padecieron la crisis de 1890, bajo la forma del desempleo y los bajos salarios. En esa situación, la acción de algunos militantes esclarecidos, venidos del exterior, desencadenó la formación de sociedades mutuales y asociaciones gremiales. Las huelgas y protestas masivas provocaron la reacción del Estado bajo la forma de la ley 4.144 (Ley de Residencia), que permitía deportar a los dirigentes considerados más peligrosos.

Una nueva clase social

Hacia fines del siglo pasado, la modernización económica y la inmigración masiva modificaron la sociedad argentina. El "desierto" empezaba a convertirse en la "pampa pródiga", y la "gran aldea" en una ciudad con las características y problemas de las grandes metrópolis del mundo.

Ciudades como Buenos Aires y Rosario, y aun otras más pequeñas, como Córdoba, empezaron a contar con un mundo nuevo: el mundo del trabajo asalariado. En ellas, como en ninguna otra parte, hubo una concentración tal de trabajadores que, naturalmente, se iniciaron las respuestas organizadas a los conflictos que ocasionaba la necesidad de satisfacer sus demandas.

El mundo de los trabajadores presentaba características de diversidad. En su mayoría se trataba de extranjeros, que hablaban lenguas diferentes —ni siquiera los italianos, con sus diversos dialectos, poseían un idioma común— y tenían tradiciones tam-

La élite de los propietarios proclamaba la pertenencia del país a la "civilización europea", a la vez que repudiaba uno de sus rasgos característicos: el moderno proletariado y sus reclamos sociales y políticos.
Tarjeta postal con la imagen de Avenida de Mayo a comienzos del siglo.

Si bien el mundo d e los trabajadores presentaba acentuados rasgos de diversidad —tanto culturales como laborales—, todos ellos estaban unidos por las jornadas laborales agotadoras, los salarios miserables y la acechanza permanente del desempleo. **Vendedor de fruta, principios del siglo.**

bién diferentes. Desde el punto de vista del trabajo en sí mismo las condiciones eran igualmente heterogéneas e inestables. Había trabajadores no calificados, que en tiempos de cosecha trabajaban en el campo, y alternaban las actividades rurales con la carga y descarga en el puerto, o la construcción de viviendas y obras públicas. Otros trabajaban en el servicio doméstico, y una cantidad considerable se desempeñaba en actividades comerciales o artesanales, en pequeños establecimientos diseminados por toda la ciudad. Desde el punto de vista de la dependencia, algunos trabajaban por cuenta propia, otros eran empleados de pequeños patrones y otros, obreros de grandes fábricas. Algunos trabajaban a jornal y todos los días debían plantearse el problema del em-

Las agrupaciones gremiales surgían como herramienta de organización para encarar las luchas por mejoras en los salarios o las condiciones de trabajo. **Huelga de cocheros, abril de 1899.**

pleo; otros tenían ocupaciones permanentes, aunque todos estaban amenazados por la desocupación y el paro forzoso.

El desempleo fue sin duda una de las circunstancias que comenzó a unirlos, pese a diferencias tan marcadas. Había otros factores de unión: en Buenos Aires todos vivían en el viejo centro, abandonado por las familias tradicionales después de las grandes epidemias, o en los barrios obreros de la zona Sur, de la Boca a Pompeya. Compartían los mismos problemas de hacinamiento, de falta de asistencia sanitaria y de educación para sus hijos.

Acción y organización

En sus comienzos, los trabajadores no constituyeron más que una sociedad dispersa a pesar de la comunidad de sus intereses. Más adelante, cuando comenzaron a difundirse las ideas que les permitieron concebir una solución a sus problemas, esa dispersión se fue transformando en organización. Las necesidades comunes estimularon la formación de sociedades de socorros mutuos y, finalmente, de las primeras asociaciones gremiales: en 1878 se formó la Unión de Tipógrafos –que encabezó una huelga– y progresivamente siguieron los carpinteros, panaderos, albañiles, sombrereros... Esas medidas aisladas fueron dando cuenta de las posibilidades de acción y, a la vez, crearon un marco de ideas en el cual desenvolverse mejor. Entre los primeros dirigentes había algunos influidos por las doctrinas sociales de la época, como Alejo Peyret o el catalán Victory y Suárez, e inclusive otros vinculados con la Primera Internacional. En 1875 se había responsabilizado a esta organización, y a sus agentes, por el incendio del Colegio del Salvador, obra en realidad de un grupo de acción de una de las facciones políticas locales. Con ese acto, la sociedad argentina tomó conciencia del advenimiento de la "cuestión social" como un nuevo factor para tener en cuenta.

A partir de 1880 aumentaron tanto el desarrollo económico como la llegada de los inmigrantes, lo que sirvió para que se desarrollara la organización de los trabajadores. La mayoría de los inmigrantes ya traía ideas vinculadas con el anarquismo o el socialismo, las dos grandes tendencias de ese momento. Los militantes se acercaban con la intención de influir en esta masa trabajadora; tal el caso del italiano Enrico Malatesta, destacado dirigente que constituyó la primera sociedad de resistencia y que publicó en la Argentina su libro *La Questione Sociale*. Algo parecido ocurría con los socialistas, la otra gran tendencia que predominaba en el movimiento social europeo. Hacia fines de la década, algunas grandes huelgas preanunciaron la magnitud de los fenómenos futuros: en 1888 los ferroviarios pararon reclamando el pago de sus salarios en oro, y en 1889 hicieron otro tanto 3.000 carpinteros.

En 1885, Enrico Malatesta redacta los estatutos de la Sociedad Cosmopolita de Resistencia de Obreros Panaderos de Buenos Aires, organización que se propone, como casi todas las de la época, luchar por la emancipación de los obreros "de las garras del capital".

Sindicalismo y política

El de 1890 fue un año de crisis y agitación. Un grupo de organizaciones obreras y socialistas adhirió por primera vez al 1º de Mayo, día de los trabajadores. Al año siguiente, 1891, anarquistas y socialistas se unieron para organizar la Federación Obrera Argentina (FOA), que desaparecería muy pronto a causa de las discrepancias entre las dos tendencias. Volvieron a intentar una organización en los años de recesión y desocupación —1894-1895—, en los que las protestas obreras se apaciguaron.

Ni socialistas ni anarquistas abandonaron la lucha a pesar de los malos tiempos. Germán Avé Lallement, responsable de un grupo socialista, publicó en 1890 *El Obrero*, periódico de orientación marxista, y participó en la fundación de la FOA. La organización continuó: nacieron nuevos centros socialistas, bajo la forma de ateneos y centros barriales, que atrajeron no

El primer manifiesto socialista

El primer manifiesto del Partido Socialista a los trabajadores, fechado el 9 de abril de 1895 decía así:

Compañeros:

Estando próximo el 1º de mayo, fecha designada por el Congreso Obrero Internacional celebrado en París en 1889 para reclamar de los poderes públicos la adopción de la jornada de ocho horas y la promulgación de leyes protectoras del trabajo, os invitamos a celebrar manifestaciones y reuniones públicas, con lo que, si por ahora no conseguimos dichas reformas, demostraremos a la clase capitalista nuestra fuerza y trabajaremos en pro de nuestras aspiraciones al afirmar públicamente nuestra voluntad de verlas satisfechas aun a costa de cualquier sacrificio.

La situación de la clase obrera en la República Argentina es tan mísera como la de nuestros hermanos de Europa, y ya que ellos nos dan ejemplo de entereza de carácter y de amor a la emancipación, sin reparar en los mil obstáculos que tienen que vencer y en la guerra obstinada que les hace la burguesía, no debemos nosotros pasar ese día sin lanzar una protesta unánime contra la clase capitalista que detenta la riqueza que nosotros creamos.

En este país, más que en ningún otro, es

sólo a los trabajadores sino también a profesionales e intelectuales destacados, como Juan B. Justo, Roberto J. Payró o Julio Schiaffino. En 1894 apareció el periódico *La Vanguardia*, que desde entonces expresó las tendencias oficiales del socialismo, y en 1896 se constituyó el Partido Socialista. Por entonces, entre los grupos socialistas había madurado un cambio de orientación muy definido. El marxismo más ortodoxo de Lallement había dejado lugar a orientaciones más afines con la socialdemocracia europea, y aun con las tendencias de quienes, con Edouard Bernstein, proponían una revisión del marxismo. En 1901 una viva polémica entre José Ingenieros y el dirigente obrero Adrián Patroni puso de manifiesto la controversia entre revisionistas y reformistas.

Las profundas divergencias entre los grupos anarquistas, en cambio, se debieron a su conformación heterogénea: individualistas, colectivistas bakuninianos, comunistas kropotkinianos y muchas otras fracciones. La falta de una organización inicial tuvo su origen en el predominio de los individualistas, enemigos de toda organización, aun la propia. A ellos se debe la circulación

necesario celebrar con entusiasmo el 1º de mayo, pues aquí los beneficios que extrae del trabajo la burguesía son mayores que los que obtiene la de Europa, siéndonos por esto más fácil alcanzar algunas ventajas si con energía las reclamamos.

Además, los partidos políticos burgueses, con cuyo apoyo no contamos ni podemos contar los trabajadores, lejos de reconocer lo angustioso de nuestra situación, califican de absurdo el movimiento obrero en este país, asegurando con una hipocresía jesuítica que la posición de los asalariados es desahogada y que no tienen razón de ser aquí las manifestaciones y reclamaciones que hace el proletariado en los países europeos.

Todos sabemos bien la falsedad de este aserto, contra el que estamos obligados a protestar, si no queremos confirmar con nuestro silencio esa aseveración de la burguesía argentina, a la que debemos demostrar que necesitamos mejorar nuestro estado y que estamos dispuestos a mejorarlo.

Trabajadores: luchemos por la causa de nuestra emancipación, cuyo triunfo depende del mayor y más rápido esfuerzo que para conseguirlo hagamos.

¡Viva el 1º de mayo!
¡Viva la jornada de ocho horas!

HOBART SPALDING
La clase trabajadora
argentina. Documentos
para su historia,
1890-1912

de periódicos de sugestivos títulos, como *El Perseguido* y *El Rebelde*. Malatesta impulsó los grupos "organizadores", lo mismo que otro destacado dirigente italiano, Pietro Gori, que residió en Buenos Aires entre 1899 y 1902. En 1897, Inglán Lafarga, Gillimon, Pellicer Paraire y otros habían fundado el que sería el más importante periódico anarquista: *La Protesta Humana,* que pronto se enriqueció con la colaboración de destacados intelectuales que se acercaron al anarquismo, como Alberto Ghiraldo.

Los "individualistas" y "organizadores" discutían la participación de los anarquistas en las organizaciones de los trabajadores con el objetivo de impulsarlas y dirigirlas. Los individualistas habían conseguido, al principio, bloquear tales intentos, pero progresivamente dominó la tendencia contraria, al punto que hacia fines de siglo el anarquismo se había identificado totalmente con las sociedades obreras. En ellas convivió y compitió con los socialistas —a quienes los anarquistas apodaban "adormideras"—, y las violentas controversias dieron por tierra con los sucesivos intentos de unificar a las primeras organizaciones obreras. Así se llegó a comienzos del siglo actual, en cuya primera década tuvieron lugar las acciones obreras más importantes.

Formando parte e la corriente inmigratoria que venía de Europa, llegaron al país perseguidos políticos que habían participado en los movimientos revolucionarios del siglo pasado, muchos de ellos militantes de la Asociación Internacional de Trabajadores , o Primera Internacional. **Asamblea de cigarreros toscanos. En la pared del fondo, retrato de Carlos Marx.**

Banda presidencial del segundo gobierno de Julio A. Roca

El Congreso, *óleo de A. Della Valle*

Julio A. Roca rodeado de las mujeres de su familia

Alberto Ghiraldo habla en una asamblea en La Plata

Socialistas y anarquistas constituían grupos reducidos de militantes, consagrados a la difusión de "la idea". Los militantes desarrollaban su contenido a través de arengas y discursos, y sobre todo en una gran cantidad de publicaciones, generalmente de vida efímera, que desaparecían y eran reemplazadas al poco tiempo por otras de título diferente y características similares. Los periódicos eran sostenidos económicamente por los militantes y vendidos por suscripción entre ellos. Por lo general no se vendían públicamente, sobre todo después de que el Estado comenzó a reprimir sus actividades.

Estos militantes no eran muchos; sin embargo, podían despertar una respuesta poderosa entre los trabajadores, que sin definirse ni como anarquistas ni como socialistas seguían a unos o a otros cuando sus consignas y banderas representaban sus inquietudes y necesidades. Durante el decenio 1901-1910 predominó el anarquismo; 1901 se inició con una huelga general y la movilización obrera mantuvo su fuerza en los dos años siguientes. Un breve reflujo, entre 1904 y 1906, separa el período inicial de movilización del que cubre los años 1907 a 1910. Infinidad de huelgas parciales —entre ellas una singular de inquilinos, en 1907— acompañaron los grandes paros generales de 1907 y 1909. Es-

La huelga general de fines de 1902 fue el punto más alto de una serie de violentas luchas gremiales, entre las que se destacaron las de los obreros panaderos. **Panaderos reunidos en un local de la calle Montes de Oca.**

tos culminaron con la "Semana Trágica" de mayo, en 1909, cuando la policía ataca a los asistentes al mitin de la FORA y la capital es ocupada militarmente. En un atentado muere el jefe de la Policía, Ramón Falcón, asesinado por el anarquista Simón Radowitzky. La violencia culminó al año siguiente, cuando una huelga general estuvo a punto de hacer fracasar los festejos, largamente preparados, del Centenario. A la huelga siguió otra vez la represión, muy violenta, tanto de las fuerzas policiales como de grupos de jóvenes aristócratas, responsables del primer "terror blanco". Ese año la "cuestión social" llegaba a su clímax.

Tendencias de la organización obrera

Los trabajadores tuvieron tres opciones, dispuestas a conformar sus reclamos y buscarles una solu-

El primer diputado socialista

En la cuarta circunscripción electoral, que comprendía el barrio obrero de La Boca, fue donde tuvo más intensidad la campaña electoral.

Varios personajes de la política tradicional y de la clase adinerada propusiéronse sacar triunfantes sus respectivas candidaturas a costa de cualquier esfuerzo. Y dispusieron de fuertes sumas de dine-ro que invirtieron en la instalación de comités, en la preparación de la campaña y en pagar gente que realizara los trabajos previos a la elección.

En esa circunscripción el Partido Socialista había designado candidato al doctor Alfredo L. Palacios, joven abogado, orador fogoso y elocuente, ya conocido por su rebelde tesis doctoral sobre "La miseria", rechazada por la Facultad de Derecho por los nuevos conceptos que contenía sobre la vida obrera y el trabajo.

Un movimiento inusitado, que presagiaba para el Partido una buena jornada electoral, se produjo desde el primer momento en la circunscripción. Diríase que se vivía en un ambiente de triunfo.

El Centro Socialista, eficazmente secundado por el club "Mariano Moreno", agrupación independiente formada por simpatizantes socialistas, trabajó firme. Conferencias, mítines, se realizaron en gran cantidad. Hojas impresas exponiendo los propósitos del Partido y condenando la venali-

ción: anarquismo, socialismo y sindicalismo. Las dos primeras predominaron en los comienzos del movimiento obrero y popular; la tercera, más tardía, habría de tener una presencia mucho más perdurable en el movimiento obrero argentino. Las diferencias no solamente eran ideológicas: se traslucían en los fines que proponían a los trabajadores, en sus estrategias y tácticas. Pero también era diferente el segmento de esa masa de trabajadores al que apelaban. Y esta es la razón principal de su eficacia, que cambió a medida que la sociedad evolucionaba y se iba estructurando.

Los artesanos y trabajadores de pequeños talleres, orgullosos de su oficio y celosos de su individualidad, adhirieron al mensaje anarquista, que encontró entre ellos una excelente acogida. Era natural, pues, que tuviera amplio eco en quienes constituían la mayoría de los trabajadores calificados: sastres, sombrereros, panaderos, herreros... Pero, a pesar de ello, quienes más se identificaron con este mensaje fueron los tra-

dad y la corrupción que se fueron acentuando a medida que se aproximaba el día del comicio, fueron distribuidas a millares en aquel núcleo de población obrera que se disponía a dar la primera batalla en forma en la Capital Federal.

El día de la elección pudo darse cuenta exacta de que La Boca era un baluarte socialista. Nunca habíase visto un entusiasmo igual en el barrio. Carros, carruajes, lanchas, repletos de hombres, mujeres, niños, llevando banderas rojas, inscrip-ciones, alegorías, recorrieron durante todo el día la sección haciendo propaganda y sembrando entusiasmo y alegría frente a los comités de política "criolla", que no conocían más medio de "convencer" al electorado que el dinero y la promesa personal.

No fueron vanos los esfuerzos realizados. Ochocientos cuarenta sufragios conscientes, inteligentes, nobles, otorgados por el vecindario boquense al Partido Socialista, infligieron la merecida derrota a todos los candidatos de la corrupción, dando el triunfo a la candidatura del doctor Palacios.

La cuarta circunscripción electoral, que desde entonces se la conoció por "la cuarta de fierro", ofreció el hermoso ejemplo de dar –además de una lección de civismo y de altivez ciudadana– el primer diputado socialista de la Argentina y del continente americano.

JACINTO ODDONE
Historia del socialismo argentino

Según cifras parciales del Departamento Nacional del Trabajo, durante 1907 hubo, sólo en la ciudad de Buenos Aires, 231 huelgas que involucraron a unos 75.000 obreros de diferentes gremios.
Tranvía durante la huelga portuaria de 1907.

bajadores extranjeros no calificados, analfabetos en su mayoría, mal arraigados aún, que no estaban en condiciones de entender argumentos muy complejos o abstractos. El apasionado discurso de los propulsores de "la idea", sencillo y que hablaba a las emociones, despertaba profundas resonancias: proponía cambiar la sociedad, acabar con los patrones, la Iglesia, el Estado, y construir todo nuevamente sobre las bases más justas de una cooperación libremente aceptada y no impuesta por autoridad alguna. Ese objetivo final no admitía concesiones: no se aceptaba ni la adquisición de la nacionalidad, ni la escuela pública, ni mucho menos el sufragio y la participación en las instituciones gubernamentales. La legitimidad misma del Estado era cuestionada por quienes llegaron a cambiar la denominación de la Federación Obrera Argentina por la de Federación Obrera Regional Argentina (FORA), como una señal de que no importaban las fronteras con que los gobiernos separan artificialmente a los pueblos.

A principios de siglo, este programa no sonaba enteramente utópico. El Estado argentino no había terminado de constituirse y sus beneficios no alcanzaban a toda la sociedad. Tampoco las estructuras capitalistas —o al menos lo que de ellas se percibía desde Buenos Aires o Rosario— parecían tan sólidas y consolidadas. Para derribar tanto al Estado como al capitalismo, los anarquistas confiaban en un único y gran recurso, la huelga, "base suprema de la lucha económica", y, sobre todo, la huelga general. Ese día, al abandonar todos los obreros el trabajo, la sociedad burguesa, paralizada, se derrumbaría. Soldados y políticos descubrirían al mismo tiempo su condición de hijos del pueblo, arrojarían las armas y se unirían a los huelguistas.

Aunque no pudo lograrse por este medio el objetivo final —sin duda los conflictos sociales expresaban condiciones que requerían soluciones más complejas que el mero derrumbe del Estado—, la acción de masas, la huelga general, suplió rápidamente, en un sector que tenía, por el momento, pocos vínculos y arti-

Reflejando los intereses heterogéneos de obreros calificados, comerciantes, rentistas y sectores profesionales, el Partido Socialista, a diferencia de los anarquistas, dirigía su acción a los ámbitos electoral y parlamentario. **Asamblea del Partido Socialista en Rosario, encabezada por Juan B. Justo.**

culaciones, todas las debilidades de organización y de conciencia política. De 1901 a 1910, fue el principal recurso de los sectores obreros y populares de las grandes ciudades, que encontraron en los anarquistas sus conductores naturales.

El socialismo se diferenciaba profundamente del anarquismo, y por ello mismo apelaba a otros sectores del mundo del trabajo, particularmente a los obreros más calificados, con un empleo estable, capaces por ello de adecuarse a ese ideal de vida ordenada que proponía el Partido Socialista. Pero los simpatizantes no eran solamente trabajadores, sino también pequeños comerciantes, rentistas y otros sectores, que admiraban en los socialistas no sólo su probidad y eficacia como administradores sino también su defensa de los intereses de quienes se definían más bien como consumidores, y que reclamaban precios bajos para los productos de consumo y alquileres. La dirección del partido, sin embargo, estaba en manos de "doctores", como Juan B. Justo o Nicolás Repetto, médicos de indudable talento y devoción por los trabajadores, pero separados de ellos por razones de origen, formación intelectual y educación.

El Partido Socialista, influido por la socialdemocra-

Ya desde lo orígenes de la clase trababajadora, la huelga se constituyó en el principal recurso de los obreros para luchar por sus reivindicaciones. Paralelamente, la represión ejercida por el gobierno o por grupos parapoliciales se transformó en un factor siempre presente. **Policía montado vigilando a huelguistas de la Compañía Primitiva de Gas.**

cia y por el revisionismo, adoptó una línea reformista: el avance gradual hacia una sociedad futura que, a medida que se alejaba en el tiempo, adquiría un perfil difuso que contrastaba con la inmediatez de la propuesta anarquista. Las propuestas de los socialistas abarcaban lo que había que hacer cada día. La huelga, y en general la acción sindical, sólo eran útiles "en determinadas circunstancias de lugar y de tiempo". En cambio, confiaban plenamente en la acción política: los trabajadores —en su mayoría extranjeros— debían naturalizarse e inscribirse en los registros electorales; votar luego y llevar a la Cámara diputados socialistas, quienes impulsarían a través de la legislación la reforma paulatina de una sociedad cuyos aspectos positivos, como la escuela pública, los socialistas no tenían empacho en subrayar.

En 1904, en las únicas elecciones realizadas por el sistema de circunscripciones, Alfredo Palacios ganó en La Boca y pasó a ser el primer diputado socialista de América. Los conflictos entre roquistas y mitristas sin duda favorecieron su triunfo, pero esto no impide verificar que las necesidades de renovación social se volcaron en favor de un programa político que las incluía. Ya en 1912, con el régimen de la ley Sáenz Peña, los socialistas obtuvieron siempre excelentes resultados en la Capital, consagrando diputados y senadores. Junto al programa "máximo" había otro

En marzo de 1903, con la presencia de 75 delegados pertenecientes a 41 organizaciones –22 de ellas correspondientes a la Capital Federal–, se crea la Unión General de los Trabajadores (UGT), y el 1º de abril aparece su órgano de prensa, La Unión Obrera. **Junta directiva de la UGT durante la huelga general de diciembre de 1904.**

En junio de 1896 se reunió el primer congreso de los socialistas del país, que congregó a representantes de 19 centros socialistas y 15 sociedades gremiales. La declaración de principios surgida de ese congreso constituyente fue obra del médico Juan Bautista Justo.

"mínimo", que concitaba un frente de apoyo muy amplio, que excedía a los trabajadores.

La convivencia entre anarquistas y socialistas nunca resultó fácil. En 1901, a poco de fundada la FOA, los socialistas se apartaron y constituyeron la Unión General de Trabajadores (UGT). Aunque posteriormente hubo una reunificación, pronto volvieron a separarse. Las grandes cuestiones de principios –Dios, la familia, la propiedad, el Estado– eran discutidas en interminables reuniones públicas. En la acción cotidiana los separaba, en primer lugar, la cuestión de las elecciones y la lucha política, aceptada por los socialistas y considerada una trampa del sistema por los anarquistas. La concepción de la acción gremial también los dividía, no solamente en lo que respecta a los objetivos generales y a la eficacia asignada a la huelga general, sino también al manejo de los sindicatos. Los socialistas entendían que una escrupulosa administración rendiría mejores frutos que la actitud lírica de los anarquistas, su desinterés por los aspectos burocráticos y por la atención cotidiana de los asuntos.

Los gremialistas socialistas se enfrentaban no solamente con los anarquistas sino también con los dirigentes de su propio partido, que les imponían una férrea conducción y les daban bastante poco poder de decisión. Un importante grupo se apartó en 1903 y constituyó la tendencia "sindicalista", que en 1906 ganó el control de la UGT y progresivamente conquistó un amplio espacio en el movimiento obrero. Los inspiraban los principios de Georges Sorel; apelaban a los trabajadores incluidos en gremios numerosos y calificados, como los ferroviarios y los marítimos, y también los portuarios. En estos sindicatos predominaban los trabajadores argentinos, y muchos de ellos comenzaban a ascender socialmente: eran propietarios de casas nuevas en los barrios porteños, querían educar a sus niños. Hijos de inmigrantes en muchos casos, aceptaban la sociedad tal cual era, y preferían adaptarse a ella, reformando aquellas circunstancias que los perjudicaban; en lugar de querer deshacerla y rehacerla, se conformaban con modificarla y reformarla. Es significativo que en el gremio donde más ampliamente dominó la tendencia sindicalista –la Federación Obrera Marítima– los extranjeros estuvieran excluidos de la dirección (aunque había una razón inmediata: evitar el descabezamiento de la organización por la aplicación de la ley 4.144 "de Residencia").

Los sindicalistas coincidían con los socialistas en el gradualismo y en la necesidad de lograr progresivamente las mejoras, aunque los objetivos finales de esa lucha eran aún más borrosos que los de los socialistas. No creían en el valor de la lucha política, y sí en la lucha económica, que debía realizarse a través del sindicato. En ese punto se aproximaban a los anarquistas. Los sindicalistas organizaron eficazmente algunos grandes sindicatos, implantados en los sectores clave de la economía: una huelga ferroviaria, marítima o portuaria —a diferencia de una huelga de panaderos o plomeros— paralizaba el corazón económico del país. Concebida como un instrumento de negociación, permitía acuerdos tanto con las empresas como con el propio Estado, que no podía permanecer al margen de cuestiones tan decisivas. Muchas veces las negociaciones se convirtieron en oportunidades

Los anarquistas

El periódico La Voz de la Iglesia *publicó en 1893 algunas noticias sueltas sobre las actividades de los anarquistas:*

LOS ANARQUISTAS. La policía continúa su campaña contra estos señores que han repartido con gran profusión pasquines incendiarios.

EXPULSION DE ANARQUISTAS. El ministro del Interior hizo saber al jefe de policía que el presidente de la República había resuelto que a los anarquistas detenidos en el Departamento se les diera el plazo de 48 horas para que salieran del país o en caso contrario continuarían detenidos.

ANARQUISTAS. Ayer se les comunicó a los tres anarquistas últimamente presos y que se encontraban en la policía, la orden de optar por continuar presos o abandonar el país dentro de 48 horas. Al comunicarles la orden, Luis Gilio, director del periódico anarquista *La Riscosa*, tuvo un arranque de indignación y exclamó: "Sí, soy anarquista porque todo hombre de conciencia debe serlo. En esta tierra la propiedad es un robo y los gobiernos un abuso. Los anarquistas deseamos la igualdad para todos y que no haya nadie que nos mande. Aquí me tienen preso porque creen que soy un criminal nato, pero se equivocan."

HOBART SPALDING
La clase trabajadora argentina. Documentos para su historia, 1890-1912

de transacción, de las que sacaron ventajas los dirigentes y no los trabajadores, y marcaron el comienzo de una tendencia que con el tiempo iba a consolidarse en el movimiento obrero argentino.

Cambios en el Estado

No solamente se fue modificando la estructura económica del país, con sus manifestaciones a través de las luchas sociales, sino que estos cambios llevaron a que los sectores sociales dominantes en el Estado también se modificaran. La política de modernización de la economía y de la sociedad que esos sectores habían llevado adelante en las décadas finales del siglo pasado se apoyaba en un sólido optimismo, en la confianza en un progreso sostenido, donde la inmigración jugaba un papel decisivo. Pero a medida que los conflictos sociales se intensificaban, la confianza dejó lugar a la preocupación y, por qué no decirlo, al miedo. Ese miedo empezó a fraguar una figura amenazadora, la del "mal inmigrante", que no había respondido lealmente a la invitación recibida. El tradicional cosmopolitismo de la élite comenzó a combinarse con un nuevo nacionalismo, con mucho de chauvinismo. El Estado trató de infundir la idea de

La reacción de gobierno y empresarios ante la agitación social no se hizo esperar: el 22 de noviembre de 1902, tras un rápido trámite parlamentario, es aprobada la ley 4.144, conocida como Ley de Residencia.
Puerto de Buenos Aires.

patria a través de la enseñanza, pero, al mismo tiempo, buscó métodos de control sobre aquellos extranjeros indeseables y revoltosos.

De acuerdo con esto, en 1902 se sancionó la ley 4.144, llamada "de Residencia", propiciada por el senador Miguel Cané, que confería al gobierno la facultad de expulsar al extranjero sin juicio. La ley aludía a los conflictos sociales, de los cuales responsabilizaba a un grupo minoritario de agitadores extranjeros. Su sanción marca uno de los extremos de la actitud dura y anticonciliadora de la élite, la misma que llevó a reprimir con violencia el alzamiento radical de 1905 o a negarse a cualquier flexibilización política. En épocas de crisis aguda predominaban estas actitudes, como volvió a ocurrir en 1910. En ese año no sólo se sancionó la Ley de Defensa Social, que autorizaba reprimir con dureza a los grupos responsables de los actos de violencia, sino que se coartó la acción sindical, imponiendo severas sanciones a quienes incitaran a la huelga.

No había unanimidad respecto de los métodos a emplear para proteger el edificio social. Junto a la dureza de algunos sectores, hubo otros que comprendieron las ventajas de una actitud más flexible, que

Durante 1902, más de tres mil estibadores del puerto salen a la lucha pidiendo la reducción del peso de los bultos que debían cargar, que pesaban entre cien y ciento veinte kilos cada uno.
Estibadores del puerto a principios del siglo.

concediera en ciertas áreas. Así, quienes en lo político propondrían la reforma del sistema electoral y la implantación del sufragio universal comenzaron a buscar fórmulas similares de transacción en lo social. En 1904 Joaquín V. González presentó en el Congreso un proyecto de Código del Trabajo. Inspirado en uno similar francés, fue elaborado junto con personalidades como José Ingenieros, Manuel Ugarte y Juan Bialet Masse, autor de un minucioso informe sobre la vida de los trabajadores.

El Código regulaba aquellos puntos en los que solían enfrentarse capital y trabajo. Se establecía el pago obligatorio del salario en dinero —fuera de la Capital era muy común el pago en vales— y algunas normas sobre el contrato de trabajo, regido hasta entonces

Un retrato de José Ingenieros

Estudiante talentoso y rebelde, se prodiga entre sus obligaciones como universitario y joven militante del Partido Socialista, nueva fuerza política recién creada y que de algún modo expresa las sensibles modificaciones de la sociedad argentina sometida a un intenso proceso de inmigración y urbanización, con el surgimiento de nuevos grupos sociales que a su vez aspiraban a otras prácticas políticas. Sus inquietudes intelectuales y políticas lo llevan a fundar con otro joven, Leopoldo Lugones, apenas tres años mayor que él y de origen provinciano, la revista *La Montaña*, "periódico socialista revolucionario" (de vida relativamente efímera, cierto es, pero de huellas perdurables, cuyos doce únicos números aparecieron entre el 1º de abril y el 15 de setiembre de 1897), donde colaboraron, entre otros, Alfredo L. Palacios, Julio Molina y Vedia, Macedonio Fernández, Carlos Malagarriga, Nicanor Sarmiento, Carlos A. Becú y tantos otros jóvenes llamados a tener influencia y ejercer responsabilidades en un futuro nada lejano. (...)

Tampoco fue un alumno convencional en la Universidad; si bien pronto abandona su carrera de abogado, termina en forma brillante la de farmacéutico en 1897 y tres años después la de médico. Una temprana vocación lo acerca a José María Ramos Mejía y a Francisco de Veyga, verdaderos maestros al lado de los cuales comienza sus actividades vinculadas con la psiquiatría. La tesis de doctorado de Ingenieros, "Simulación de la locura por alienados verdaderos", estuvo dedicada "Al modesto y laborioso Maximino García,.portero de la Facultad"; fue una forma de vengarse de las tortuosidades de una

exclusivamente por el Código de Comercio. Asimismo se establecían normas sobre accidentes, sobre trabajo femenino e infantil y trabajo domiciliario; y sobre jornada de trabajo, limitada a 48 horas semanales. Se reconocía también la existencia de las asociaciones obreras, aunque se estipulaban pautas de funcionamiento cuya violación traía aparejado el retiro de la personería jurídica. La huelga era aceptada como recurso de excepción, aunque debía procurarse evitarla, sobre todo si los gremios trataban de imponerla mediante la coacción.

La norma iba probablemente mucho más allá de lo que el conjunto de la clase dirigente estaba dispuesto a aceptar en ese momento, y el Congreso finalmente no trató el proyecto, que tampoco obtuvo un gran

burocracia, formalista y entorpecedora, y de escandalizar a ciertos sectores pacatos de la "gran aldea" con vocación de metrópoli.

El joven científico y militante político tenía una tercera vertiente de su personalidad, no menos significativa que las otras, aunque muchas veces haya perjudicado su imagen ante los mediocres, que la consideraban incompatible con la "gravedad" de sus responsabilidades, como si el buen humor estuviese reñido con la seriedad. Nos referimos a sus vinculaciones con la bohemia. Su actitud psicológica la captó muy bien Sergio Bagú: "Como ignorara la vanidad, su mente se refugió en la paradoja. De ella hizo la gimnasia que le permitió apartarse, un rato cada día, de la absorbente intimidad de la cuartilla y el libro. La cultivaba sin largos prolegómenos, lanzándose de improviso tras ella, sin medir a menudo sus consecuencias". (...)

Pero nada de esto restaba auténtica seriedad a sus estudios y trabajos científicos, a los cuales estaba entregado con devoción. Además de atender su consultorio médico encontró tiempo para dirigir, a partir de 1902, los Archivos de Criminología, Medicina Legal y Psiquiatría, donde sus colaboraciones van perfilando una personalidad de rasgos cada vez más independientes de las grandes influencias de la época. Sin compartir necesariamente en su totalidad la apreciación, recordemos al ya citado Francisco P. Laplaza, quien escribe: "Para mí, el mayor aporte de Ingenieros a la cultura argentina, con una trascendencia internacional que hoy se ignora o se oculta, es el haber sistematizado la nueva disciplina autónoma que recibía ya entonces el nombre correcto de Criminología".

GREGORIO WEINBERG
"José Ingenieros"
en *Argentina del Ochenta al Centenario*

Los trabajadores vieron en el proyecto de ley nacional del trabajo una nueva trampa patronal, una ley de residencia atenuada que seguía considerando al socialismo como una idea malsana y delictiva. **Trabajadores en huelga enarbolando una bandera que dice "Comercio libre".**

apoyo en el campo obrero. Los socialistas —algunos de cuyos dirigentes habían participado en la elaboración del programa— lo aceptaron con reservas en lo que hacía al control de los sindicatos. La UGT, sindicalista, lo rechazó parcialmente, mientras que la FORA, ya definitivamente identificada con el anarquismo, rechazó la idea misma de que el gobierno pudiera intervenir en la lucha social. Algunas de las disposiciones contenidas en el Código fueron luego convertidas en ley por el Congreso: la del descanso dominical y la de regulación del trabajo femenino e infantil, en 1905, y la de accidentes de trabajo, en 1915.

Hacia la conciliación

El Centenario marcó el momento más alto de la movilización obrera impulsada por los anarquistas. La de 1910 fue la más importante de las huelgas generales, pero también la última por muchos años. No solamente debido a la represión ejercida a través de la ley de Defensa Social, sino también a la acción de grupos de choque, integrados por jóvenes de clase alta protegidos por la policía, que se lanzaron contra asociaciones, periódicos y negocios de extranjeros, identificando a catalanes con anarquistas y a judíos con socialistas.

La explicación de este reflujo probablemente tenga sus raíces en ciertos cambios que comenzaron a producirse en las aspiraciones de los trabajadores. Hacia 1910, éstos dejaron de ser una masa inorgánica para alcanzar una cierta estructura y conformación interna. Las posibilidades del ascenso social comenzaron a impulsarlos, y aunque éste sólo fuera para una minoría, para el conjunto de los trabajadores fue por cierto un acicate. Muchos abandonaron el conventillo y construyeron su casa propia; otros abandonaron el trabajo asalariado y se instalaron en un pequeño negocio o taller "por cuenta propia". Algunos ingresaron en empresas, como las ferroviarias, en las cuales podían llegar a integrar el núcleo de lo que se llamaba la "aristocracia obrera". La vida en los barrios apartó a los trabajadores del horizonte exclusivamente clasista del taller y los mezcló con pequeños comerciantes, profesionales, maestros. Estas circunstancias cambiaron sus actitudes hacia la sociedad y el Estado, que ya no parecieron tan injustos. No se trataba entonces de provocar su derrumbe, sino más bien de presionar so-

La incorporación de Alfredo L. Palacios a la Cámara de Diputados en 1904 fue expresión de las aspiraciones populares de renovación política. **Banquete en honor del primer diputado socialista de América.**

Alfredo Palacios.

bre ellos para obtener una situación mejor, para beneficiarse con alguno de los mecanismos del ascenso social.

Los gremialistas sindicalistas supieron apreciar estos cambios. Cuando, en 1915, luego de ingresar a la FORA, ganaron su control, suprimieron en el IX Congreso la identificación entre la institución y el anarquismo. La FORA del IX Congreso se declaró abierta a todas las tendencias e ideologías, aunque de hecho predominó la tendencia sindicalista; los anarquistas, refugiados en la FORA del V Congreso, perdían influencia de manera irremediable. Cuando llegó al poder el radicalismo, se abrió un ancho campo para la negociación con un Estado que asumía el papel de árbitro en los conflictos sociales y de protector de la parte más débil. Por un tiempo al menos —hasta que la virulencia de los enfrentamientos rebasó esas intenciones—, el sindicalismo encontró, a través de un interlocutor atento, la posibilidad de expresar en el campo gremial las aspiraciones del conjunto de los trabajadores.

La Argentina del Centenario

A partir de 1900, la Argentina había ido forjándose un lugar importante en el mundo occidental. Sus productos agropecuarios, sobre todo las carnes, cueros y lanas, se cotizaban favorablemente en los mercados internacionales, y rendían excelentes beneficios a los frigoríficos y a los invernadores. Las familias de los grandes hacendados se enriquecían y adoptaban formas de vida que imitaban la elegancia y el estilo de las clases altas europeas de la belle époque. Estas familias manejaban el poder, y de ellas surgían los gobernantes. La Argentina era, sin duda, el país más adelantado de América Latina.

El primer centenario de la Independencia

El régimen creado por Roca controlaba el Estado, orgulloso de los progresos alcanzados, aunque no podía dejar de sentir el descontento de los sectores proletarios y las críticas que provocaban los vicios del sistema electoral vigente.

El centenario de la Revolución de Mayo fue celebrado con toda la grandeza que correspondía a la prosperidad de las élites, y ese mismo año de 1910, en el mes de abril, Roque Sáenz Peña fue elegido presidente de la República. Muy poco después iba a posibilitar, mediante la ley electoral que recuerda su nombre, el ejercicio del sufragio universal a todos los varones mayores de dieciocho años, en comicios de ejemplar limpieza.

De esta manera, y gracias al sistema de lista incompleta, radicales y socialistas podrían llegar a la función pública y aportar nuevas modalidades,

Los grandes palacios y mansiones de miembros conspicuos de la élite porteña sirvieron de alojamiento para los visitantes más notorios. **Mansión de la familia Ortiz Basualdo.**

ideas y soluciones. Los viejos políticos conservadores, en cambio, no supieron adaptarse al cambio ofreciendo propuestas atractivas al nuevo y numeroso electorado.

Esta época de progreso, festejos, prosperidad, pero también de considerable marginación para vastos sectores, se cerró en 1914 bajo el impacto de la guerra mundial, en la que el gobierno argentino proclamó oficialmente su neutralidad, a pesar de las presiones externas y de las simpatías aliadófilas o germanófilas que sentían grandes núcleos de la población del país. Una manera de mostrar al mundo los logros obtenidos, de que todos supieran que la joven nación argentina cumplía un siglo en plenitud económica y productiva, consistió en celebrar de manera especial el aniversario de la Independencia.

La celebración se preparó con minuciosidad y anticipación en todo el país. El gobierno designó una comisión especial, integrada por personalidades destacadas, entre las que se encontraba el escultor alemán Gustavo Eberlein, a quien se le encargó la ejecución de los monumentos de los próceres de Mayo. Para repartir entre el público que asistiera a los distintos actos, se imprimieron 50.000 tarjetas postales con

Los festejos oficiales fueron acompañados por numerosas actividades conmemorativas de todo tipo, organizadas por comerciantes y particulares. **Automóvil Darraq, ganador de la primera carrera realizada en Sudamérica.**

La huelga general de 1910 marcó el punto más alto de la movilización obrera durante el Centenario, que a partir de allí, y como producto de la represión, comenzó a declinar.
Reunión durante la huelga de conductores de carros, 1911.

la reproducción del viejo Cabildo, pintado por Carlos Enrique Pellegrini.

Un rasgo del momento especial en el que se producía la celebración induce a la reflexión: no solamente el gobierno organizó festejos; también lo hicieron, por ejemplo, los comercios más importantes, como Gath & Chaves, Peuser o A la Ciudad de Londres, que ofrecieron artículos alusivos, que iban desde banderas hasta litografías y reproducciones. Particularmente importantes desde el punto de vista de la memoria, de esa intención de empezar a construir una tradición documental, fueron algunas publicaciones aparecidas con motivo del centenario. En este marco aparecieron los doce tomos de documentos del archivo de San Martín, las memorias y autobiografías de próceres editadas por el Museo Histórico Nacional, y sobre todo algunas obras de carácter ensayístico que iniciaron una larga tradición de crítica respecto del sentido de la nacionalidad: *El diario de Gabriel Quiroga,* de Manuel Gálvez, *La restauración nacionalista,* de Ricardo Rojas, publicada el año anterior, y *El juicio del siglo,* de Joaquín V. González.

Hubo algunas reuniones especiales, que sirvieron para mostrar la importancia de la Argentina ante el mundo, como el primer Congreso Feminista Internacional, el Congreso Americanista, el Congreso Internacional de Medicina y la Cuarta Conferencia Panamericana. Entre los poetas se destacaron dos obras fruto de la retórica modernista. Leopoldo Lugones, uno de los padres del nacionalismo en gestación, publicó sus *Odas seculares,* un esfuerzo ímprobo que refleja de manera grandilocuente su concepción épica de la patria, que en 1913 desarrollaría en *El payador.* Se destaca el "Canto a la Argentina", del poeta nicaragüense Rubén Darío, publicado por *La Nación* el 25 de mayo. *Los gauchos judíos,* de Alberto Gerchunoff, en cambio, mostraba la idea de patria desde la perspectiva del "crisol de razas", una idea que más adelante cobraría cuerpo.

Ricardo Rojas, autor de la letra del Himno del Centenario, publicó en 1909 su ensayo La restauración nacionalista. *Esta y otras obras del período conforman el inicio de la tradición documental argentina.*

Pero no todo era festejos. Las organizaciones de trabajadores habían aprovechado para pedir que se derogara la Ley de Residencia y que regresaran al país los dirigentes expulsados. Ante el fracaso del pedido, la Confederación Obrera Regional Argentina declaró la huelga general, y el 1º de Mayo los discursos fueron de encendida protesta. La huelga fue anunciada para el 18, y la respuesta del gobierno no se hizo esperar: el 13 fueron detenidos los redactores de los periódicos obreros, al tiempo que diputados y senadores debatieron la posibilidad de declarar el estado de sitio. Un grupo de ciudadanos asumió la represión: encabezados por el barón Demarchi, Carlos Carlés, el capitán Lara, Juan Balestra y Pedro Luro incendiaron *La Protesta*, el diario anarquista. También saquearon *La Vanguardia*, aunque los socialistas no habían ad-

Buenos Aires: una gran ciudad europea

(...) Dando por todas partes la sensación de un crecimiento prematuro, pero anunciando, por el adelanto prodigioso que ha tomado, la capital de un continente. La Avenida de Mayo, tan ancha como nuestros mejores boulevares, se parece al Oxford Street por el aspecto de los escaparates y la decoración de los edificios. Punto de partida, una gran plaza pública, bastante torpemente decorada, limitada por el lado del mar por una gran construc-

ción italiana, llamada el Palacio Rosa, donde residen ministros y presidente, y con cuyo edificio forma paralelo, a la otra extremidad de la avenida, otra gran plaza, improvisada ayer, que se termina por el palacio del Parlamento, colosal edificio, casi terminado, cuya cúpula se parece al Capitolio de Washington. Se observan todos los estilos de arquitectura, y principalmente el llamado *tape á l'oeil*. El edificio más suntuoso es, sin contradicción, el de la opulenta *Prensa*. *La Prensa* es, como se sabe, el mayor periódico de informaciones del continente sudamerica-

no. Bajo la hábil gestión de su fundador, señor Paz, *La Prensa* ha alcanzado una prosperidad que, por sus medios de acción, forma pareja con los mejores órganos de publicidad del mundo.

(...) ¿Por qué se detiene toda esa multitud italiana en Buenos Aires, lleno ya de emigrados, en lugar de dirigirse de una vez a la pampa, hasta el punto, según me han dicho, que se ven pudrir las cosechas, a falta de brazos para recogerlas a pesar del ofrecimiento de salarios, que suben a veces hasta a 20 francos por día? Hay para ello muchas razones. En

herido a la huelga. La medida de fuerza duró tres días, mientras eran encarcelados unos quinientos dirigentes obreros y el estado de sitio atemorizaba a los manifestantes.

La intranquilidad continuó, hasta que se aprobó la Ley de Defensa Social, que impedía el regreso de los dirigentes anarquistas, pero una bomba estalló en la platea del Teatro Colón a mediados de junio, y continuaron los incidentes por un tiempo.

Llegan los visitantes

A pesar de que el telón de fondo de la celebración consistió en estas demostraciones de fuerza, los invi-

---

primer lugar estos salario no son sino de algunos meses o semanas. Después (preciso es decirlo), he oído a trabajadores italianos quejarse de no estar suficientemente protegidos, lejos de las ciudades, contra la omnipotencia excesiva de funcionarios propensos a creer que todo les está permitido.

(...) El famoso paseo se anuncia noblemente en La Recoleta, donde las líneas de arquitectura sirven de marco armonioso a los céspedes y bosques. Carruajes de una corrección británica, soberbiamente atalajados y ruidosos automóviles se cruzan a to-

da velocidad. Si no fuera por las espesuras de árboles exóticos, nos creeríamos en el bosque. Palermo se anuncia en belleza.

¿Tengo necesidad de decir que todos los paseos públicos y parques están superabundantemente adornados de esculturas y monumentos "decorativos" en los que se puede ejercer la crítica? Nada más natural, en una sociedad joven, que el deseo de suscitar a toda prisa hombres eminentes en todos los dominios. Sin embargo, las realizaciones de idealismo tienen necesidad, según parece, del sólido fundamento

de las cosas establecidas. En un país donde se mezclan todas las sangres de la latinidad, no dejará de florecer el arte. Este se desprenderá de su ganga a medida que el gusto del público se purifique. Obras como las de M. Paul Groussac, y como la curiosa novela de Enrique Rodríguez Larreta, el distinguido ministro de la República Argentina en París, atestiguan ya un desarrollo bastante hermoso de literatura a orillas del Río de la Plata.

GEORGES CLEMENCEAU
en *Viajeros del siglo XX
y la realidad nacional*
de SUSANA PEREIRA

tados extranjeros no se arredraron. Al puerto de Buenos Aires, entonces en todo su esplendor, llegan barcos desde todas partes: Nueva York, Amsterdam, Mar-
sella, Génova, Liverpool, el Japón, que envía al
Ykoma, célebre por sus recientes victorias sobre los
rusos.

Los embajadores más ilustres se alojaron en los
palacios de las grandes familias, como ocurrió con
la infanta Isabel de Borbón, tía del rey Alfonso XIII,
huésped del palacio de Bary, en la avenida Alvear.
El presidente de Chile, Pedro Montt, fue recibido
por el presidente Figueroa Alcorta en un palco le-
vantado en Cangallo y el Paseo de Julio. Luego, los
dos presidentes fueron a pie hasta la Casa Rosada.
Otra visita importante fue la del vicepresidente del
Perú, Eugenio Larraburu, y todos ellos participaron
del desfile militar ofrecido el día 25 en la Plaza de
Mayo. Las delegaciones de Francia, Italia, Japón,
Alemania, Holanda, Estados Unidos, Uruguay, asistieron esa noche a la función lírica en el Teatro Colón, donde Titta Ruffo, el famoso barítono italiano,
cantaría *Rigoletto.*

Intelectuales y escritores también fueron invitados

A pesar del clima de aguda agitación social, el gobierno no escatimó esfuerzos a la hora de organizar los festejos conmemorativos.
Agasajo a la infanta Isabel de España.

Georges Clemenceau es caricaturizadado por Cao, con el siguiente comentario: "Según Villanueva, es versado en distintas ciencias; pero da sus conferencias con mucho acento francés". **Caricatura publicada en Caras y Caretas.**

con motivo del Centenario: los españoles Jacinto Benavente, Vicente Blasco Ibáñez, Ramón del Valle Inclán; los franceses Georges Clemenceau, Anatole France, Jean Jaurès. Algunos escribieron luego de la visita sus impresiones: *La Argentina y sus grandezas,* de Blasco Ibáñez, y *Notas de viaje por la América del Sur,* de Clemenceau, ex primer ministro francés que volvió a su tierra vivamente impresionado por su descubrimiento de nuestro país. El día 24 se había corrido en el Hipódromo el Gran Premio Centenario y los festejos se cerraron el 27, con la revista naval en la que participaron también las naves de guerra extranjeras, junto a viejas embarcaciones, exhibidas como curiosidades.

Un desarrollo acelerado

Los últimos tiempos no habían sido fáciles; entre 1902 y 1910 el país padeció cinco veces el estado de sitio, asistió a una frustrada revolución radical en 1905, y la violencia ganó las calles tanto a través de la acción anarquista como de la represión policial. Los cambios sociales producían resquebrajaduras en el edificio laboriosamente construido; los inmigrantes seguían llegando, ya que los conflictos europeos alentaban a buscar nuevos lugares donde sobrevivir. Durante 1910 se radican en el país 108.870 personas. Algo nuevo empezaba a mostrarse: no solamente había que tener en cuenta a los extranjeros recién llegados, sino que ya existían importantes grupos de hijos de extranjeros, muchas veces con su título universitario,

La Argentina y el nuevo siglo

Y bien, ¿exigen los tiempos nuevos una nueva política? ¿Debe la nación de hoy y ante el siglo que comienza, recapitular sobre su pasado, deducir el deber de una conducta más circunspecta, más personal, más nacionalista que humanitaria? He ahí un problema que se abre al estudio y a la meditación de los hombres de mañana, pero de todas maneras no aparece tan obscuro ni tan amenazante. (...)

Los tiempos nuevos pueden traer política nueva, sin duda alguna; pero no será jamás para desviar o derogar de hecho los conceptos formados y sancionados con la acción definitiva de otras generaciones, hasta crear una conciencia jurídica nacional; y en tanto que esta conciencia está formada y ella puede expresarse por todos los medios directos y reflejos en que la opinión colectiva se revela con fuerza decisiva, el derecho construido por nuestra historia de ayer será sustentado por la historia de maña-

na, y la nación del siglo XX, no podrá ser más que el desarrollo más pleno y seguro de la gran curva ascendente que comienza con la primera década de vida de la constitución.

La República Argentina, cuya extensión territorial ha sido mirada por hombres de genio con el pesimismo que hizo vaticinar la pérdida de Italia por los "latifundia", y cuya condición se debe en parte a la indiferencia con que ha contemplado siempre su porvenir, no tiene interés en adoptar una política de expansión material, única

y estos nuevos especímenes sociales se cruzaban, por ejemplo, con los militantes anarquistas que traían nuevas maneras de reclamar protagonismo en la prosperidad creciente. Un verdadero confluir de necesidades, de apetencias, de posibilidades.

La población urbana se duplicó, y ya hacia 1914 los centros urbanos con más de 2.000 habitantes serían el 53 por ciento. Creció la clase media, constituida por empleados y funcionarios, artesanos y técnicos. Este proceso de movilidad social tendría consecuencias políticas, aunque sólo el 9 por ciento de la población de más de veinte años participaba en las elecciones. Se necesitaba una reforma electoral, ya que los centros urbanos de mayor significación política contenían mayoría de pobladores extranjeros.

que puede romper el equilibrio que mantiene en su medio geográfico: tampoco se ha propuesto jamás como aparentara Rozas la recóndita cuestión de reivindicaciones históricas; y así, desde este punto de vista, el futuro no puede depararle sorpresas o asechanzas peligrosas para su paz o engrandecimiento; y si alguna duda pudiera sobrevenir a este respecto, ella procedería de los movimientos de afuera, iniciados o sugeridos por un espíritu de sutiles desconfianzas o temores latentes, al ver la proporción o impulso en que se desarrollan y agigantan sus fuerzas materiales. (...) Para mayor seguridad del porvenir en la política del grupo internacional platense, la República Argentina tiene aún palpitantes, y los tendrá todavía por mucho tiempo, los problemas interiores de la ocupación efectiva, población, colonización y aprovechamiento de sus territorios federales, donde millones de leguas baldías esperan la fecundación del trabajo, y la condensación más estrecha de los núcleos primitivos de la población, que forman el bloque orgánico de la República; de sus tierras y campiñas interprovinciales, entre las cuales comienzan apenas a concentrarse las fuerzas vivas del progreso en centros urbanos y rurales de vida autonómica, de que aparecen como exponentes auspiciosos las ciudades nuevas y las antiguas, que con caracteres renovados empiezan a alzarse con índice de una cultura regional, diferencial, llena de promesas.

JOAQUIN V. GONZALEZ
El juicio del siglo

Los parques y paseos públicos de la ciudad fueron profusamente ornamentados, poblándose de esculturas artísticas y monumentos de los próceres nacionales. **Postal conmemorativa del Centenario, con el monumento de San Martín.**

Los argentinos del Centenario

"No carecemos de afecto o amor por América; pero carecemos de desconfianza o ingratitud hacia Europa", había dicho Roque Sáenz Peña en la Segunda Conferencia de La Haya, en 1907. En Roma, siendo ya presidente electo, recibiría de los italianos una medalla, donde estaba grabada su gran frase: "América para la humanidad". Es que comenzaba a cobrar forma lo que Scobie llama "una revolución en la pampa", convertida en una región de campos cultivados, con ricos pastizales, principal exportadora de trigo, maíz, carne vacuna y ovina, y lana. Se necesitaban sin duda pobladores que vinieran a enriquecer con su trabajo la tierra promisoria, pero quienes siguieron dominando la política y la economía fueron los propietarios de grandes extensiones de tierra que conservaban sus recursos e influencia política, y dominaban el Estado desde la Sociedad Rural y los ministerios adictos.

Los extranjeros que vinieron para el Centenario emitieron juicios condicionados por su propio punto de vista: Clemenceau miró el "palacio rosado" con la suficiencia de quien piensa que viene a alojarse entre salvajes. Hiram Bingham se asombró de la cantidad de ingleses pulcros y bien afeitados que recorrían las calles de Buenos Aires. Rafael Barret, en cambio, un anarquista catalán, señaló la pobreza de los suburbios, en la que los niños vendedores de diarios mostraban sus pies descalzos y las huellas del hambre en sus rostros.

Junto a esto, la presencia de la infanta española ponía en evidencia que España y América eran una sola y que las raíces espirituales hispánicas eran más importantes que los lazos económicos con Gran Bretaña. Los poemas de Rubén Darío, Leopoldo Lugones y Enrique Banchs fijaron el cliché de la "Argentina ubérrima", mientras se realizaba la Sexta Conferencia Panamericana, que no produjo grandes aportes. Fuera de ella, José Ingenieros proponía un "papel tutelar" para la Argentina, mientras que Manuel Ugarte impulsaba un incipiente antiimperialismo.

Roque Sáenz Peña llegó a la presidencia mientras comenzaban a debilitarse las posiciones políticas de la oligarquía conservadora. El estadista supo valerse de esa circunstancia para promover y sancionar la ley electoral que establecía el voto secreto y obligatorio.

Un nuevo gobierno

El Centenario significó, quizás, el fin de una época. El hecho de que Roque Sáenz Peña asumiera la presidencia ese año, postulando una reforma política fundamental, fue uno de los indicios de este cambio. Pero no solamente existían críticas provenientes de la oposición o de grupos exteriores a la élite, sino también autocríticas realizadas por la clase política. Una de ellas fue la de José Nicolás Matienzo, jurista en su juventud y ministro de Alvear más tarde, quien señaló la necesidad de fortalecer la moral pública.

En los últimos tramos del gobierno de Figueroa Alcorta, Roque Sáenz Peña fue

nombrado ministro en Roma. Había sido recibido como un héroe a su regreso de la guerra del Pacífico, en la que participó, según se cuenta, a raíz de un desengaño amoroso que lo llevó a enrolarse. Su candidatura surgió de un grupo de amigos, quienes se bautizaron con el nombre de Unión Nacional, y sobre todo de la convicción personal de quien, habiendo participado en un movimiento de renovación que levantó su candidatura en 1892, frente a la de su padre, acompañó a Pellegrini en 1904 en la fundación de una fuerza renovada, sosteniendo la necesidad de una "auténtica autonomía del sufragio".

Muerto Pellegrini, debilitada la corriente mitrista y ya anciano Roca, cuyo aparato había desmantelado Figueroa Alcorta, Sáenz Peña era una figura que no despertaba resistencias en ningún sector del régimen. Por

El Centenario: optimismo y amenazas

La interpretación habitual sostiene que el Centenario constituyó un momento único para manifestar ante el mundo el éxito alcanzado por una nación confiada y satisfecha. Hay, en esto, mucho de cierto. Una sensación de plenitud alimentó la retórica de aquellos días y Buenos Aires festejó el siglo entre exposiciones, monumentos, desfiles y nobles visitantes. Sin embargo, más allá del aluvión de palabras que cantaban alabanzas a una Argentina feliz, segura de su progreso ilimitado, la clase gobernante hacía balance de lo acontecido y procuraba entender el pasado inmediato. Justificación y crítica: la ilustración del Centenario se lanzaba a la búsqueda de nuevas respuestas en el ensayo histórico o literario, la crítica filosófica, la especulación moral y las reflexiones que proponían la economía o la sociología.

Del algún modo, el Centenario representó el ascenso de una creencia política que venía erosionando las viejas convicciones y que, a la postre, terminaría encarnada en una nueva fórmula de carácter reformista. La vieja fórmula había puesto en movimiento a la sociedad civil, en tanto el orden político permanecía condicionado por los vicios de una oligarquización cada vez menos consentida. No es de extrañar, como advierte Romero, que el espíritu del Centenario resulte "del enfrentamiento entre quienes consideraban legítima y quienes consideraban ilegítima la situación de predominio de la vieja oligarquía".

Mientras esta confrontación perfilaba los conflictos intraoligárquicos, las nuevas creencias ensamblaban

otra parte, proponía una política de matices nacionalistas, con protección de los productos argentinos y
marina mercante propia. Pero, sobre todo, resultaba
atractiva su intención de blanquear el sistema de elecciones y brindar a todos los partidos igualdad de oportunidades a través de caminos legales y de una renovación de las costumbres políticas.

El compromiso del sufragio

Siendo ya presidente electo, Sáenz Peña se había
entrevistado con Hipólito Yrigoyen y le había asegurado que llevaría adelante la reforma electoral. Un

valores disímiles que instalaban a los dirigentes en un optimismo, por momentos avasa-
llante, y al mismo tiem-
po los situaba ante una realidad alterada por presagios de amenaza.
Por una parte, la pro-
pensión compartida por la élite conductora a ver o a esperar lo me-
jor de las cosas; por la otra, la percepción de signos inquietantes que anunciaban un daño a las posiciones de poder adquiridas, cuyos efectos posibles les hacía ser o estar peor. (...)

No obstante el opti-
mismo, las amenazas cundían hasta alcanzar una peligrosidad inédi-
ta o, por lo menos, dis-
tinta de la habitual. En-
tre el novecientos y el Centenario la clase gobernante disputó un tí-
pico conflicto político: la sociedad, por su parte, descubría otro con-
flicto de caracteres bi-
en diferentes. Durante el período "que se prolongó desde principio de siglo hasta el año 10
–recuerda Repetto–, estallaron más de cien huelgas parciales, seis huelgas generales, se decretó cinco veces el estado de sitio, se sancionó la ley de residen-
cia, se llevaron a cabo cinco matanzas obreras, se perpetró el ase-
sinato del jefe de poli-
cía Falcón y de su se-
cretario Lartigau". Mo-
vimientos tributarios de una conciencia de clase en germen, que buscaba expresarse a través de las organizaciones sindicales y las sociedad de resistencia, cuya irrupción obede-
cía a los cambios que modificaban la estruc-
tura de la población ac-
tiva, o bien corría para-
lela con la recepción de ideologías revolucionarias y con el rápido ascenso del viejo anar-
quismo libertario (por lo menos a corto plazo ya que, más tarde, ese ascenso decrecerá en medida significativa).

NATALIO BOTANA
El orden conservador

amigo común, el doctor Manuel Paz, había concerta-
do la entrevista, y se sabía que uno de los objetivos
de la misma era anular la postura intransigente, abstencionista y revolucionaria del radicalismo.

En su entrevista con Yrigoyen, el futuro presidente le ofreció por lo menos dos ministerios, lo cual,
con gran lucidez e integridad política, rechazó el caudillo radical, ya que con ello no solamente mantenía
la identidad de su partido sino que se colocaba en el
lugar del colaborador desprendido de intereses mez-
quinos y oportunistas.

Las conversaciones fueron lo bastante amplias como
para que en ellas se estipularan las condiciones de la futura ley electoral: los padrones se harían sobre la base
del padrón militar, con intervención de los jueces y garantías al votante. También se habló de voto universal y
obligatorio y de sistema de mayorías y minorías.

Sáenz Peña despreciaba el personalismo, ya una

Con el título "Falta un mes", el dibujante reproduce el siguiente diálogo entre los personajes: "Unos le abandonan, otros se le dan vuelta...". "Y hasta la planchadora se despide, para encargarse de la ropa de Sáenz Peña." **Caricatura de Caras y Caretas, 10 de septiembre de 1910.**

Trabajo de la mujer y de los niños a principios del siglo

Tranvía abierto para obreros que salía de Constitución

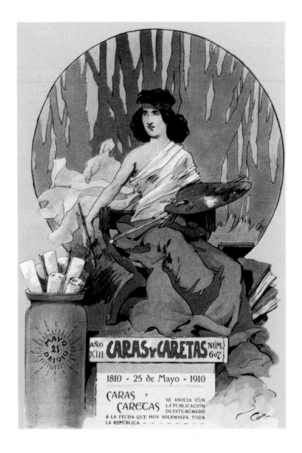

Portada de Caras y Caretas
alusiva al Centenario

Edificio de Aguas Corrientes

constante en la Argentina, y en su discurso programático del 12 de agosto de 1909 afirmó: "...dejadme creer que soy pretexto para la fundación del partido orgánico y doctrinario que exige la grandeza argentina". Su aspiración fue mejorar las instituciones y garantizar una administración recta. Sabía que le tocaba desempeñarse en una transición, y aspiraba a integrar a los opositores, hasta entonces revolucionarios, creando un tipo nuevo de ciudadano: el sufragante. En su mensaje añadía: "es indudable que las mayorías deben gobernar, pero no es menos exacto que las minorías deben ser escuchadas, colaborando con su pensamiento y con su acción en la evolución ascendente del país. Yo me obligo ante mis conciudadanos y ante los partidos a provocar el ejercicio del voto por los medios que me acuerda la Constitución. Porque no basta con garantizar el sufragio: necesitamos crear y promover al sufragante".

"Afirman que el doctor escribe tanto y tanto que da horror, y nosotros pensamos 'Qué zoncera, permítanle que escriba lo que quiera, para eso es presidente, sí señor.'" **Caricatura de Roque Sáenz Peña.**

La ley Sáenz Peña

Los proyectos enviados por el Poder Ejecutivo al Congreso fueron tres. El primero de ellos, presentado dos meses después de haberse iniciado la presidencia, planteaba la necesidad de realizar un nuevo padrón electoral sobre el registro de enrolamiento militar. El segundo, que se presentó al mismo tiempo, se refería al enrolamiento general, que se realizaría por medio de la libreta correspondiente. El control de estos procedimientos lo realizaría la justicia, con lo cual se garantizaba la intervención neutral del Estado, en oposición al control que antes llevaban a cabo las autoridades electorales. El tercer proyecto se refería a la obligatoriedad del voto para todos los varones mayores de dieciocho años, que votarían en secreto, con lista incompleta, es decir los dos tercios al partido mayoritario y el tercio restante al partido que lo siguiera en cantidad de votos.

El ministro de Interior Indalecio Gómez, un salteño amigo de Sáenz Peña, con quien dialogó en Roma acerca de la oportunidad de su candidatura, defendió en el Congreso, durante un debate que duró más de un año, el proyecto presidencial. Hubo fuerte oposición a algunos detalles. Por ejemplo, Julio A. Roca y Ramón J. Cárcano rechazaron el sistema de lista incompleta, defendiendo el sistema uninominal y proporcional, respectivamente. David Zambrano, el diputado salteño, defendió el voto calificado. Una vez aprobado por Diputados hubo nuevas resistencias en la cámara alta. Pedro Echagüe, de Santa Fe, Joaquín V. González, de La Rioja, Benito Villanueva, de la Capital e Ignacio Yrigoyen, de Buenos Aires, fueron los principales críticos del sistema de representación. Finalmente, el 13 de febrero de 1912, Sáenz Peña firmó la ley, que llevó el número 8871. Cuando días más tarde difundió un mensaje destacando el significado de la nueva norma, terminó con estas palabras: "Quiera el pueblo votar".

La oligarquía y la ley electoral

El clamor unánime exigía la sanción de una ley que perfeccionara el sistema electoral, y Roque Sáenz Peña, al llegar al poder en 1910, se dispuso a satisfacer esa exigencia sobre cuya justicia no había ya duda alguna. Poco después se enviaba al congreso el proyecto de ley electoral estableciendo el voto secreto y obligatorio con representación de mayorías y minorías, y, por entonces, decía Sáenz Peña en un documento de vasta trascendencia: "En este momento decisivo y único vamos jugando el presente y el porvenir de las instituciones; hemos llegado a una etapa en que el camino se bifurca con rumbos definitivos. O habremos de declararnos incapaces de perfeccionar el régimen democrático que radica todo entero en el sufragio, o hacemos obra argentina, resolviendo el problema de nuestros días, a despecho de intereses transitorios que hoy significarían la arbitrariedad sin término ni futura solución". Bien sabía Sáenz Peña que los intereses transitorios de la oligarquía se condenaban con la sanción de la ley de voto secreto y obligatorio. Pero su apelación al patriotismo estaba respaldada por una opinión amenazante y la oligarquía, en cambio, había comenzado a perder la fe en sus derechos exclusivos al gobierno de un país que se transformaba y crecía por momentos; de ese modo, nada pudo oponerse a la sanción de la ley que, en 1912, quedó incorporada al acervo institucional del país, como instrumento eficaz para el perfeccionamiento de la democracia.

En cuanto entró en funcionamiento el nuevo instrumento electoral, la oligarquía perdió

Los comicios

El desconcierto de las fuerzas conservadoras comenzó cuando las elecciones de Santa Fe, a fines de marzo, retrasadas por la necesidad de intervenir la provincia al promoverse problemas institucionales —querellas y denuncias—, dieron el triunfo precisamente a una fuerza política que había planteado el abstencionismo y que, por tal motivo, no podía mostrar a los votantes ningún hecho positivo de gobierno. Una semana más tarde, el 7 de abril de 1912, en la Capital Federal se repite la historia: gana el radicalismo.

sus posiciones, y, en 1916, llegaba a la presidencia de la república el candidato radical, Hipólito Irigoyen. Todavía los grupos conservadores mantuvieron algunas posiciones en ciertas provincias, pero su vigor decrecía visiblemente ante el empuje de las nuevas fuerzas que actuaban libremente. En cuanto a las ideas de aquellos grupos, no eran ya sino una sombra del antiguo liberalismo conservador, empobrecido por la estrechez y la limitada ambición de los sectores más reaccionarios; desde esta posición, no fue difícil el tránsito hacia lo que se llamó "nacionalismo", adaptación de la ideología fascista que, después de 1922, comenzó a arraigar en algunos de aquellos sectores. Por su parte, la tradición liberal no se perdió del todo; estaba incluida en ciertos aspectos del difuso programa del radicalismo, y fue encarnada principalmente por algunos hombres que repudiaron el excesivo personalismo que se advirtió en ese sector de la opinión después de llegar al gobierno; pero fue en otros hombres y partidos donde reverdeció y volvió a adquirir calidad de fuerza constructiva, adaptándose a nuevas exigencias y a nuevas realidades. En efecto, fue sobre todo Lisandro de la Torre, continuador de las inspiraciones de Aristóbulo del Valle y fundador del Partido Demócrata Progresista, quien agitó esa bandera con ánimo resuelto y definidos propósitos de progreso material y dignificación ciudadana; y fue, en fin, Alfredo L. Palacios, quien intentó infundir en el seno de la corriente socialista lo que conservaba de vivo y creador la tradición liberal, y que era, al mismo tiempo, compatible con su ideario fundamental.

JOSE LUIS ROMERO
Las ideas políticas en la Argentina

El nuevo instrumento sancionado en 1912 abrió las puertas al arrollador crecimiento electoral de una fuerza hasta entonces abanderada de las posiciones abstencionistas: el radicalismo. **Primer día de enrolamiento, julio de 1911.**

Es que con la nueva ley, Sáenz Peña planteó un nuevo problema político. Según los historiadores Floria y García Belsunce, todos los contendientes debían aceptar las nuevas reglas de juego y procurar el establecimiento de un sistema de partidos organizados, que no dependieran de la vida de un grupo de líderes o de un notable. Pero quizá lo más importante era el desafío planteado a la "derecha" de entonces: la imperiosa necesidad de crear una fuerza orgánica nacional que pudiera competir por el poder con la fuerza más peligrosa de las ubicadas a la "izquierda": el radicalismo militante.

Como es sabido, hacia 1910 los índices de participación de los votantes eran reducidos. En 1912, la cifra ascendió al 70 por ciento, mientras que en la provincia de Buenos Aires, de un 15 se pasó al 66 por ciento.

Probablemente este cambio se debió a las modificaciones sociales producidas en los últimos años. La fuerte irrupción de la nuevas clases medias, constituidas principalmente por artesanos, empleados públicos, maestros, pequeños funcionarios, dio al sufragio un marco de necesidad: este sector social aspiraba sin duda a una posibilidad de integración que la oligarquía conservadora no podía ofrecerle. El socialismo y el anarquismo los asustaban, y en cambio el radicalismo, con su proyecto de convivencia, les infundían motivaciones más rotundas. Con el triunfo radical en Santa Fe y en Buenos Aires, el acceso de radicales y socialistas a ambas cámaras permitió una renovación no solamente de las figuras políticas sino un cambio en los niveles de las propuestas y en el contenido de los debates.

Por otra parte, el carácter secreto del voto hizo que desapareciera la corrupción basada en la compra de libretas y otro tipo de presiones propias de las épocas anteriores, con lo cual los estímulos fueron mucho mayores para los votantes.

El gobierno de Victorino de la Plaza

Problemas de salud no permitieron a Sáenz Peña desempeñar la totalidad de su mandato. Victorino de

El radicalismo supo canalizar las aspiraciones de la nueva clase media, un sector socialmente heterogéneo que reclamaba canales de participación política. **Mesa electoral instalada en la acera, 1912.**

la Plaza lo sustituye varias veces, y el 27 de mayo de 1914, en su discurso de inauguración del Congreso, alerta contra el peligro de aquellos partidos que se han eclipsado de la tarea de "colaborar con sus distintos criterios legales en la tarea de interpretar y ampliar los preceptos de la Constitución reformada". Ya presidente, el 10 de mayo de 1915, De la Plaza advierte contra el peligro radical y socialista y llama a reconstruir los viejos partidos. De la Plaza era, sin duda, un viejo conservador, pero quería mantener al mismo tiempo su neutralidad en política. De todas maneras, el camino para el ascenso de las mayorías populares al poder estaba planteado.

El autor del dibujo, titulado "Cambio de decoración", pone en boca del viejo político conservador la siguiente afirmación: "Ya ven que esto es otra cosa. No queda de mi antecesor más que los crisantemos". **Caricatura de Victorino de la Plaza.**

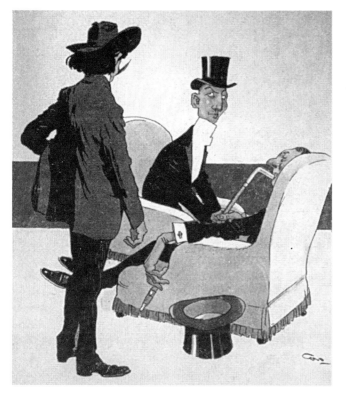

"Somos abonados del Colón y como no hemos podido ir a Europa este año, hemos resuelto dejarnos crecer la melena y hacernos socialistas, que es la última moda."
Portada de Fray Mocho, 2 de agosto de 1912.

La situación internacional

En 1913, el gobierno argentino se había mostrado en desacuerdo con la participación de los Estados Unidos en la guerra civil mexicana. De la Plaza cedió a la presión norteamericana y se embarcó con Brasil y Chile en una misión enmascarada bajo el rótulo de "solidaridad continental". Y reconoció presidente al general Carranza, como querían los norteamericanos.

La actitud del gobierno ante la Primera Guerra Mundial fue de fuerte protección a los intereses argentinos. Al día siguiente de declararse la guerra, el gobierno decretó una semana de feriado bancario. Primero hubo pánico financiero, y llegó a cerrarse la Caja de Conversión. El gobierno se propuso aprovechar el incremento de las exportaciones y el descenso de las importaciones. Algunas de sus medidas económicas fueron acertadas: en agosto mandó un

Lisandro de la Torre, joven. El fundador del Partido Demócrata Progresista, fue uno de los políticos de la época que, ante la crisis de los conservadores, rescataron fragmentos de la vieja tradición liberal.

proyecto al Congreso prohibiendo la exportación de trigo y harina, para que no escaseara en plaza y evitar así la especulación; en 1915 prohibió la exportación de otros artículos —desde metales y productos químicos hasta medicinas—. En su último mensaje, antes de entregar el gobierno, en 1916, De la Plaza remarcó su estricta conducción económica, que dejaba al país con reservas en metálico de casi 317 millones de pesos oro y un circulante que alcanzaba los 1.000 millones de pesos.

A pocos meses de muerto Sáenz Peña, en diciembre de 1914, se produce el primer cambio político como consecuencia de la ley electoral: la integración de ocho partidos provinciales, cuyo líder virtual era Lisandro de la Torre, en el Partido Demócrata Progresista. Este partido, ante la inminencia de las elecciones presidenciales, en 1915, proclamó la fórmula Lisandro de la Torre-Alejandro Carbó. El Partido Socialista proclamó también su fórmula presidencial: Juan B. Justo-Nicolás Repetto. La Unión Cívica Radical, abandonada ya la postura abstencionista, lanza al ruedo al mejor de sus dirigentes: Hipólito Yrigoyen.

El primer gobierno de Yrigoyen

E l 2 de abril de 1916 triunfa en las elecciones presidenciales la fórmula del radicalismo, encabezada por Hipólito Yrigoyen, a quien acompañaba Pelagio Luna como candidato a la vicepresidencia. Las elecciones provinciales de años anteriores habían mostrado importantes avances de este partido, lo que indicaba, a su vez, el debilitamiento de las fuerzas conservadoras. Había llegado un tiempo nuevo, y una multitud entusiasmada llevó en andas al nuevo presidente desde el Congreso hasta la Casa Rosada.

Las señales del cambio

En las elecciones de diputados de 1914, los conservadores habían ganado en la provincia de Buenos Aires por 3.200 votos, perdiendo en cuarenta de los ciento cinco partidos de la provincia. La gente de Marcelino Ugarte había ayudado al triunfo, impidiendo el voto de los menores de veintiún años, en flagrante transgresión de la ley electoral, así como adulterando urnas y poniendo en práctica un sinfín de artimañas para volcar ilegalmente la elección a su favor. Poco después, el radicalismo ganaba en Santa Fe, y dos años más tarde lo hacía en Entre Ríos.

En noviembre de 1915 se había planteado en Córdoba una lucha electoral que enfrentó la fórmula radical Loza-Borda con el binomio liberal Cafferata-Igarzábal, avalado por Lisandro de la Torre, candidato presidencial por el Partido Demócrata Progresista. Instalado en un hotel cordobés, Yrigoyen aportó su presencia a la fervorosa e intensa campaña. Aunque nunca apareció en público ni pronunció ningún dis-

Desde 1912, los resultados de las sucesivas elecciones demostraron de manera incontrastable el crecimiento sostenido de los radicales. Santa Fe, Entre Ríos, Córdoba... hasta los comicios del 2 de abril de 1916.
Integrantes de una mesa electoral sellan una urna, 1914.

curso, su presencia consiguió que en las filas radicales se superaran algunas discrepancias.

Mientras el conservadurismo se desmoronaba, el avance radical era evidente. Las provincias en las que triunfaba el radicalismo aseguraban muchos votos, ya que eran las más populosas. Paralelamente, el prestigio de Hipólito Yrigoyen crecía y éste se transformaba en una figura casi mítica, esquiva a la prensa pero muy prestigiosa por haber conducido su partido durante los veinte años previos.

En 1916 se renovarían las autoridades nacionales y una sombra amenazadora se cernía sobre el poder de los conservadores. El país asistía al nacimiento de un partido orgánico desde la oposición, y por primera vez la organización de ese partido mostraba una estructura democrática: contaba con un Comité nacional, órgano ejecutivo, una Convención nacional, órgano deliberativo al que iban delegados elegidos por el voto de los afiliados, y los comités de distrito, provinciales y de la Capital Federal, de los que dependían los comités o subcomités departamentales o pa-

El caudillo evitaba las apariciones públicas, los discursos, las entrevistas y las fotografías. Sin embargo, su presencia en algunas provincias fue decisiva para lograr el triunfo. **Hipólito Yrigoyen visita Rosario durante su gira por el Interior, 1912.**

Propietario de campos en la provincia de Buenos Aires, Yrigoyen se alejó de la actividad política durante el período hegemonizado por Roca, para dedicarse a los quehaceres agropecuarios. **Hipólito Yrigoyen, por Alonso.**

rroquiales. Los comités locales estaban presididos por sus presidentes, caudillos cuyas relaciones con los afiliados se asemejaban a las de los patricios romanos con su clientela.

Una figura enigmática

El caudillo radical no se parecía a ninguno de los políticos que lideraran anteriormente grupos y partidos. Sobrio, austero, silencioso, casi podríamos decir enigmático, Yrigoyen protagonizó un estilo nuevo en el que se unían el sentido ético de sus actos políticos y una modestia infrecuente.

Lo más importante fue la claridad de su trayectoria

política, cuando históricamente predominaban las alianzas coyunturales o el oportunismo más alevoso. Yrigoyen era sobrino de Leandro Alem −hijo de su hermana−, y la figura fuertemente ética del suicida lo respaldaba. Su actuación en los acontecimientos del '90 había sido relevante, así como su responsabilidad de organizador en los sucesos de 1893, en los que se negó a aceptar la gobernación de la provincia de Buenos Aires. Su duelo en el '98 con Lisandro de la Torre ilustró su oposición a la política de "las paralelas". Una vez más mostró su fortaleza en 1905, y al llegar Sáenz Peña a la presidencia, Yrigoyen lideraba la oposición.

Quienes se sintieron más atraídos por esta imagen de pureza política fueron los jóvenes, convencidos de que detrás del misterio que rodeaba al político −quien no solamente no concedía entrevistas ni se dejaba fotografiar, sino que casi no aparecía en público− se ocultaba la fuerte voluntad de alguien que tenía objetivos muy claros.

En las elecciones de 1915, la fórmula radical venció a los candidatos avalados por Lisandro de la Torre por 36.000 votos contra 32.700.
Lisandro de la Torre.

Y no se equivocaban. Las ideas de Yrigoyen partían de una estricta concepción ética, que lo llevó, ya en el gobierno, a calificar de "contubernio" a cualquier alianza que se hiciera para oponérsele. Su principal objetivo era la reparación, devolver su integridad a la nación bastardeada. "Cada vez es más imperioso hacer del ejercicio cívico una religión política, un fuero inmune, al abrigo de toda contaminación, hasta dejar bien cimentadas las prerrogativas inalienables e imprescriptibles de la nacionalidad", decía. Y añadiría, en su mensaje al Congreso del 15 de octubre de 1921: "Es indispensable fijar como condición irreductible que la moral política es la base de todos los progresos y de todas sus formas eficientes".

Pronto comenzaron los ataques, precisamente a partir de este silencio tan característico del caudillo radical. El día de la asunción de la presidencia, dos diarios tan opuestos como *La Nación* y *La Vanguardia* coincidían en afirmaciones como las que siguen: "En los seis meses transcurridos entre la elección hasta hoy, el señor Yrigoyen no ha hecho ninguna declaración sobre las ideas que desarrollará en su presidencia; por otra parte, la naturaleza de su actuación política no proporciona ningún antecedente para esti-

Un presidente votado por el pueblo

Las dos de la tarde. El presidente electo va a jurar ante el Congreso. Luego recorrerá, hasta la Casa de Gobierno, la avenida de Mayo, larga de un kilómetro y medio.

Desde por la mañana ha ido reuniéndose la gente en la avenida. Los hoteles y otros establecimientos han alquilado, a precio de oro, lugares en los balcones. Jamás se ha visto tanta gente en las calles, ni cuando el jubileo de Mitre, ni cuando el entierro de Sáenz Peña. A las dos, los agentes de policía tienden cuerdas a lo largo de las aceras, para mantener libres las calzadas. En algunos tramos, las tropas del ejército en formación deberán contener a la multitud. A pesar de que a esa hora ya no cabe una persona más en la avenida, siguen llegando olas humanas. Las dos vastas plazas, la del Congreso y la de Mayo, están literalmente abarrotadas de gente. Imposible dar un paso ni moverse. Los canteros de las plazas han desaparecido bajo los pies de la multitud. En cada árbol, en cada columna del alumbrado, se aglomeran los hombres en apretados racimos. (...)

En el Congreso, ante las dos cámaras reunidas, Hipólito Yrigoyen va a jurar. Viste el indumento protocolar: frac y galera alta. Mucha gente ha creído que iría, agresivamente, con el democrático terno de saco de todos los días. Yrigoyen jura. Toda la asistencia aplaude, incluso sus enemigos. Seduce extrañamente aquel hombre sencillo, de exterior simpático, noble y bondadoso, que carece de empaque y solemnidad, que tiene un modesto origen y que, él solo entre los presidentes argentinos, ha sido elegido por el verdadero pueblo.

Pero ya Hipólito Yrigoyen, presidente de la República, ha comenzado a descender por la teatral escalinata del palacio del Congreso. Espectáculo sensacional. Las cien mil personas que llenan la doble plaza del Congreso, las azoteas, los balcones, prorrumpen en una enorme algarabía de vítores y de aplausos. (...) ¡Nunca se ha visto un entusiasmo igual en Buenos Aires! La multitud parece enloquecida; y cuando el Presidente llega a la acera y sube a la carroza de gala, arrolla al cordón de agentes de policía que la ha contenido y rodea al carruaje. Yrigoyen, en pie dentro del coche, con el vicepresidente y los dos más altos jefes del Ejército y la Armada, saluda con la cabeza y con el brazo. Pero hay que partir, y la policía se dispone a abrir calle. Yrigoyen hace un gesto con la mano y da orden de que dejen libre a la multitud. El coche está rodeado por el gentío clamoroso. De pronto, un grupo de entusiastas desengancha los caballos y comienza a arrastrarlo. En las cejas de Yrigoyen se marca una contracción de desagrado. Quiere bajar de la carroza, pero la multitud no lo consiente. (...)

La escolta presidencial –un escuadrón del Regimiento de Granaderos a Caballo– rota por la multitud en cien partes, ha quedado dispersa: un soldado va por aquí, en medio del gentío a pie, y otro por allí. La forma-

mar su capacidad de gobernante. Estamos en presencia de un enigma que no tardará en esclarecerse. Pero por el momento, es indescifrable". (*La Nación*, 12 de octubre de 1916). Y el órgano socialista sostenía: "No conocemos todavía la personalidad moral y política del nuevo mandatario, así como sus orientaciones gubernativas, pues hasta el momento mismo de su ascensión al mando ha creído prudente guardar el silencio característico de toda su vida. El señor Yrigoyen tendría así mayor discreción que Washington y Sarmiento, quienes no escatimaron nunca sus ideas y su palabra a los pueblos que los eligieron para regir sus destinos. El silencio podrá ser a veces una virtud, pero cuando se lo emplea por sistema, acaso sea revela-

---

ción de las tropas en las calzadas, junto a las aceras, también ha sido rota en infinidad de lugares por la multitud, que se derrama en la calle. Ahora, después del gran grupo de pueblo, vienen varios automóviles con ocho o diez personas cada uno, todas las cuales agitan banderitas en lo alto. Y por fin, la carroza presidencial. Llueven flores desde los balcones. La calle entera se estremece de aplausos, de vítores. Hombres del bajo pueblo gritan de entusiasmo. Jóvenes, viejos, mujeres, todos saludan, con amor o con respeto, al Apóstol de las libertades. Muchos hombres lloran. Hipólito Yrigoyen va a pie en medio de la carroza, descubierto, contestando al pueblo que lo aclama. No demuestra emoción alguna en su rostro impasible. Es el mismo hombre que no se quejó en el Ushuaia, ni se alegró al saber que acababan de elegirle presidente de la República. Los que han querido reemplazar a los caballos siguen tirando cansadamente. Al acercarse a la Casa de Gobierno, uno de ellos se desmaya. A Yrigoyen le amarga su satisfacción la actitud servil de estos hombres; y más tarde amonestará a los jefes y oficiales que lo acompañaban, por no haberlo impedido.

Puede decirse que en ese momento de la llegada a la plaza de Mayo, el espectáculo es, acaso, único en el mundo. Un embajador dirá, al otro día, que los varios espectáculos análogos a que ha asistido –entre ellos la ascensión de un presidente en Francia y la coronación de un rey de Inglaterra– no son comparables a esta escena de un mandatario "que se entrega en brazos del pueblo, y es conducido, entre los vaivenes de la muchedumbre electrizada, al alto sitial de la primera magistratura de su patria", ni a ese momento "de la plaza inmensa, del océano humano, enloquecido de alegría", en que el presidente se entrega "a las expansiones de su pueblo, sin guardia, sin ejército, sin polizontes...".

MANUEL GALVEZ
Vida de Hipólito Yrigoyen

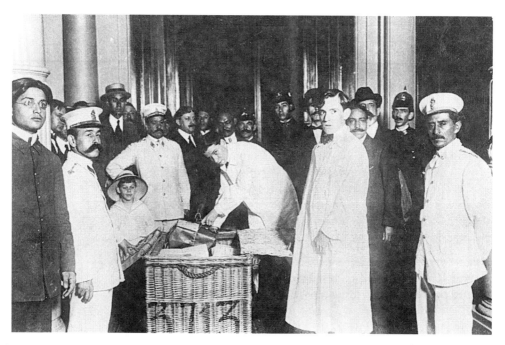

El amplio triunfo logrado por los radicales en las urnas casi se malogra en el Colegio Electoral, debido a las maniobras del oficialismo.
Escrutinio de 1916, llegada de las urnas al Congreso.

dor de segundas intenciones o de reconocida incapacidad". Con mayor o menor dureza, ambas apreciaciones reflejaban el temor de los sectores que, fuera del radicalismo, no sabían qué les aguardaba una vez instalado éste en el gobierno.

Las actitudes de Yrigoyen no dejaban de sorprender, incluso a sus correligionarios. El 20 de marzo de 1916, apenas dos semanas antes de las elecciones, la Convención Nacional del radicalismo, presidida por quien después sería ministro del Interior, el doctor Ramón Gómez, eligió la fórmula Yrigoyen-Luna. Una comisión notificó al caudillo y éste, ante el desconcierto de todos, manifestó que no aceptaba, y entregó un documento de una página en el que, con su peculiar estilo, decía, entre otras cosas: "Tengo la convicción de que haría un gobierno ejemplar, pero el gobierno no es nada más que una realidad tangible, mientras que un apostolado es un pensamiento único, una espiritualidad que perdura a través de los tiempos, cerrando un ciclo histórico de proyecciones infinitas". Finalmente, el fervor y a la vez el desánimo de sus correligionarios convencieron al caudillo, y se inició una campaña intensa, que culminó el 30 de marzo con un acto multitudinario en la Plaza de los dos Congresos.

Las cifras de la victoria

El triunfo del 2 de abril de 1916 fue amplio, aunque hubo algunas dificultades en el Colegio Electoral. El radicalismo ganó por 370.000 contra 340.000 votos de los partidos de la oposición, pero esta mayoría no se traducía en el Colegio Electoral. Allí el radicalismo necesitaba 151 electores, y contaba solamente con 143. La actitud de Yrigoyen fue, una vez más, de prescindencia: no solamente se negó a entrar en negociaciones, sino que, recluido en su estancia, instruyó a su personal para que no dejara pasar a ningún visitante. Los radicales de Santa Fe fueron quienes definieron la elección: separados un año antes de la conducción nacional, fueron tentados con toda clase de promesas por el gobernador de la provincia de Buenos Aires, Marcelino Ugarte, pero finalmente optaron por respaldar al candidato de su partido, que

El discurso radical era deliberadamente genérico y abstracto, tratando de abarcar los disímiles intereses de hacendados y peones, de grandes propietarios y obreros humildes.
El presidente Hipólito Yrigoyen, óleo de Alfredo Dalerole.

obtuvo así 152 electores, uno más de los que eran necesarios para llegar a la presidencia.

Este es un episodio que muestra los nuevos tiempos políticos que se habían ya inaugurado con la Ley Electoral de 1912: el caudillo que no quiere negociar y la disidencia que no acepta las tentadoras ofertas que le ofrecen sus opositores. Una tradición se inauguraba en política, aunque no fueran una constante la firmeza y el principismo de Yrigoyen.

No fue solamente esta actitud de sana política lo que marcó los nuevos tiempos. Hubo otras, como por ejemplo el que el presidente Victorino de la Plaza, que entregó el mando a Yrigoyen, nunca lo hubiera visto antes de esta ceremonia. Lo cierto es que, entre el país que se lanzaba a la calle en las huelgas generales convocadas por los anarquistas, o las reivindicaciones, impensables para la época, de los socialistas, el radicalismo ofrecía un espacio de transición, un moderado proyecto en el que su máxima aspiración era, probablemente, la participación política de la clase media.

Estancieros tradicionales, hombres vinculados a la banca y al comercio y dirigentes provinciales conformaron el primer gabinete del nuevo presidente.
Elpidio González.

Un gobierno popular

Finalmente, el 12 de octubre, y violentando la natural sobriedad del nuevo presidente, el pueblo triunfante lo llevó en andas desde el Congreso hasta la Casa Rosada. Lo esperaba un país sacudido por alteraciones sociales y una inseguridad agravada por la guerra mundial. La paz y la confianza de 1910 se habían debilitado en 1914.

El gabinete de Yrigoyen mostró el espectro social que apoyaba al nuevo gobierno: algunos miembros de la sociedad tradicional (Honorio Pueyrredón, Federico Alvarez de Toledo, Pablo Torello y Carlos Becú, en Agricultura, Marina, Obras Públicas y Relaciones Exteriores); un hombre vinculado con los intereses bancarios y comerciales (Domingo Salaberry, ministro de Hacienda) y varios dirigentes del radicalismo provincial (Elpidio González, de Córdoba, Ramón Gómez, de Santiago del Estero, y José Salinas, de Jujuy, respectivamente ministros de Guerra, Interior y Justicia e Instrucción Pública). El diario *La*

Alfredo Palacios arenga al auditorio: "¡Tenemos que resolver grandes problemas, amigos míos! ¡Ved esa formidable crisis del carbón, que afecta a tan poderosas industrias y a tantos miles de hombres!" **Caricatura de Caras y Caretas,** *marzo de 1912.*

Nación, que representaba sin duda los intereses de los conservadores, dijo en su momento: "Apresurémonos a decirlo: la impresión pública es mala. (...) De modo que el nuevo gabinete, si no ha producido propiamente sorpresa, ha causado notoriamente decepción".

Pero la debilidad inicial del gobierno iba más allá de las advertencias generadas por la oposición a través de la prensa, o de la distinta calidad de sus ministros, que no representaban los viejos intereses: once de los gobiernos provinciales estaban en manos de miembros de otros partidos, mientras que de las 115 bancas de diputados, 70 estaban en poder de los partidos opositores.

Las intervenciones federales fueron un arma política que Yrigoyen usó, no solamente para instaurar las nuevas autonomías provinciales y devolver a los pueblos sus derechos esenciales —frente a las aspiraciones de legítima representatividad, los gobiernos provinciales, en su mayoría inciviles y viciosos, como los califica Gabriel del Mazo, representaban a los viejos tutores políticos–, sino también para procurarse una mayor base de sustentación.

Un país que no es el mismo

El caudillo llegó a la presidencia a los sesenta y cuatro años. Sin pronunciar nunca un discurso, conocido por un reducido número de sus partidarios, lee el mensaje ante las Cámaras, con su maciza figura criolla ataviada de chaqué y galera alta. A partir de ese instante sentirá las presiones de las fuerzas que lo han apoyado: "Los católicos, los liberales, librecambistas, proteccionistas, los provincianos, los porteños, los del litoral, del interior, los hacendados, agricultores, peones, jornaleros, militares, marinos y trabajadores, los ricos, los empleados, todos fortifican

Yrigoyen y el imperialismo en América

Había fallecido en Montevideo el ministro de México ante la república Argentina y la república del Uruguay, el ilustre poeta Amado Nervo, y volvía el acorazado de nuestra armada "Nueve de Julio" de custodiar sus restos. Fue en enero de 1919. La pequeña república de Santo Domingo estaba ocupada por fuerzas militares de los Estados Unidos. El comandante de la nave consultó al ministerio de Marina sobre las alternativas posibles: si tocaba o no Santo Domingo y si en caso afirmativo saludaba la bandera norteamericana al entrar al puerto. La contestación fue inmediata y dictada por el presidente Yrigoyen. Decía: "Id y saludad al pabellón Dominicano". Dentro del tajante laconismo del despacho estaba el carácter de una nueva era argentina. Por una parte, no eludir sino afrontar las contingencias reales de los principios proclamados: ir; por otra, afirmar de nuevo ante el mundo, con todas las responsabilidades, que la soberanía de las naciones, aun de las más débiles, es de carácter "inmanente" y que su condición es "inmutable" cualesquiera sean los hechos que pretendieran abatirlas: saludar su pabellón.

El barco argentino, al entrar al puerto izó al tope la bandera del

nuestras filas y todos nos dan la certidumbre del triunfo", sintetiza Ohyanarte. Yrigoyen gobernará para una clase media de origen inmigratorio extendida desde las ciudades hasta la campaña y ocupada en el comercio y las pequeñas propiedades agrícolo-ganaderas, y para los obreros de las grandes ciudades, todos ellos vinculados a las posibilidades de crecimiento del mercado interno.

Este era el nuevo país, y el radicalismo había llegado al poder sin pronunciarse por algo más que "el vago y el indefinido anhelo de reparación institucional". Como un hecho demostrativo de su futura conducta, Yrigoyen donó sus sueldos de presidente días antes de las elecciones. Durante seis años, la Sociedad de Beneficencia recibiría todos los meses 10.400 pesos.

La verdadera oposición residía en el Congreso, y desde allí frenaría al yrigoyenismo. La Cámara de Diputados tiene 45 radicales, 55 conservadores que, junto a socialistas y demócrata progresistas, hacen 70 opositores. La de Senadores mantiene una mayoría conservadora que, de 25 representantes, bajará a 12

país hollado, saludándola con una salva. Se corrió la voz en la ciudad. Gentes fervorosas compusieron con trozos de tela una bandera dominicana que izaron en el torreón de la fortaleza, y veintiún cañonazos de la nave argentina tributaron el saludo de la independencia al pabellón nacional de Santo Domingo y no a la bandera norteamericana, es decir la del país extranjero que flameaba en la casa de gobierno. La multitud se lanzó a las calles y una gran manifestación se dirigió hacia la casa municipal, en medio de la perplejidad de las autoridades norteamericanas de ocupación, que no se atrevieron, por sí o tal vez con consulta, a impedir el pronunciamiento. Uno de los oradores dijo: "Loor al presidente argentino Yrigoyen que nos ha hecho vivir siquiera dos horas de libertad dominicana".

El ministerio de relaciones exteriores de los Estados Unidos pareció temer la denuncia al mundo de las situaciones recíprocas, y no pronunció una sola palabra. Dos años después llegaron dos emisarios delegados del partido nacional dominicano a testimoniar al presidente Yrigoyen el reconocimiento del pueblo de su patria por su extraordinario gesto.

GABRIEL DEL MAZO
La primera
presidencia de
Yrigoyen

El presidente Yrigoyen, el vicepresidente Luna y otras autoridades se dirigen a la Catedral para participar del Tedeum conmemorativo del 25 de Mayo de 1917.

en 1922, mientras el radicalismo se inicia con 4 senadores. El Poder Judicial pertenecía en su totalidad a los conservadores. Y las provincias, con escasas excepciones, seguían controladas por las fuerzas tradicionales, que habían variado sus métodos adecuándolos a los nuevos tiempos que corrían. Organizaban escrutinios sin fiscales opositores, secuestrados con anterioridad o apresados por la policía; robaban las urnas, usaban el voto cantado y a la vista o el voto en cadena, que reemplazaba el sobre del votante por otro; era común la ausencia de cuarto oscuro, la presencia de la policía para dirigir la elección de boletas y, como siempre, el voto de los muertos. Tan sólo la Capital Federal disponía de las ventajas de la ley Sáenz Peña.

En tanto, Yrigoyen aceptaba en silencio las ofensas difundidas por la prensa oligárquica. Lo llamarán "el terror de los zaguanes de Balvanera", el "dios pardo", "el mazorquero de arrabal". Ya el diario *La Prensa* había hecho oír su amenazadora advertencia: "Somos, queremos ser, una sociedad orgánica, tradicional y definitivamente conservadora de sus conquistas institucionales, económicas y sociales. He ahí la sociedad entonces que gobernará el Partido radical desde el 12 de octubre. He ahí el gran programa conservador que le impone la república, bajo el apercibimiento solemne de que de no observarlo, fracasará, y será batido y desalojado del poder".

Un hecho que prueba la hostilidad de los sectores opositores es la acusación de malversación de la que es víctima el ministro Salaberry, a quien Yrigoyen le impide defenderse ante la comisión investigadora. Al terminar el período presidencial, y luego de que el hostigamiento padecido llevara a Salaberry al suicidio, se comprueba que la "campaña moralizadora" había sido usada para difamar al radicalismo.

Hamlet-Hipólito: "Hay algo que no huele bien en Dinamarca". Salinas: "¿En Catamarca, señor?". Hamlet-Hipólito: "En Catamarca y en todo el país". **Caricatura de Caras y Caretas: "Un plagio de Shakespeare".**

Las intervenciones federales

Las intervenciones a las provincias fueron precedidas de una declaración donde Yrigoyen fundamentó su política intervencionista con el gobierno de Buenos Aires: "Las autonomías provinciales son de los pueblos y para los pueblos y no para los gobiernos... Debemos partir de las bases del derecho común. Suponer que pudiera cumplirse el veredicto nacional fragmentariamente, importaría no sólo descalificar a

La "reparación"

La primera consigna de la Unión Cívica Radical al llegar al poder fue el cumplimiento de lo que Yrigoyen había llamado la "reparación", esto es, la corrección de los vicios políticos y administrativos propios del régimen conservador. "Hemos venido a las representaciones públicas –decía el presidente en su mensaje de 1922– acatando los mandatos de la opinión y estimulados por el deber de reparar, dentro de nuestras facultades y en la medida de la acción del tiempo, todas las injusticias morales y políticas, sociales y positivas, que agraviaron al país durante tanto tiempo. Por esto no habremos de declinar, en ningún caso ni circunstancia, de tan sagrados fundamentos, porque ellos constituyen la salud moral y física de la Patria." Lleno de unción, movido por un sentimiento mesiánico, Yrigoyen –como lo había señalado muchos años antes Juan B. Justo– creía que bastaba la llegada del radicalismo al poder para que se cumplieran sus aspiraciones regeneradoras. Pero la acción concreta del partido no estaba movida por ningún sistema claro y orgánico de ideas, y sus enemigos políticos –especialmente Lisandro de la Torre, candidato opositor– señalaron que el radicalismo carecía de programa, esto es, de una enunciación categórica de las soluciones que se proponía dar a los diferentes problemas nacionales. Yrigoyen había respondido ya antes a esta objeción, señalando que la significación de la Unión Cívica Radical –a la que consideraba expresión de la nación misma– implicaba ya de por sí un programa. "Extraviados viven los que piden programa de gobierno a la causa reivindicadora. Como exigencia legal y como sanción de justicia me hace el efecto del mandatario pidiendo rendición de cuentas al mandante o del reo interrogando y juzgando al juez. Sería lo mismo que pretender el ejercicio de instituciones que no se han fundado o la aplicación de una constitución que no se ha hecho." Esta concepción podía ser tachada de antidemocrática, y así lo hizo de la Torre en el curso de la campaña presidencial de

la reparación sino que justificaría el pasado". Inmediatamente el Congreso trató de oponerse. En abril de 1917 se intervino Mendoza, y en abril del año siguiente La Rioja, Catamarca y Salta. Sucesivamente, en 1919 se intervinieron San Luis, Santiago del Estero y San Juan. Un año después, Tucumán.

Si las intervenciones organizaron nuevas elecciones sobre bases democráticas, no por eso se impidió a los grupos tradicionales ingresar en el radicalismo triunfante. Por esa razón surgieron algunos enfrentamientos que dividieron a los radicales y crearon fracciones como los oficialistas, en Jujuy; azules, en Cór-

1916. Pero acaso fuera más justo ver en ella un rasgo de cierta tendencia antiliberal que se insinuaba en la indecisa actitud del radicalismo.

En efecto, Yrigoyen recogía y llevaba al gobierno la antigua hostilidad del radicalismo contra la oligarquía; pero esa hostilidad se manifestó no sólo como repudio al régimen "falaz y descreído", sino también como repugnancia frente a la tradición liberal y, en cierto modo, como adhesión a algunas tendencias que habían prevalecido durante la época de Rosas. Frente a la ofensiva que había desencadenado el imperialismo extranjero en el país, Yrigoyen afirmó los principios del nacionalismo económico y la necesidad urgente de defender el patrimonio nacional. "Mientras dure su período –decía Yrigoyen en 1920– el Poder Ejecutivo no enajenará un adarme de las riquezas públicas ni cederá un ápice del dominio absoluto del Estado sobre ellas." Este pensamiento lo llevó a procurar un régimen de seguridad para la explotación de los yacimientos petrolíferos, régimen por el cual debía conferírsele al Estado "el mo-

nopolio de su explotación y comercialización." Esta actitud no era circunstancial y guiada tan sólo por cierta prevención contra la política económica de los Estados Unidos, prevención que, efectivamente, tenían Yrigoyen y muchos hombres prominentes del radicalismo; estaba movida, además, por una arraigada convicción acerca de la necesidad de acrecentar la ingerencia del Estado en la vida económica, convicción que expuso Yrigoyen categóricamente en un mensaje enviado al congreso en 1920. "El Estado –decía en ese documento– debe adquirir una posición cada día más preponderante a la realización de los servicios públicos, y si en alguna parte esas actividades deben sustituirse en lo posible a las aplicaciones del capital privado, es en los países de desarrollo constante y progresivo, como el nuestro, donde el servicio público ha de considerarse principalmente como instrumento de gobierno."

JOSE LUIS ROMERO
Las ideas políticas en la Argentina

doba; disidentes, en Santa Fe; blancos, en Santiago del Estero, y locales, en Mendoza. El yrigoyenismo encontró resistencias no sólo en la Capital. El cambio aportado por Yrigoyen fue sentido en todos los aspectos de la vida nacional. Carlos Ibarguren, el mismo que llama al fundador de la Liga Patriótica, Manuel Carlés, "bravo y romántico", elige para para Yrigoyen calificativos menos halagüeños: lo llama "alucinado misterioso", "maestro en el arte de engatusar", ególatra con "perturbación en su mente".

La política de gobierno

Para fomentar el desarrollo de la explotación petrolera, el Poder Ejecutivo creó la Dirección General de Yacimientos Petrolíferos Fiscales.
El petróleo avanza hacia tanques cercanos, 1918.

Como se ha dicho ya, la base de la política yrigoyenista consistió en apoyar el desarrollo de la clase media, en relación con los mercados interno y externo. En consecuencia, los sectores que resistieron al gobierno fueron, principalmente, aquellos vinculados a los intereses de los monopolios extranjeros.

En 1921 Yrigoyen declara nulos los aumentos de las tarifas efectuados por las empresas ferroviarias y se planean nuevos ramales. El de Huayquitrina-Antofagasta, por ejemplo, que buscaba una salida de la economía norteña hacia el Pacífico. Un año antes, en circunstancias en que el Congreso había aprobado la formación de sociedades mixtas a las cuales el Estado debía entregar sus ferrocarriles, el presidente había vetado la ley considerando que su política era la de mantener "en poder del Estado la explotación de fuentes naturales de riqueza, cuyos productos son elementos vitales del desarrollo del país". Ante el descenso de las importaciones a causa de la guerra, Yrigoyen se atrevió a impulsar la explotación fiscal del petróleo. Las trabas planteadas por los legisladores hicieron que, en 1917, la explotación de Comodoro Rivadavia no tuviera otro recurso para su funcionamiento que los propios ingresos. Yrigoyen resuelve que la intensificación de la explotación debe obtenerse por medio de los capitales disponibles. El 23 de diciembre de 1919 plantea su defensa del petróleo.

Para mantener la neutralidad, el gobierno debió enfrentarse a la tenaz oposición ejercida por las clases altas y las colectividades oriundas de los países en conflicto. **Caricatura de La Nota referida a la neutralidad argentina en la guerra.**

La neutralidad del gobierno radical

Victorino de la Plaza había sido neutral. Yrigoyen continuó siéndolo. Esta posición favorecía a los ingleses, ya que los aliados tenían en el país la clave del abastecimiento de carnes. Si bien el ingreso de la Argentina a la guerra no tenía importancia militar, su neutralidad aseguraba a los ingleses la regularidad de los embarques.

En 1917 se producen dos nuevos acontecimientos en el panorama de la guerra: Alemania incrementa la utilización de submarinos y los Estados Unidos se unen al frente aliado. A partir de entonces, este último país decide impulsar a la Argentina a la contienda. La neutralidad argentina no ponía a salvo al país de los ataques alemanes. La oligarquía estaba de acuerdo con los aliados: primero había sido neutral, luego se declaraba a favor de la ruptura con Alemania.

En cierto momento Alemania manifiesta que "se

impedirá sin dilación y con todas las armas disponibles el tráfico en las zonas de bloqueo", e inicia la guerra submarina; el gobierno de Yrigoyen lamenta que "el gobierno alemán se crea en el caso de emplear irrestrictivamente su arma submarina" y le hace saber que acordaría su conducta según los principios del derecho internacional.

Un escritor como Alberto Gerchunoff, representando a la mayoría, dice: "Si nuestro gobierno no nos coloca del lado de la civilización... habrá llegado el momento de hacer algo en el país que pruebe que somos dignos no de la misericordia actual, sino de la amistad y el respeto de las naciones empeñadas grandiosamente contra la barbarie de Prusia". Pocas publicaciones se enfrentaron a quienes pedían intervenir en la guerra. Entre ellas, *La Unión,* pro germana, dirigida por Belisario Roldán, y donde colaboraban Nicolás Coronado y Manuel Gálvez, y además, el diario yrigoyenista *La Epoca.*

Mientras tanto, el embajador argentino en Washington abandonaba su cargo por desacuerdo con la

La opinión de un nacionalista

El espectáculo que presentaba la Casa de Gobierno, a la que yo no iba desde hacía varios años, y que observé al pasar por salas y pasillo, era pintoresco y bullicioso. Como en un hormiguero la gente, en su mayoría mal trajeada, entraba y salía hablando y gesticulando con fuerza; diríase que esa algarabía era más propia de comité en vísperas electorales que de la sede del gobierno. (...)

Yrigoyen me esperaba de pie, me saludó con afabilidad excesiva, tomó mi sombrero y bastón, los depositó sobre el escritorio y me hizo sentar a su lado. Le expliqué el objeto de mi visita en carácter de miembro de la Comisión del Monumento al general Arenales. Mientras le hablaba se oían fuertes martillazos de obreros, que trabajaban en un cuarto vecino. El presidente me interrumpe y con voz suave, insistente, me dice: "perdone, señor, este ruido que quizás le incomode, discúlpeme, si está molesto vamos a otra sala". "No, señor presidente —le manifesté—, no siento ninguna molestia". Terminé la explicación a mi pedido, a fin de que el poder Ejecutivo adoptara las medidas pertinentes para inaugurar el monumento, y el señor Yrigoyen tomó la palabra y cambiando el tono afable por el solemne me expuso el sentimiento patriótico que inspiraba a su go-

política neutralista. En el país, senadores socialistas, conservadores y radicales votan por la ruptura de relaciones con Alemania. Entre los diputados, el núcleo alvearista los apoya, y Rogelio Araya, presidente del Comité Nacional de la UCR, vota por el ingreso directo en la guerra. Se reúnen grandes manifestaciones para pedir la ruptura, con la presencia de políticos e intelectuales como Ricardo Rojas, Leopoldo Lugones, Enrique Larreta, Alfredo Palacios, Alvaro Melián Lafinur. El director de *La Fronda,* Francisco Uriburu, sobrino del general, exacerbado desde su posición rupturista, ya había difundido el sobrenombre de "Peludo" para Yrigoyen. Su casa se transformaría en "la cueva del Peludo". Sus partidarios serán los "mulatos del Klan Radical".

En abril y junio de 1917, Alemania hundía dos barcos argentinos: *Monte Protegido* y *Toro.* El gobierno argentino exigió ser desagraviado y que se reparara el daño material. Posteriormente, el ministro inglés en la Argentina declaró a *La Nación* que su país establecería preferencias para quienes, con la ruptura, de-

bierno, la conveniencia de mantener siempre el amor a lo argentino y la glorificación, dijo, "en las simbolizaciones del bronce" a los que lucharon heroicamente para darnos la patria. Y agregó, con un gesto en que me indicaba me sentase a escribir en el escritorio: "Doctor, usted que está habituado a redactar decretos, hágalo aquí mismo, en la forma que le parezca más completa y honrosa para la memoria de Arenales". Decliné esa invitación tan extraordinariamente amable diciéndole que el más elocuente y patriótico decreto de honores a la memoria del vencedor de Pasco y La Florida sería el inspirado por su gobierno. Finalizó la entrevista; el presidente me acompañó hasta la puerta del despacho y me dio un efusivo apretón de manos.

(...) La impresión que dejó en mi espíritu esta breve audiencia con Hipólito Yrigoyen fue simpática; había indudablemente en el trato de este personaje una atracción singular; demostraba un deseo tan vivo de agradar, de seducir, que su afabilidad rayaba en lo melifluo. Su físico, nada vulgar, revelaba una personalidad original: alto, flexible, de ademanes reposados, de rostro moreno, diríase de Oriente, pues su fisonomía daba esa impresión, sobre todo cuando adoptaba actitudes serias o solemnes, que le imprimían un aspecto enigmático de Buda.

CARLOS IBARGUREN
La historia que he vivido

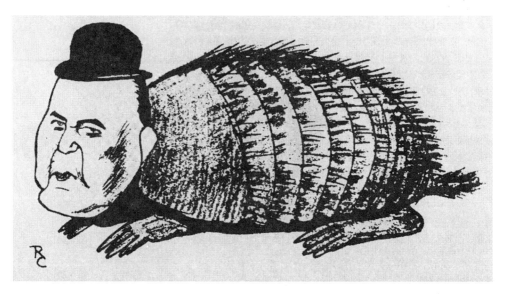

Las presiones hacia la participación del país en la guerra iban en aumento, así como la virulencia de los ataque periodísticos contra el Presidente.
Caricatura de Yrigoyen relativa a su apodo: "El Peludo", por R. Columba.

mostraran su amistad al Reino, y además criticó veladamente la orientación política yrigoyenista. Al mismo tiempo, los Estados Unidos descubren telegramas en clave enviados por el embajador alemán en Buenos Aires, informando sobre rutas de barcos y sugiriendo su hundimiento.

En ambos casos Yrigoyen pidió explicaciones. El inglés se rectificó de los comentarios aparecidos, y el gobierno alemán comunicó su desaprobación hacia las actividades del embajador.

Esta postura neutral del gobierno continuó, una vez terminada la guerra, en la Liga de las Naciones. En 1920, la delegación argentina llevó precisas instrucciones acerca de que no se hicieran distingos entre neutrales y beligerantes, consagrándose el principio de la igualdad de los Estados. Otra vez el principismo de Yrigoyen condicionó la permanencia de la delegación argentina a la aceptación de estos postulados. Los delegados eran Pueyrredón, Alvear y Pérez, este último embajador en Austria. La delegación, consciente de las consecuencias que esta postura les acarrearía, permaneció un año sin atreverse a presentar la posición argentina. Alvear, entonces embajador en París, se opuso, y fue Honorio Pueyrredón, como canciller, quien sostuvo la postura presidencial.

Las elecciones nacionales de 1922

Los intentos de Yrigoyen de sostener una postura política original en el escenario nacional provocaron la resistencia no sólo de los dirigentes de la oposición sino también de aquellos radicales que disentían con su conducción personalista. En 1918, Rodolfo Rivarola se lanzó a justificar la necesidad de un "tercer partido" en la política nacional, que reuniera a los que no eran radicales ni socialistas. Mientras tanto, el comité capitalino de la UCR designa una comisión compuesta por Carlos A. Becú, Santiago C. Roca, José P. Tamborini y Enrique Barbieri, que elabora un documento titulado "Programa y acción del partido Radical". En él se acusa a Yrigoyen de la derrota de los radicales capitalinos en manos del socialismo en ese mismo año y se revela la crisis interna del partido oficial. El documento se manifiesta "antipersonalista", reclama

Durante la primera parte de su mandato, Yrigoyen debió enfrentar protestas obreras generalizadas, algunas de ellas de singular dureza.
El presidente Yrigoyen entrevistando a un peón, agosto de 1922.

"la separación entre el partido militante y el gobierno", exige que la UCR se defina frente a los problemas políticos, económicos y sociales, indica "la necesidad de un programa", y recuerda que el electorado espera del radicalismo que asegure "una buena administración pública".

Ya cercanas las elecciones presidenciales, sectores conservadores e independientes tratan de organizar la Concentración Nacional de Fuerzas Opositoras, cuyo candidato sería Norberto Piñero. Los demócratas progresistas no aceptan integrarlo, y difunden documentos que denuncian el origen autonomista y la militancia juarista del joven Yrigoyen, ahora creador de un "binomio rompecabezas —Régimen y causa—", mientras que el nombrado Rivarola compara al presidente con el "Unico, Juárez Celman". Los esfuerzos para una coincidencia opositora contra el radicalismo

Las razones de la oposición

Los ataques de la "prensa seria" o de los líderes de la Cámara contra la política de Yrigoyen y sus partidarios encuentran un eco cierto en las filas de un ejército descontento con la política social y militar del gobierno. El ejército se siente interpretado y aun comprendido por los órganos de prensa de la élite establecida. De ahí a compartir por completo los puntos de vista del grupo dominante sobre los radicales en el poder no hay más que un paso que algunos oficiales no vacilan en dar. De todas maneras, los grandes temas de la propaganda antigubernamental no pueden dejar de ser bien recibidos por el ejército, aun y sobre todo cuando ésta se vuelve violenta, despiadada, y cuestiona, no tal o cual medida del gobierno, sino la legitimidad misma del poder.

Porque los conservadores no se conforman con asumir los diversos descontentos, como conviene a una oposición "respetuosa"; intentan desacreditar a los *novi homines* del radicalismo o discriminar, dentro de la UCR y sobre una base clasista, a los aliados potenciales de los *outsiders* peligrosos. El rencor de las "familias consulares", despojadas de un poder político que consideran que les corresponde por derecho, sólo puede compararse con su incapacidad para comprender la nueva realidad política. (...)

Pero a la élite establecida le resulta fácil racionalizar la pérdida del poder en nombre de sus propios valores. Los representantes de

Caricatura de Caras y Caretas *referida a la neutralidad argentina en la Primera Guerra Mundial*

Casa Rosada, *de A. Della Valle*

Alfredo L. Palacios

Obrero leyendo el diario anarquista La Protesta

oficialista aumentan a medida que se acercan las elecciones del '22; se conocen los "manifiestos de los radicales principistas al pueblo de la república", publicados con la firma de Miguel Laurencena, Carlos Melo, Benjamín Villafañe y otros, el 22 de enero del año de los comicios. Estos documentos no difieren mucho en las críticas a la "autocracia yrigoyenista" del discurso programático que pronunciaría el candidato socialista Nicolás Repetto, el 5 de febrero.

La opinión popular, sin embargo, olvidada de los graves momentos del '19, permanecía ajena a los vaivenes de los comités y a las intrigas de opositores y disidentes. Yrigoyen probablemente haya percibido, con su agudeza política, la diferencia entre la opinión pública y la opinión popular. Por ello impuso a su candidato en la Convención Nacional de marzo de 1922: el aristocrático embajador en París, Marcelo

---

las grandes familias ven la ampliación de la participación política, que significa un paso adelante en el desarrollo institucional del país, como "una regresión en la evolución nacional". Para ellos, la victoria del radicalismo no es más que la revancha de las fuerzas oscuras de la tiranía rosista, el retorno de los vencidos de Caseros: el país retrocede más allá de 1852. La "razón" colectiva ha sido derrotada por el despotismo de las masas.

Esas masas, en realidad la pequeña burguesía, encarnan a los ojos de los "oligarcas" altivos la incultura y la mediocridad política. Ahora bien, están por todas partes. En adelante tienen acceso físico al paraíso del poder de donde fueron echados los "preponderantes". La Casa Rosada ha dejado de ser "bien frecuentada". "El espectáculo que presentaba la casa de gobierno", escribe condescendientemente un conservador esclarecido, "...era pintoresco y bullicioso; como en un hormiguero la gente, en su mayoría mal trajeada, entraba y salía hablando y gesticulando con fuerza...". Además, a Yrigoyen le complace mucho hacer esperar a las personalidades y a la gente "distinguida", mientras recibe solícitamente a la gente simple. En los salones de los barrios residenciales las conversaciones de las familias tradicionales se nutren con un sinnúmero de anécdotas en las que se ve a Yrigoyen recibir con los brazos abiertos, ante un parterre de personalidades ulceradas, a un almacenero, un maestro o un "pedicuro desconocido".

ALAN ROUQUIE
Poder militar y sociedad política en la Argentina

Torcuato de Alvear. Desde fines de 1921, circulaba una vaga y misteriosa consigna: "El Viejo apoya a Alvear...".

La convención radical eligió la fórmula Alvear-Elpidio González por 129 votos contra 33. Los argentinos que concurrieron a los comicios en abril de 1922 votaron por gran mayoría en favor de la UCR: 458.457 sufragios. El radicalismo triunfó en doce distritos y obtuvo 235 electores; la Concentración Nacional apenas superó los 200.000 votos. Todos los otros partidos, reunidos, sumaron 364.923 sufragios. Esta vez el triunfo radical fue rotundo: la UCR obtuvo más de 100.000 votos por sobre la cifra de 1916.

Los reclamos sociales

L os chacareros santafesinos encaraban todo el riesgo de las cosechas, pero no alcanzaban nunca los beneficios. Un día, a mediados de 1912, alguien dijo: "Se necesita una huelga". Fue en Alcorta, y el grito se convirtió en consigna.

En las chacras que circundaban el pueblo vivían unos 2.000 colonos italianos. Una comisión presidida por Francisco Bulzoni recorrió el lugar, y oradores improvisados, casi todos dueños de un castellano precario, hicieron circular la orden que el diario rosarino La Voz recogió unos días después: "Antes de doblegar nuestros ideales debemos conseguir nuestro objetivo; antes de ser vencidos debemos preferir la muerte. Pero la unión y la perseverancia serán nuestros mejores amigos...".

Los comienzos de una organización

Consecuentes con lo acordado, los comienzos fueron pacíficos. El 23 de junio de 1912 los arrendatarios de Víctor Bigand le pidieron la rebaja del arrendamiento al 25 por ciento de la cosecha, añadiendo el pedido de una mayor extensión de campo para pastoreo, así como también libertad para desgranar y trillar con quien mejor conviniera. Se añadía la solicitud de que el colono no fuera expulsado sino por causas justas y comprobables. Si no se accedía a estas demandas, los colonos declararían la huelga a partir del día 30. Bigand no accedió a ninguno de estos pedidos, si bien a medida que los acontecimientos se sucedían fue cambiando su actitud rígida del comienzo por una más flexible.

El 25 de junio, en el modesto local de la Sociedad Italiana de Alcorta, se reunieron 300 colonos de la zona. Los personajes nuevos fueron los hermanos Netri: Francisco, abogado italiano naturalizado argentino y residente en Rosario; Pascual, cura párroco del pueblo, y José, también sacerdote, párroco de Máximo Paz. En un ambiente de orden, pero también de gran tensión, los chacareros contaron sus avatares. Según reseña Plácido Grela, uno de ellos, Bulzoni, dijo: "No hemos podido pagar nuestras deudas y el comercio, salvo algunas honrosas excepciones, nos niega la libreta. Seguimos ilusionados en la nueva cosecha y ella

Los conflictos sociales urbanos de la primera década del siglo se trasladaron al campo, donde los grandes propietarios imponían contrataciones leoninas a chacareros y medianeros. **Primera sesión de la comisión directiva de la Federación Agraria Argentina, Rosario, agosto de 1912.**

ha llegado... pero continuamos en la miseria". Habló también Luis J. Fontana en representación de la comisión de huelga de Bigand. El doctor Netri les aconsejó adoptar algún tipo de organización gremial y, siguiendo sus palabras, la asamblea designó una comisión para constituir una federación, la Unión Agrícola.

Pronto, los diarios de la Capital se hicieron eco de estos intentos. Puede parecer extraño que se diera tanta importancia a una simple asamblea de colonos en un pueblo de Santa Fe, pero lo ocurrido en Alcorta era algo nuevo y, además, amenazador. Si bien no había una tradición de luchas agrarias, la situación precaria de los chacareros era similar en todas las zonas de producción agrícola de la pampa húmeda y el Litoral.

En muy pocos días la huelga agraria se extendió, profundizándose las reivindicaciones. Córdoba también se plegó a la protesta, llegándose al incendio de parvas en algunas localidades. Al finalizar el mes de julio de 1912, Netri dispuso organizar una asamblea, que se realizaría el 1º de agosto en la Sociedad Giuseppe Garibaldi de Rosario. Asistieron unos 600 delegados de Santa Fe, Córdoba y Buenos Aires. El acontecimiento más importante de la asamblea fue la decisión de fundar la Federación Agraria Argentina y nombrar su comité central. Como presidente fue designado un socialista, Noguera, pero el descontento ante la excesiva politización de su actividad hizo que se lo destituyera y se nombrara en su lugar a Netri, el alma, sin duda, de la organización.

El hecho más destacable fue que el chacarero rompió su modalidad habitual de individualismo, aislamiento y desconfianza, reemplazándola por la acción colectiva y la integración a una organización en la cual no solamente lucharía por sus reivindicaciones: también mostraría a otros trabajadores la necesidad de obtener un trato más justo.

Francisco Netri jugó un rol destacado en la organización gremial de los agricultores, que dio origen a la Federación Agraria Argentina. **Francisco Netri, 1908.**

Yrigoyen y las luchas obreras

El presidente dialogó con frecuencia con dirigentes obreros y usó el arbitraje para tratar conflic-

El triunfo de los bolcheviques en 1917 impactó favorablemente sobre sectores de la clase obrera argentina, a la vez que aterrorizó a las clases altas locales.
Revolución rusa, 1917.

tos gremiales, pero no hubo un replanteo de cambio económico social que pudiese alterar la relación de fuerzas entre empresarios y trabajadores. Yrigoyen no trató de intervenir en la compleja trama de intereses económicos que las organizaciones obreras, dirigidas por anarquistas o por socialistas, trataban de romper. Durante el primer período presidencial tuvo que soportar frecuentes movimientos huelguísticos y sociales, secuela del malestar provocado por las consecuencias de la guerra. En estas circunstancias, el gobierno no tuvo un comportamiento parejo: en muchos casos trató de arbitrar, generalmente a favor de los trabajadores, y en ciertas oportunidades debió imponer soluciones a los patrones. Pero ciertas actitudes de desconcierto o de debilidad sirvieron para que se desataran brutales represiones. Sin embargo, éstas fueron excepcionales, y la tendencia general del gobierno radical muestra, por lo menos, una capacidad de intervenir en los reclamos obreros muy diferente de los gobiernos anteriores.

Los obreros y sus transformaciones

Es necesario tener en cuenta que, así como en el campo se habían producido modificaciones, también cambiaba la fisonomía de los sindicatos y su composición. En abril de 1915 se realizó el IX Congreso de la FORA (Federación Obrera Regional Argentina), en la que por primera vez los delegados anarquistas fueron minoría. Había cambiado la composición de los trabajadores urbanos: antes eran extranjeros en su inmensa mayoría; ahora empezaban a pesar los hijos de los inmigrantes. También se habían modificado sus condiciones de vida y sus pautas culturales. La difusión de la enseñanza y las mejoras en la vivienda generaron aspiraciones nuevas. Estos cambios provocaron también modificaciones en las ideas: las posiciones intransigentes y revolucionarias del anarquismo eran rechazadas, y se reconocía la necesidad de negociar, tanto con el Estado como con los patrones.

Para solucionar los conflictos obreros, Yrigoyen no utilizó siempre los mismos métodos. En muchos casos intentó negociaciones y arbitrajes, y en otros apeló a formas represivas de carácter brutal. **Huelga en el puerto de Buenos Aires, mayo de 1921.**

También la guerra fue un acontecimiento que modificó la situación de los obreros. La paralización de las inversiones y las dificultades para importar y exportar provocaron carestía y la pérdida del poder adquisitivo del salario: entre 1914 y 1918 éste descendió un 38,2 por ciento. La acción del movimiento obrero en otros países y en especial el triunfo de la revolución bolchevique intimidaron no solamente a las clases altas sino también a la nueva clase media. El peligro de los *soviets* hizo que los reclamos obreros fueran tomados como intentos de revolucionar a la sociedad. El gobierno tuvo que moverse en un espacio limitado entre la posibilidad de conciliar y la necesidad de mantener el *statu quo*.

"El grito de Alcorta"

En los primeros días de junio de 1912 se tuvieron noticias en Alcorta de que los agricultores estaban gestando un movimiento agrario. Los rurales, después de haberse reunido en la chacra de Francisco Bulzani, ubicada en los campos de "La Adela", en que residía un centenar de agricultores, resolvieron elevar una petición a consideración de terratenientes y capitalistas, solicitándoles la rebaja del precio de los arrendamientos, anulación de los contratos vigentes y suspensión de los desalojos, habiendo encontrado el apoyo de los vecinos, comerciantes y buena parte de la pequeña burguesía, sectores éstos seriamente afectados económicamente a consecuencia de la ruina financiera de los arrendatarios que habían perdido gran parte de sus cosechas.

La antigua casa de comercio de Angel E. Bujarrabal, ubicada en el corazón del pueblo, fue el punto obligado de las reuniones de los agricultores y peones rurales, los cuales a la sazón "tenían acreencias por valor de $300.000". El referido comerciante al tomar la resolución de cerrar sus libretas les inculcó la idea a los agricultores de que iniciaran una rebelión contra los terratenientes y capitalistas subarrendadores, única manera de poder lograr mejoras económicas y sociales.

Frente al negocio de Bujarrabal estaba instalado un bebedero para los animales, el cual medía entre seis y siete metros, y una estacada de madera donde los colonos amarraban las correas que a manera de riendas sujetaban a los caballos, que eran celosamente cuidados por Pedro Bellotti, más conocido por "Pedrín el jorobadito".

Las grandes huelgas

En 1917, 136.000 trabajadores fueron a la huelga; en 1919 la cifra subió a más de 300.000. El 70 por ciento de los huelguistas pertenecía al sector de los transportes, a diferencia de los movimientos de la primera década del siglo, que en su mayoría se daban en pequeñas empresas y que no tenían mayor trascendencia pública.

El primer conflicto que debió afrontar Yrigoyen fue el de la Federación Obrera Marítima: el presidente se impuso sobre la intransigencia de las empresas de navegación de cabotaje y logró un acuerdo para una mejora sustancial de los salarios. Luego fueron los obreros municipales de Buenos Aires, y la solución, por sus implicaciones políticas, fue más complicada.

Cerca de aquel sitio, entre las calles 25 de Mayo y Moreno, funcionaba el hotel Roma, el más lujoso de Alcorta, propiedad de Juan Papa, donde solían reunirse agricultores y obreros rurales para almorzar, quienes en la sobremesa planificaban sus futuras actividades gremiales.

Casi pegando con dicho hotel tenían su sede los clubes Social y Unión, fundado este último el 2 de junio de 1907, por lo que se le considera, juntamente con la Sociedad Italiana, la institución más antigua de Alcorta.

Las reuniones que se realizaban en la casa de comercio de Angel E. Bujarrabal, a las que solía asistir el periodista y agricultor de Pergamino, Antonio Noguera, quien no sólo actuó en los movimientos agrarios de Machachín y de Alcorta, sino que fue director del periódico *Nuevo Heraldo*, cuya colección completa se conserva en una biblioteca de Pergamino.

El diario del Partido Conservador, titulado *El Centinela*, que aparecía en dicha localidad, en su edición nº 58 correspondiente al 31 de marzo de 1911, refiriéndose al periódico socialista que dirigía Antonio Noguera, con motivo de su alejamiento transitorio de las actividades periodísticas, en nota editorial expresaba: "Hoy este viejo y valiente soldado del periodismo, ha dado el último número de su diario *Nuevo Heraldo* para dedicarse a las rudas, pero tranquilas tareas de la agricultura", y agregaba: "Triunfe, noble y generoso colega, que mientras más diversas sean las luchas, más legítimos serán los triunfos".

PLACIDO GRELA
El grito de Alcorta

Al pie de la caricatura se anota el siguiente diálogo, que tiene lugar entre los personajes:
—Por culpa de esos pícaros huelguistas, este año no cobraremos ni un cuarenta por ciento de dividendo.
—¿Y no habrá llegado la oportunidad de mandar la escuadra británica al Río de la Plata?
Caricatura de Caras y Caretas: *"Una asamblea en Londres".*

Sin duda, el movimiento más importante de esa primera ola de protestas sociales fue la huelga ferroviaria, que se prolongó, con algunos momentos de negociación, desde junio hasta diciembre de 1917, con ecos al año siguiente: esta huelga afectó primero al Ferrocarril Central Argentino y luego a otras líneas. Los actos de violencia, tales como incendios de vagones y agresiones contra empleados británicos, obligaron al gobierno a establecer vigilancia armada en algunas instalaciones. Este se vio presionado por las empresas y los grandes diarios, y finalmente se lo acusó de favorecer indiscriminadamente a los huelguistas.

Algunas circunstancias mostraron a un Yrigoyen indeciso frente a los conflictos. Mientras se estaba desarrollando la huelga ferroviaria, en noviembre de 1917, estalló una huelga general en los frigoríficos de Berisso y Avellaneda, casi todos de propiedad norteamericana, que fue derrotada por el rápido reclutamiento de "crumiros", es decir, trabajadores rompe-huelgas.

Los obreros de los principales frigoríficos intentaron organizarse dentro de la FORA y los directivos de Armour y Swift −norteamericanos− los despidieron. Las peticiones obreras incluían la jornada de ocho horas, el pago de horas extra, aumentos graduales de sueldos, el feriado del 1º de Mayo. Ante la postura negativa de los patrones, los obreros fueron a la huelga. Los portuarios apoyaron a sus compañeros, y también pararon. Los estancieros y los dueños de los frigoríficos, unidos, auspiciaron junto a la Sociedad Rural un petitorio a Yrigoyen para que actuara contra la huelga, conducida, según los empresarios, por "agitadores profesionales". También los diplomáticos norteamericano y británico presionaron al gobierno, invocando la necesidad de no dejar sin provisiones a las tropas aliadas. El presidente concluyó enviando a la Marina para romper la huelga.

Durante el año siguiente nuevamente hubo malestar en el gremio ferroviario y entre los gráficos, los trabajadores del calzado y los molineros. La situación se fue haciendo más difícil, y hacia fines de 1918 prevalecían condiciones de gran tensión en el campo social. Anarquistas y partidarios del bolchevismo predicaban la inminencia de la revolución social. Los grandes diarios y los círculos conservadores denunciaban la existencia de *soviets,* aun dentro de la policía.

La "Semana Trágica"

En momentos en que las discrepancias entre el gobierno y los sectores opositores llegaban a su culminación, ocurrieron en la Capital, entre el 6 y el 13 de enero de 1919, los acontecimientos de la Semana Trágica. Los 2.500 trabajadores de los talleres Vasena habían peticionado y los patrones habían respondido con la negativa y con la intimidación por medio de grupos armados. El 7 caen las primeras víctimas; la huelga se extiende y obtiene el apoyo de las distintas entidades obreras. La policía, enardecida por la muerte de un suboficial, carga contra los

La paralización de las inversiones y las dificultades que la guerra planteó en el comercio exterior llevaron a que muchos obreros fueran despedidos. **Desocupado frente al Departamento de Trabajo.**

huelguistas provocando cuatro muertos y unos cuarenta heridos.

El 9 de enero, un día de calor bochornoso, Buenos Aires amaneció paralizada. El cortejo fúnebre de las víctimas debía recorrer un largo itinerario, desde Nueva Pompeya hasta la Chacarita, y los disturbios se sucedieron durante toda su marcha. Hubo un asalto contra los talleres Vasena, repelido por la policía, que produjo no menos de cuarenta muertos; también intentos de incendiar iglesias y saquear armerías. En el cementerio las agresiones continúan, y el entierro se convierte en una verdadera batalla. Yrigoyen, desbordado, transfiere al general Dellepiane el control de la ciudad.

Las dos centrales obreras, la anarquista y la sindi-

La Semana Trágica

La "semana trágica" de enero de 1919 (del 9 al 16) fue provocada por enfrentamientos entre las fuerzas del orden y los huelguistas de una gran empresa metalúrgica de Buenos Aires, que dejaron un saldo de muchos muertos entre los trabajadores. Durante el entierro de las víctimas al que concurrió una muchedumbre, estalló un violento tiroteo entre manifestantes y la policía. Las exequias de los huelguistas se transformaron en motín. En un Buenos Aires paraliza-do por la huelga general, se realiza durante tres días una caza de obreros que responde al pillaje y a los ataques de edificios públicos. La policía desbordada utiliza sus armas y detiene indiscriminadamente a innumerables sospechosos. Ante esa situación explosiva, Yrigoyen, sin duda poco sensible al clima afiebrado de la posguerra, intentó parlamentar con los huelguistas desde el primera día, y nombró como jefe de policía a un importante dirigente radical, Elpidio González, ministro de Guerra hasta septiembre de 1918. Este fracasó y estuvo a dos pasos de ser linchado por los sediciosos. La violencia policial se volvía tan incontrolable como la agitación obrera. El ejército parecía imponerse como único recurso.

La 1ª división acantonada en Buenos Aires no era segura porque se reclutaba esencialmente en los barrios populares de la Capital Federal. El general Luis J. Dellepiane, comandante de la 2ª división de Campo de Mayo, a pocos kilómetros de Buenos Aires, tomó entonces la situación en sus manos. Nombrado jefe militar de la capital, ocupó la ciudad con sus tropas para poner término al conflicto social y contener al mismo tiempo los desbordes de la represión, para la cual la poli-

calista, proclamaron la huelga general para el día 10. La población, que había abandonado las calles, observaba medrosamente el espectáculo, nunca visto en Buenos Aires. Entretanto, Yrigoyen, sereno, trataba de pacificar los ánimos y negociar con los dirigentes sindicales. Al atardecer del 9 de enero, el general Luis J. Dellepiane, comandante de la división con asiento en Campo de Mayo, se constituyó en la ciudad, sin haber recibido orden alguna, y procedió a ocupar con sus tropas distintos puntos estratégicos. La actitud de Dellepiane, conocida a través de versiones, pues no había diarios, agregó un nuevo ingrediente de confusión, aunque fue positiva en la medida en que trajo aparejada una sensación de cierta seguridad. A cargo de hecho de la policía, Dellepiane autorizó

cía recibió el refuerzo de grupos de voluntarios civiles que se propasaron.

El general Dellepiane negociaría, él también, con los sediciosos, esta vez por intermedio de dirigentes anarco-sindicalistas. El 14 aceptó las condiciones de los sindicatos referidas a eventuales persecuciones y a la liberación de prisioneros. Tres días antes, el propietario de la empresa, recibido por Yrigoyen, había aceptado satisfacer las reivindicaciones de los huelguistas. Todo volvió entonces a la normalidad. Sin embargo, todo había cambiado y en lo sucesivo nada sería como antes. Los huelguistas, los sediciosos, los "bolcheviques" saquearon la ciudad, atacando bienes y personas. No sólo los cabecillas quedaron sin castigo, sino que el gobierno dio la razón a los obreros rebelados: los propietarios, que así juzgaban la situación, se encontraban aterrados y descontentos.

Debe tenerse en cuenta sobre todo que Buenos Aires vivió el clima de una insurrección al borde la guerra civil. Se ignora el número exacto de muertos en los acontecimientos de enero, pero deben contarse por centenares. El verano caliente de 1919 provocó un verdadero pánico en la burguesía porteña. Luego de rumores alarmistas, en todas las aglomeraciones residenciales a orillas del Río de la Plata "donde pasaban el verano millares de familias pudientes, los vecinos trataban de organizar la defensa de sus domicilios, pues se temía, según murmuraciones públicas, que bandas de anarquistas –se les llamaba también 'maximalistas' (sic)– atacaran las hermosas quintas que pueblan esos parajes".

ALAIN ROUQUIE
Poder militar y sociedad política en la Argentina

una enorme redada de elementos "indeseables", y al mismo tiempo instó a que las bandas de "espontáneos" terminaran sus operativos. Aunque la policía realizó procedimientos brutales y muchas veces inútiles, tres días más tarde la ciudad fue recuperando gradualmente su fisonomía habitual. Hubo también una colaboración "desinteresada" de los grupos nacionalistas, de los cazadores de obreros, de la Liga Patriótica de Manuel Carlés, prestigioso ya por su actuación parlamentaria y sus elevadas dotes de orador. En la situación de guerra desatada, las organizaciones de la derecha provocaban el sabotaje a las huelgas y el ataque a sus dirigentes y locales para conseguir, si no la caída, por lo menos el desprestigio del gobierno.

Finalmente, con la mediación del Ministro del Interior, la empresa —asesorada por su cuerpo de abogados, entre ellos Leopoldo Melo— y los obreros acuerdan jornadas de ocho horas, la abolición del trabajo a destajo, aumentos del 20 al 100 por ciento y la reincorporación de los huelguistas sin represalias.

Cuando todo pasó, los diarios y revistas se dieron a la tarea de magnificar "el complot maximalista" y

La represión desencadenada el 9 de enero provocó la convocatoria de las dos centrales obreras a una huelga general.
Cortejo de los obreros muertos en los talleres Vasena, 7 de enero de 1919.

A pesar de que la Primera División del Ejército estaba en la ciudad, su composición de origen popular hacía que no fuera considerada confiable para llevar a cabo las acciones represivas. **General Luis J. Dellepiane.**

atribuyeron a muchos detenidos funciones y jerarquías en los futuros *soviets*. Nada puso ser probado y, en la enorme mayoría de los casos, los temibles "ácratas" y "maximalistas" resultaron ser inofensivos trabajadores. De todos modos, el saldo de muertos y heridos fue muy elevado y constituyó un episodio trágico, que quedó marcado muy hondamente en la memoria de los porteños.

Nicolás Babini señala que Yrigoyen, profundamente conmovido por los hechos, quiso hablar con José Ingenieros para cambiar ideas sobre las leyes que podían sancionarse para mejorar las condiciones de vida de los trabajadores. Diversos organismos católicos, bajo el lema "Pro Paz Social", organizaron una gran colecta en cuya promoción se destacó un joven sacerdote, Miguel de Andrea, que reunió la suma de 13 millones de pesos, invertidos posteriormente en diversas obras, entre ellas la Casa de la Empleada.

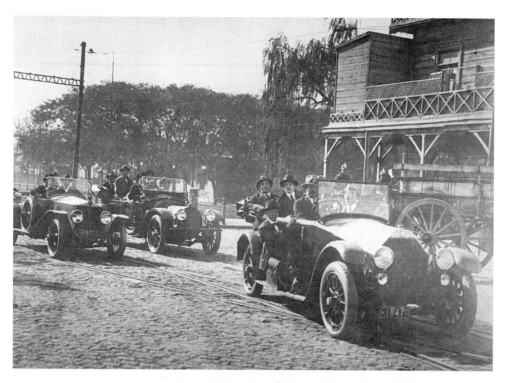

A la represión policial y militar se sumaron bandas de jóvenes de clase alta armados por el propio Ejército y la Marina.
La Liga Patriótica recorre las calles.

La Semana Trágica fue la violenta apertura de un año, 1919, pródigo en huelgas. Esta medida de lucha fue empleada por gremios que hasta ese momento no la habían utilizado, como los bancarios, empleados de comercio (fue especialmente larga la que realizaron los dependientes de Gath & Chaves, apoyados por varios sindicatos), maestros, periodistas, telegrafistas, etcétera. En la mayoría de los conflictos los trabajadores obtuvieron mejoras salariales importantes. También fue 1919 el año que vio levantarse a los hacheros del ingenio Las Palmas (Chaco) y de La Forestal (Santa Fe), así como de obrajes de Misiones.

El Ejército participó de las acciones en los puntos más conflictivos, pero la violencia no se repitió y los obreros vieron satisfecha la mayor parte de sus reivindicaciones, que no consistían en otra cosa que en el cumplimiento de las leyes nacionales, violadas en los auténticos imperios de aquellas empresas, casi todas inglesas.

Los fusilamientos de la Patagonia

En 1920 hubo una nueva y prolongada huelga de marítimos, que fracasó. Poco después comenzaron a manifestarse los primeros indicios de malestar en la Patagonia, cuyo trágico desenlace se convertiría en una página negra de la historia argentina. Osvaldo Bayer destaca, como causa del conflicto, el hecho de que los grandes stocks de lana se hubieran acumulado al terminar la guerra, por falta de compradores. Una gran crisis se abatió sobre los estancieros, los comerciantes y, sobre todo, los peones, que vivían y trabajaban en condiciones inhumanas.

Los dirigentes anarquistas de Río Gallegos tomaron las riendas del conflicto y los peones rurales empezaron a manifestarse en el invierno de 1920. A fines de ese año y comienzos de 1921 se generalizó la huelga en el territorio de Santa Cruz; algunos grupos ocuparon estancias y tomaron rehenes, pero no se produjeron atentados personales. Las denuncias de la Sociedad Rural local y las exageradas informaciones

Durante los sucesos de la Semana Trágica, la ciudad de Buenos Aires vivió un clima insurreccional que la llevó al borde de la guerra civil. **Semana Trágica: niños volcando basura en las calles.**

publicadas por la prensa de Buenos Aires hicieron que el presidente Yrigoyen decidiera enviar al coronel Héctor B. Varela con efectivos del Regimiento 10 de Caballería a poner orden en la zona. En febrero, antes de partir, Varela y su ayudante Anaya tienen una audiencia. Cuentan que Yrigoyen, sin dar instrucciones, tan sólo dice: "Vaya, teniente coronel, vea bien lo que ocurre y cumpla con su deber". Yrigoyen confiaba en su desempeño. En el confuso panorama de informaciones deformadas por la prensa, había optado por un hombre que contaba con antecedentes radicales de confianza.

El coronel Varela logró que las partes en conflicto llegaran a un avenimiento que reconocía la mayor parte de los pedidos de los huelguistas.

Al llegar el verano de 1921, el conflicto volvió a estallar, pero ahora con mayor encono. Los trabajadores, convencidos de que los patrones no cumplirían con lo prometido, dieron a su protesta una mayor violencia. El coronel Varela, a su vez, cre-

Los levantamientos de la Patagonia

1920. El lejano territorio argentino está en crisis. Desde el fin de la gran guerra mundial la inquietud ha surgido fundamentalmente por la caída del precio de la lana. El mercado británico de lanas está abarrotado. Dos millones y medio de fardos de Australia y Nueva Zelandia llegados a Londres no han podido venderse. La lana patagónica ni siquiera esa suerte ha tenido. No ha llegado ni a salir de los puertos argentinos. La agencia Havas, desde Londres, informa que "los grandes stocks de lanas sudamericanas de cruza inferior son ofrecidos a bajos precios a las potencias centrales". La baja en Estados Unidos también es absoluta, en la Cámara de Representantes de Washington se presenta un proyecto de ayuda a la industria lanera.

Los buenos tiempos de la guerra han terminado para los latifundistas de la Patagonia, cuando el dinero fluía a manos llenas y vender lana era más seguro que la carne o el trigo. Todo esto trajo, por supuesto, la desocupación, la baja de los salarios, la crisis, el desaliento en el comercio local y en los pequeños productores, y la alarma en los estancieros. Estos habían lanzado su pedido de auxilio a Yrigoyen, aunque el presidente les resultara muy poco simpático. En efecto, el presidente radical había osado ir por dos veces consecutivas contra los "sagrados in-

yó que los huelguistas lo habían traicionado. A esto se añadieron sus sospechas de que el gobierno chileno estaba detrás del conflicto, con lo cual, y atribuyéndose poderes que nadie le había otorgado, se lanzó a una represión indiscriminada. Decenas de huelguistas fueron fusilados, muchos fueron llevados por la fuerza a las estancias y otros se escaparon a Chile.

En el Congreso, los acontecimientos no se investigaron a fondo. Probablemente el gobierno no quería remover demasiado un asunto que pondría en cuestión no solamente la responsabilidad del Ejército sino también la suya propia, y los socialistas cumplieron formalmente con un pedido de informes. Solamente los anarquistas denunciaron la masacre de la Patagonia y juraron venganza contra Varela, quien fue asesinado a principios de 1923 por un joven alemán, muerto, a su vez, por un miembro de la Liga Patriótica mientras estaba preso en Villa Devoto, esperando su condena.

Cuando los ecos de la represión de Santa Cruz lle-

---

tereses" de los verdaderos dueños de la Patagonia. Había reimplantado las aduanas en el lejano sur para controlar importaciones y exportaciones y había ordenado remensurar los campos. Esto último significó que muchas estancias se "achicaron" considerablemente ya que se habían tomado mucho más de lo que les correspondía.

Estas dos medidas ponían coto a una serie de prerrogativas y derechos adquiridos "per se" y que a los ojos de muchos aparecían como abusivos, pero que por otro lado creaban un clima de autodefensa de los grandes propietarios que los llevó a unirse y a resistir todo lo que tuviera olor a fisco y funcionario gubernamental —por un lado— y a organización obrera por el otro.

Precisamente, con respecto a lo primero, se había producido ya el primer choque en el juicio que el juez letrado Ismael P. Viñas —recién llegado al territorio y de ideología radical— había iniciado contra uno de los más poderosos establecimientos ganaderos de Santa cruz, "The Monte Dinero Sheep Farming Company", por defraudación al fisco. Era la primera vez que alguien se atrevía a denunciar allí a una compañía extranjera. Y ese hecho contribuyó en el territorio a formar un clima de inseguridad por el lado de los poderosos y de creciente rebeldía en los asalariados que creían ver en ciertas autoridades a ardientes defensores de sus derechos.

OSVALDO BAYER
Los vengadores de la Patagonia trágica

Después de los fusilamientos de La Anita, posan juntos el estanciero alemán Helmich, el capitán Viñas Ibarra, el teniente coronel Varela, el capitán Campos, el estanciero yugoslavo Stipicich y el chofer Aníbal Bozzo.

gaban a Buenos Aires, las manifestaciones de malestar social habían decaído notablemente. Los sustanciales aumentos salariales obtenidos por muchos sectores y, sobre todo, la normalización de la economía luego del fin de la guerra, fueron algunas de las causas. Los sindicatos anarquistas se habían debilitado en un enfrentamiento a menudo estéril. Por otra parte, se había producido, a lo largo de los años de Yrigoyen, una significativa nacionalización de las fuerzas de trabajo. Aun con culpas y errores en el manejo de las cuestiones laborales, el gobierno radical había evidenciado una sincera preocupación por mejorar la situación de los trabajadores. Un colaborador de Yrigoyen, el doctor Víctor J. Guillot, sintetizaba así la concepción del presidente: "arrancar al Estado de su posición indiferente u hostil frente a las soluciones entre capital y trabajo, y practicar un intervencionismo orgánico y sistemático conducido por elevadas aspiraciones de humana equidad". En los años siguientes, el número de huelguistas llegó a ser sólo la décima parte del que había alcanzado en los años de Yrigoyen, y no se registró ningún movimiento de signo violento: era el fruto de la conciliación social iniciada por el primer presidente radical.

La Reforma Universitaria

L a Reforma Universitaria fue otro camino de transformación política contra el "régimen", en el marco del primer gobierno de Yrigoyen. La Universidad había aportado a las estructuras de poder vigentes hasta 1916 la mayoría de sus hombres. El 11 de abril de 1918 nació la Federación Universitaria Argentina, y sus miembros entrevistaron al presidente de la República para plantearle sus reivindicaciones. Este declaró "que su gobierno pertenecía al espíritu del tiempo nuevo, que se identificaba con las justas aspiraciones de los estudiantes" y que "la Universidad argentina debía nivelarse con el estado de conciencia alcanzado por la república".

Producido el ascenso de Yrigoyen al poder, era natural que el cambio político alentara a aquellos que venían advirtiendo la necesidad de modificaciones en la universidad. Hacía ya muchos años que los estudiantes se quejaban de la enseñanza rígida y conservadora, de la condición elitista de sus profesores y, por supuesto, de su anacrónico autoritarismo. Los manifiestos de la Biblioteca de Córdoba, del Colegio Novecentista de Buenos Aires y del Ateneo Universitario habían señalado los defectos. Y fue natural, también, que el primer estallido ocurriera en Córdoba, la más conservadora de las tres casas de altos estudios existentes entonces en el país.

Como respuesta a una maniobra que intentaba perpetuar la conducción de Trejo en la Universidad, los estudiantes lanzaron un "Manifiesto a los hombres libres de Sudamérica". Los acontecimientos de Córdoba repercutieron inmediatamente y procesos similares se fueron dando en Buenos Aires y en La Plata. Finalmente, los estudiantes y profesores reformistas fueron ganando lugares, con la simpatía de Yrigoyen y la ayuda del gobierno, hasta

El estudiantado no podía evitar la influencia de los grandes cambios nacionales e internacionales producidos en los primeros años del nuevo siglo.
Edificio de la Universidad de Buenos Aires, en la calle Viamonte.

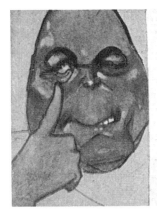

que la mayoría de los objetivos del movimiento se hicieron realidad.

¿Qué exigía el movimiento reformista? Participación de los estudiantes en el manejo de las facultades, docencia libre, asistencia libre a las clases, para que los estudiantes que trabajaran pudieran graduarse, extensión universitaria, democratización del sistema docente. Pero lo que podía haber sido un simple cambio de estatutos se convirtió en una visión nueva de la Argentina y de América. Deodoro Roca, uno de los más lúcidos dirigentes del movimiento, sintetizó este cambio cuando dijo: "Buscando un maestro ilusorio, descubrimos un mundo nuevo...".

A través del ministro de Intrucción Pública José S. Salinas, Yrigoyen hizo pública su adhesión al espíritu reformista. **Caricaturas de Hipólito Yrigoyen.**

La Reforma nace en Córdoba

Los acontecimientos que motivaron el movimiento reformista tuvieron su comienzo cuando el rectorado cordobés suprimió el internado de los estudiantes de medicina en el Hospital de Clínicas, alegando razones de economía y de moralidad. Los estudiantes reclamaron por una medida que les impedía permanecer en su lugar de residencia hospitalaria, pero sus demandas no fueron escuchadas. Por esa razón, en una calurosa tarde del verano cordobés, el 4 de diciembre de 1917, Alfredo P. Degano firma el petitorio en el que sus compañeros de facultad solicitan la intervención del ministro de Justicia e Instrucción Pú-

Abogado de lúcida trayectoria intelectual, Deodoro Roca fue un activo impulsor del movimiento reformista, y autor de su documento fundamental: el Manifiesto Liminar.

blica de la Nación, José Salinas, en el conflictivo tema. Degano era el titular del Centro de Medicina, y el petitorio, muy escueto, decía: "En nombre de la Comisión Directiva del Centro de Estudiantes de Ciencias Médicas, que presido, tengo el honor de dirigirme al señor Ministro, para dejar constancia de la más franca protesta contra la resolución de la Academia de Medicina de esta Universidad por la cual se suprime el internado del Hospital Nacional de Clínicas por razones de economía y moralidad que no existen. No escaparán al elevado criterio del señor Ministro los múltiples perjuicios que reporta la medida aludida, máxime si se tiene en cuenta que en esa facultad, el internado en el Hospital Clínicas constituía la única escuela práctica para estudios médicos".

Como afirma Gabriel del Mazo, uno de los luchadores por la Reforma del '18, "hacia 1916 privaba en la Nación y en la Universidad un tipo de enseñanza utilitaria, cuya dosis de falsedad y descreimiento provenía del régimen de las oligarquías gobernantes: criterio mercantil en la política, criterio egoísta en la Universidad, en la educación pública". Principalmente en Córdoba, donde todavía se seguían prácticas coloniales y se estudiaba más teología que filosofía, a pesar de que en el mundo se producían cambios atractivos para muchos intelectuales, como lo fue, por ejemplo, la experiencia de la revolución soviética, precisamente en el año de los acontecimientos universitarios. El gobierno de Yrigoyen, con sus intentos de "reparar" las instituciones, o los movimientos de asociación liderados por socialistas y anarquistas, tampoco consiguieron tocar siquiera las anquilosadas estructuras, imbuidas profundamente de los resabios clericales.

En Buenos Aires, sin embargo, las luchas estudiantiles ocurridas entre 1903 y 1906 habían conseguido, tras huelgas y manifestaciones callejeras, algunas modificaciones en el mundo académico. La Universidad de La Plata, creada en el marco de un proyecto positivista, inició su funcionamiento con otros objetivos. Sin embargo, también en ella se produjeron reclamos entre octubre de 1919 y junio de 1920, a los que el gobernador de la provincia, Marcelino Ugarte, ordenó reprimir con la policía, acusando a los estudiantes de "terroristas", dado que planteaban la solidaridad con los trabajadores.

Las demandas cordobesas no tuvieron como fundamento tan sólo los hechos puntuales; había razones de cambio social: el ascenso de las clases medias, que pugnaban por escalar posiciones. Las clases altas cor-

Las ideas de la revolución bolchevique impactaron también en grandes sectores del estudiantado, y provocaron al mismo tiempo un enérgico rechazo en las estructuras dirigentes universitarias. **Patio de la Universidad Nacional de Córdoba.**

La respuesta de las autoridades de la Universidad de Córdoba —represión policial— a los reclamos estudiantiles fue la gota que colmó el vaso. **Ernesto Gavier, secretario general de la Universidad, 1927.**

dobesas, acompañadas por sectores de la docencia y del estudiantado, se negaban a permitir que el espíritu reformista conmoviera las viejas estructuras. El surgimiento del grupo Corda Frates, organización católica integrada por políticos, profesores universitarios y otros personajes de influencia local, tuvo como objetivo claramente establecido la conservación del viejo academicismo.

El conflicto de Medicina no era el único: las ordenanzas de decanos habían establecido en Ingeniería exigencias más estrictas para la asistencia a clase, y el Centro de Ingeniería de Córdoba presentó entonces una protesta similar a la de sus compañeros de Medicina. El 30 de marzo de 1918, antes del comienzo de las clases, y en previsión de huelgas o manifestaciones de repudio, el secretario general de la Universidad, Ernesto Gavier, envía una nota al subintendente de Policía pidiéndole una vigilancia especial para el día de inicio de las clases, "a fin de prevenir la repetición de actos de violencia por parte de los estudiantes y huelguistas contra los que deseen concurrir a las aulas". La respuesta del jefe de policía, de apellido Smith, sugiere "se sirva indicarme por nota la cantidad de tropa que desea, si de caballería o infantería y los lugares y horas en que deben prestar servicio, para el mejor desempeño de su cometido".

Los estudiantes se organizan

Estos hechos, sumados al pedido de Degano al Ministerio, serán el polvorín sobre el que se desencadenen una serie de acontecimientos que culminarán pocos meses después. El primer acto de organización frente a las circunstancias consistió en la formación de un Comité Pro Reforma, integrado por delegados de las tres facultades existentes en la UNC (Medicina, Ingeniería y Derecho). Lo presidieron Horacio Valdés, de Derecho, y Gumersindo Sayago, de Medicina.

El 31 de marzo —y la rapidez de la reacción indica, sin duda, que no estamos ante una respuesta improvisada, sino seguramente largamente meditada a la luz de un proyecto renovador– se reúne en el teatro Rivera Indarte la asamblea que, presidida por el Comité Pro Reforma, declara la huelga general. Los oradores son Horacio Valdés, Gregorio Bermann, Arturo Orgaz, Ismael Bordabehere y Arturo Capdevila. Gumersindo Sayago leyó la convocatoria: "La juventud de Córdoba, animada por un impulso irresistible de progreso, se halla en lucha con su vieja y ruinosa universidad. Sus autoridades regresivas, empecinadas en el mantenimiento del dogmatismo docente y en la defensa de intereses insostenibles, se oponen con desdeñoso autoritarismo al impostergable anhelo de renovación que desde largos años le reclaman en vano los propios hijos del vetusto hogar intelectual". Y añadían más adelante: "No nos arrojamos

---

Razones sociales de la Reforma

En la Reforma Universitaria se expresa la aparición de las clases medias en el escenario social y político, procurando impulsar la definición de un estilo de desarrollo que les permitiera una participación congruente con la importancia cada vez mayor que habían adquirido a partir de la expansión de una economía urbana progresivamente compleja. Pero la inexistencia de un desarrollo industrial que diera apoyo estructural a esas clases medias confirió una orientación clandestina política a su búsqueda de inserción en el funcionamiento social (...)

De ahí que la función de socialización política de la universidad adquiriera importancia fundamental en el proyecto reformista: una participación estudiantil en el gobierno universitario, introducción de los métodos experimentales y de las ciencias físicas y naturales, libertad de cátedra y extensión universitaria, fueron las reivindicaciones concretas, dirigidas a la destrucción del vínculo de solidaridad entre el estado oligárquico y la vieja corporación universitaria y a establecer una alianza entre las clases medias avanzadas, los campesinos y la clase obrera, en la que las primeras aportaban el progreso científico y asumían el liderazgo. La viabilidad de este proyecto de modernización y desarrollo universitario pasaba necesariamente por la aprobación de un estatuto autonómico, por medio del cual el Estado transfería una cuota de poder a través del gobierno docente-estudiantil.

GERMAN RAMA
en ANGEL RAMA, rec.
Desarrollo y educación en América latina y el Caribe

Gregorio Bermann, al igual que otros jóvenes reformistas, adhirió posteriormente al Partido Socialista, que lo proclamó candidato a gobernador en 1931. **Gregorio Bermann vota en Córdoba, durante las elecciones de noviembre de 1931.**

por la pendiente de una rebelión estéril contra las gratas disciplinas del trabajo y del estudio. Aspiramos a vivir en las aulas del saber, la vida plena del intelecto, en el ambiente del verdadero liberalismo científico, profesado en las cátedras modernas, exento de prejuicios dogmáticos, desbrozado de arcaicos convencionalismos mentales (...) Nos levantamos para sacudir la esclavitud mental en la que se pretende mantenernos".

El 2 de abril el rectorado emitió una nota de clausura de la Universidad, prohibiendo la entrada a "toda persona que no sea académico, profesor o empleado". Al mismo tiempo, el Consejo Superior se dirigía por nota al ministro Salinas, junto con el rector Julio Deheza, para justificar la suspensión de las clases. El 4 lo hace el Comité Pro Reforma, pidiéndole al ministro la intervención del Poder Ejecutivo. Horacio Valdés e Ismael Bordabehere firmaban la nota, que atribuía la clausura de las clases al deseo de mantener "su predominio de tres lustros, una viciosa oligarquía educacional, condenada por todo el país, por la ineptitud docente y administrativa de sus miembros, por su inferioridad científica y por la voracidad de sus apetitos".

El 10 de abril, el Comité envía al gobierno central una copia del documento emitido el día 1º. En él resume todos los pedidos, en una cláusula que sintetiza las aspiraciones democratizadoras de los estudiantes: gobierno de docentes, alumnos y egresados, "no directamente bajo la forma de corporaciones estables con facultades legislativas o administrativas, sino por modo indirecto, mediante la periódica elección de su primera autoridad". El presidente Yrigoyen resuelve con prontitud el problema: el 11 firma el decreto de intervención, cargo en el que designa a José Nicolás Matienzo. Ese mismo día se funda la Federación Universitaria Argentina, y el presidente recibe a una dele-

A pesar de los ataques, los estudiantes no cejan en sus demandas. La Universidad, clausurada en abril, reabre sus puertas en octubre, luego del triunfo del movimiento.
En Córdoba, un policía persigue a algunos revoltosos, que se refugian en una iglesia.

gación de estudiantes representativos, a los que les confirma que, dada la pertenencia de su gobierno al "espíritu nuevo", se siente identificado con las justas aspiraciones de los estudiantes y considera "que la Universidad argentina debía nivelarse con el estado de conciencia alcanzado por la república".

Pocos momentos críticos han dado como resultado de manera tan efectiva una reorganización institucional. El 23 de abril, luego de haber discutido los nuevos estatutos con el Consejo Superior, Matienzo regresa a Buenos Aires con el proyecto, que resulta aprobado el 7 de mayo. El 18 de mayo los estudiantes fundan la Federación Universitaria de Córdoba, que reemplaza al Comité Pro Reforma. El 15 de junio es la fecha de convocatoria de la asamblea universitaria que elegirá al rector. En las elecciones anteriores han triunfado los candidatos de los estudiantes, pero

El "Manifiesto Liminar"

Los sucesos acaecidos recientemente en la Universidad de Córdoba, con motivo de la elección rectoral, aclaran singularmente nuestra razón en la manera de apreciar el conflicto universitario. La Federación Universitaria de Córdoba cree que debe hacer conocer al país y a América las circunstancias de orden moral y jurídico que invalidan al acto electoral verificado el 15 de junio. Al confesar los ideales y principios que mueven a la juventud en esta hora única de su vida, quiero referir los aspectos locales del conflicto y levantar bien alta la llama que está quemando el viejo reducto de la opresión clerical. En la Universidad Nacional de Córdoba y en esta ciudad no se han presenciado desórdenes, se ha contemplado y se contempla el nacimiento de una verdadera revolución que ha de agrupar bien pronto bajo su bandera a todos los hombres libres del continente. Referiremos los sucesos para que se vea cuánta razón nos asistía y cuánta vergüenza nos sacó a la cara la cobardía y la perfidia de los reaccionarios. Los actos de violencia, de los cuales nos responsabilizamos íntegramente, se cumplían como en el ejercicio de puras ideas. Volteamos lo que representaba un alzamiento anacrónico y lo hicimos para poder levantar siquiera el corazón sobre esas ruinas. Aquellos representan también la medida de nuestra indignación en presencia de la miseria moral, de la simulación y del engaño artero que pretendía filtrarse con las apariencias de la legalidad. El sentido moral estaba oscurecido en las clases dirigentes por un fariseísmo tradicional y por una pavorosa indigencia de ideales.

la ocupación del rectorado presenta algunas complicaciones.

Hay tres candidatos: el de los sectores conservadores, doctor Nores Martínez, miembro de la Corda Frates; el doctor Enrique Martínez Paz, candidato de los estudiantes, y Alejandro Centeno, una alternativa a ambos. Pero la alianza que los estudiantes habían concretado con los profesores liberales para modificar los estatutos se quiebra cuando el resultado de la primera votación da 15 votos para Nores Martínez, 13 para Martínez Paz y 10 para Centeno. En la segunda vuelta, los votos de Centeno se vuelcan a Nores Martínez, con lo cual éste gana ampliamente la elección.

La respuesta de los estudiantes no se hace esperar. En el despacho del rector redactan la proclama que convoca a la huelga por tiempo indeterminado, y

---

La juventud universitaria de Córdoba afirma que jamás hizo cuestión de nombres ni de empleos. Se levantó contra un régimen administrativo, contra un método docente, contra un concepto de autoridad. Las funciones públicas se ejercitaban en beneficio de determinadas camarillas. No se reformaban ni planes ni reglamentos por temor de que alguien en los cambios pudiera perder el empleo. La consigna de hoy para ti, mañana para mí corría de boca en boca y asumía la preeminencia de estatuto universitario. Los métodos docentes estaban viciados de un estrecho dogmatismo, contribuyendo a mantener a la Universidad apartada de la ciencia de las disciplinas modernas. Los cuerpos universitarios, celosos guardianes de los dogmas, trataban de mantener en clausura a la juventud, creyendo que la conspiración del silencio puede ser ejercitada en contra de la ciencia.(...)

La juventud ya no pide. Exige que se le reconozca el derecho a exteriorizar ese pensamiento propio en los cuerpos universitarios por medio de sus representantes. Está cansada de soportar a los tiranos. Si ha sido capaz de realizar una revolución en las conciencias, no puede desconocérsele la capacidad de intervenir en el gobierno de su propia casa. (...)

La juventud universitaria de Córdoba, por intermedio de su federación, saluda a los compañeros de la América toda y les incita a colaborar en la obra de libertad que se inicia.

"Manifiesto Liminar de la Reforma Universitaria" en DARDO CUNEO, comp. *La Reforma Universitaria, 1918-1930*

En junio de 1918, al difundirse la noticia de la elección de Nores Martínez como rector de la Universidad de Córdoba, los estudiantes declaran la huelga en señal de oposición. La respuesta oficial no se hace esperar, y el edificio es ocupado militarmente. **Ocupación militar de la Universidad de Córdoba, junio de 1918.**

luego colocan un cartel que dice "Se alquila" en la puerta de la Universidad. A las 18 horas una manifestación de más de mil estudiantes que acaban de firmar el manifiesto que decide la huelga se retira de la Casa de Trejo y recorre ruidosamente las calles de la ciudad. Y aquí nace la insignia del movimiento reformista: unos cinturones sacerdotales son cortados por los estudiantes en cintas que distinguen sus solapas, y el color morado de éstas identifica al movimiento.

Pero las autoridades no se conmueven: Belisario Caraffa, vicerrector, y Ernesto Gavier, secretario, informan al ministro de Instrucción Pública acerca de la elección del nuevo rector. Los estudiantes piden a Matienzo que regrese a Córdoba, pero éste manifiesta haber cumplido con su misión y recomienda esperar con paciencia que los cambios se produzcan con la aplicación de los nuevos estatutos. La huelga no se levanta, los estudiantes no claudican, y se adhieren las federaciones estudiantiles de Buenos Aires, La Plata, Santa Fe y Tucumán.

Huelga de peones vareadores

Peones de campo en la comisaría de San Julián

Ciudad de Mar del Plata, vista parcial de la explanada

Jueces de partida de la carrera automovilística Copa El País

El movimiento se extiende

¿Dónde estaban las fallas de la organización? Los estudiantes comprenden que solamente han logrado un cambio estatutario, pero que las estructuras de poder dentro de la Universidad están intactas. La lucha contra las oligarquías —que por otra parte es una consigna de muchos movimientos de renovación latinoamericanos en la misma época— es la única consigna que abrirá el movimiento estudiantil al apoyo de otros sectores sociales.

Los estudiantes reformistas comprenden que no podrán continuar solos: el movimiento va a debilitarse cuando se advierta que la huelga sólo beneficia a los que quieren perpetuarse en el poder. Y entonces se produce un nuevo hecho, inédito hasta entonces. Los jóvenes salen a la calle y someten su propuesta al juicio de la sociedad. Uno de los protagonistas de la Reforma, el socialista Julio V. González escribe, más adelante, que "incitaban al pueblo a tomar la Bastilla, a barrer con las oligarquías, a descubrir las mentiras sociales, a concluir con los privilegios, a extirpar los dogmas religiosos, a realizar ideales americanos de renovación social, a impulsar esta corriente revolucionaria hasta los reductos universitarios donde se atrincheraba el viejo régimen, a convertir la universidad en la casa del pueblo".

La Federación Obrera de Córdoba, liderada por el socialismo internacional, escindido del socialismo y base del futuro Partido Comunista, en la figura de Miguel Contreras, apoya la lucha de los estudiantes: también lo hacen los diputados socialistas Juan B. Justo y Mario Bravo. Otras figuras del panorama político e intelectual del momento —José Ingenieros, Alejandro Korn, Manuel Ugarte, Alfredo Palacios, Telémaco Susini y Leopoldo Lugones—, quienes a pesar de haber adoptado distintas posturas tenían en común el pertenecer al frente popular, apoyaron también a los jóvenes reformistas.

Las gestiones de la primera intervención decretada por el gobierno, centradas en cambios meramente formales, terminaron en el fracaso. **Nicolás Matienzo.**

El Manifiesto Liminar

Es entonces cuando se produce el documento más importante de la Reforma. El 21 de junio, una semana después de la convocatoria a la huelga, reunidos para elaborar aquel documento en el que pudiera sintetizarse lo fundamental de la propuesta reformista, Enrique Barros, Ismael Bordabehere, Horacio Valdés y Emilio Biagosh consideran el borrador que somete a consideración de todos un joven abogado de veintiocho años, Deodoro Roca. Este documento habrá de ser publicado poco después en la *Gaceta Universitaria* de la Federación Universitaria de Córdoba.

Las principales ideas del manifiesto se expresan a través de la crítica a lo que llaman "la antigua dominación monárquica y monástica". Basado en el anacronismo, este régimen universitario —continúan diciendo— ha estado fundado en "una especie de derecho divino". Por ello se plantea la necesidad de un gobierno democrático, de modo que la autoridad de los que

Un gran documento de gobierno

Entre los actos formales de gobierno, nada sin embargo revela en alto grado la identificación del radicalismo con el movimiento de la Reforma, como el notable documento del 12 de agosto de 1921 con motivo del centenario de la Universidad de Buenos Aires, que leyó en el acto solemne el ministro de Instrucción Pública, doctor Salinas, en nombre y en presencia del presidente de la república.

En una página que resume en forma lúcida y ceñidamente el tema, el pensamiento de fondo y las formas institucionales de realización de un programa común de reforma y radicalismo para la renovación de las universidades argentinas. Dice: "La Universidad de Buenos Aires, como las de Córdoba y La Plata, ha recibido el saludable influjo de las nuevas ideas impuestas por el espíritu renovador argentino, de acuerdo con las exigencias y necesidades de la nación en el orden de las instituciones de enseñanza superior y con los adelantos de la civilización en las distintas manifestaciones de la Vida (...)

"Podemos afirmar, sin reticencias, que, en la hora presente, la Universidad argentina, despojada de sus viejos moldes, sin círculos privilegiados, libre de prejuicios, ajena a los intereses creados sin

enseñan se base en el valor intrínseco del saber y no en la fuerza de la disciplina. Señalan luego que la reforma liberal aportada por el interventor Matienzo solamente ha servido para sancionar el predominio de "una casta de profesores". Más adelante, luego de esgrimir como única posibilidad de cambio el heroísmo de la juventud, describe las irregularidades de la elección de rector, con durísimas expresiones: "El espectáculo que ofrecía la asamblea universitaria era repugnante. Grupos amorales deseosos de captarse la buena voluntad del futuro rector exploraban los contornos en el primer escrutinio, para inclinarse luego al bando que parecía asegurar el triunfo, sin recordar la adhesión públicamente empeñada, el compromiso de honor contraído por los intereses de la universidad. Otros —los más— en nombre del sentimiento religioso y bajo la advocación de la Compañía de Jesús, exhortaban a la traición y al pronunciamiento subalterno". Y finaliza diciendo: "La juventud ya no pide, exige que se le reconozca el derecho a exteriorizar ese pensamiento propio en los cuerpos universitarios por medio de sus representantes. Está cansada de so-

banderías ni egoísmos, llevando solamente en su seno generoso, palpitante, el noble ideal de la ciencia, marchará rectamente difundiendo las virtudes de sus enseñanzas, hacia la consecución de sus superiores destinos y con la posesión plena de sus atributos esenciales de institución autónoma, educadora y democrática.

"Además, la Universidad Argentina, por virtud de la reforma realizada, ha adquirido su sello peculiar, característico. Intervienen concurrentemente en su constitución las tres entidades que forman el organismo universitario: las autoridades propiamente tales, los profesores de todas las categorías y denominaciones, y los estudiantes, alma y vida del Instituto. La acción conjunta y armónica de esos factores, el peso y contrapeso de las opiniones, los esfuerzos colectivos, la reciprocidad de anhelos, una más íntima y permanente vinculación, los mutuos afectos, la responsabilidad solidaria, generarán sin duda alguna, los comunes ideales, los patrióticos ideales de forjar una universidad genuinamente argentina, grande y prestigiosa, identificada con la vida nacional, con su desenvolvimiento político, institucional y social, con sus necesidades económicas, industriales y comerciales."

GABRIEL DEL MAZO
El primer gobierno de Yrigoyen

Impulsor decidido del movimiento, Bordabehere integró desde su origen el Comité Pro Reforma, y luego ocupó cargos directivos en la naciente Federación Universitaria de Córdoba.
Ismael Bordabehere, junio de 1918.

portar a los tiranos. Si ha sido capaz de realizar una revolución en las conciencias, no puede desconocérsele la capacidad de intervenir en el gobierno de su propia casa". El llamamiento a la solidaridad de los jóvenes latinoamericanos rubrica el documento: "La juventud universitaria de Córdoba, por intermedio de su federación, saluda a los compañeros de la América toda y les incita a colaborar en la obra de libertad que se inicia".

Durante el mes de julio se lleva a cabo en Córdoba el Congreso Nacional de Estudiantes, presidido por Osvaldo Loudet, y en él no todas las corrientes de pensamiento coinciden con el reformismo, sobre todo en lo que hace a la voluntad de extender los alcances del movimiento a propuestas políticas vinculadas con el conjunto de la sociedad. No obstante lo cual, como dice Gabriel del Mazo, el Congreso "alcanzó a señalar las nuevas bases de organización para las universidades sudamericanas, pero su intención fue deducir sobre la lucha misma, las normas más generales de organización para toda la enseñanza pública". De este propósito se hizo cargo el gobierno radical, y a fines del mes de julio de 1918 presentó al Congreso Nacional un mensaje y proyecto de ley que comprendía los tres niveles de la enseñanza pública.

El 7 de agosto renuncia el rector Nores, no sin antes haber expresado que "prefiere antes de renunciar que quede el tendal de cadáveres de los estudiantes". Designado interventor un hombre claramente anticlerical, Telémaco Susini —que nunca asume, precisamente por las presiones del clero—, se hace cargo de la intervención el 12 de septiembre el ministro Salinas. Antes, el 26 de agosto, en una asamblea a la que concurren unas 20.000 personas, la FUC reitera su protesta contra la ingerencia de los poderes eclesiásticos. El 9 de septiembre, 83 estudiantes ocupan la Universidad, la declaran abierta y anuncian el comienzo de los cursos. Tras la detención de los estudiantes, finalmente Salinas llega a Córdoba y realiza una reorganización que contempla los pedidos de los estudiantes. El 11 de octubre la Universidad vuelve a abrir sus puertas. El reclamo estudiantil ha triunfado.

Los principios de la Reforma

Autonomía y gobierno compartido por docentes, estudiantes y graduados –más adelante se diría "gobierno tripartito"–, son los principios centrales. A ellos se añaden la necesidad de impulsar la renovación de la enseñanza por medio de la periodicidad de la cátedra; la asistencia libre, para que los alumnos que trabajan puedan aprobar sus materias; la docencia libre, es decir la posibilidad de que se dicten materias afines o complementarias al plan de estudios y las cátedras paralelas, para que los estudiantes puedan optar por enfoques diferentes; la enseñanza gratuita y, finalmente, la obligación de que la universidad difunda sus logros en la sociedad mediante la extensión universitaria.

Todos estos principios encuentran su eco en una América donde las clases medias se aglutinan en torno de reivindicaciones que les permitan una inserción real en las nuevas sociedades modernizadas, por medio de un principio tan democrático como la igualdad de oportunidades. La situación latinoamericana tiene puntos en común con esta Argentina en la que el radicalis

Comprendiendo que su lucha trascendía los marcos de las reivindicaciones sectoriales, los estudiantes reclamaron y obtuvieron el apoyo de sectores gremiales, políticos e intelectuales.
Toma de la Universidad por la Federación Universitaria, septiembre de 1918.

mo asciende al poder por medio del sufragio universal, y los estudiantes reclaman la democracia para sus casas de estudios. En México, la revolución se ha institucionalizado por medio de la Constitución de Querétaro, el batlismo uruguayo llega al poder mediante el sufragio universal, y en el Perú, a la vez que se producen las huelgas de la "Semana Trágica" en Buenos Aires, las organizaciones obreras luchan por la jornada de ocho horas. Sobre la base de un reclamo generalizado contra el caudillismo, la corrupción y el conservadurismo, nacen las universidades populares, como la González Prada en

Gravitación política del movimiento estudiantil

Ese radicalismo triunfante se apoyaba en las clases medias urbanas del litoral, y en muy amplios sectores populares dentro de las ciudades; en casi toda la clase media rural de la zona del cereal, en una parte sustancial de los hacendados menores en la zona ganadera; en grupos marginales dentro de las clases altas del interior. Con estos apoyos se comprende que no pudiese practicar una política ni muy innovadora ni muy coherente. A partir de 1916 Yrigoyen consagraría su capacidad administrativa –que iba a revelarse limitada– a la eliminación de las huellas del pasado que proclamaba oprobioso en el cuerpo de funcionarios; con ello, a la vez que entendía cumplir un deber moral impostergable, consolidaba una máquina electoral que sólo se hizo invencible en el gobierno. (...) igual discreción mostró para apoyar el movimiento de reforma universita-

ria, pese al vocabulario extremo que algunos de sus dirigentes empleaban: esperaba de él que pusiera fin al predominio que miembros de la aristocracia conservadora retenían en la Universidad. (...)

Si (...) examinamos lo realizado por los movimientos antioligárquicos en las ocasiones en que contaron con el poder político, veremos que su acción es más coherente que su ideología; aumentar la gravitación en el sistema político de los sectores que lo apoyan es su objetivo primero; mejorar mediante esbozos de legislación social y previsional la situación de estos sectores, su finalidad complementaria; en los rasgos básicos de la estructura económico-social que hallan no introducen, en cambio, modificaciones importantes.

Esa distancia entre una renovación ideológica, a la vez muy ambiciosa y muy imprecisa, y objetivos concretos moderados, pero claros, se manifiesta en grado extremo en un movimiento que es acaso el más característico de la corriente antioligárquica: el de reforma universitaria, que en la primera posguerra se di-

el Perú, José Martí en Cuba, Vitorino Lastarria en Chile
y la Universidad Popular Central en Montevideo.

El movimiento
estudiantil se consolida

El gobierno radical no solamente reorganiza la
Universidad cordobesa sino que también reforma los
estatutos de la de Buenos Aires. Los saludos al gobier-

funde por Latinoamérica a partir de
la Argentina. El movimiento de reforma confiesa la doble inspiración de
la revolución rusa y la mexicana;
esos ejemplos le animan a luchar por
una modificación de los estatutos
universitarios que elimine el todo
poder de los profesores reclutados
demasiado frecuentemente dentro
de cliques que son, a su vez, parte
de los sectores oligárquicos) obligán-
dolos a compartir el gobierno con
los estudiantes (provenientes en parte de sectores sociales más modes-
tos, pero sólo excepcionalmente populares). No es extraño entonces
que el alzamiento estudiantil haya
contado en la Argentina con el apoyo apenas disimulado del gobierno
radical. Sin duda, el movimiento de
reforma universitaria no agota su eficacia dentro de la Universidad; conduce a una politización permanente
del cuerpo estudiantil, que —ante la
sólo incipiente movilización política
de los sectores populares— se constituye en más de un país en vocero de
los que aún permanecen mudos. El
movimiento estudiantil es entonces
una escuela política en la que se han
formado muchos futuros líderes revolucionarios o reformistas latinoamericanos, desde Víctor Raúl Haya
de la Torre hasta Fidel Castro; en ella
han hecho también sus primeras ex-
periencias (aunque se complazcan
menos en recordarlo) figuras que en
su madurez se iban a ubicar en el
centro y a la derecha del abanico político.

Pero, sobre todo, la gravitación
política del movimiento estudiantil
depende de la ausencia de movimientos populares masivos: sólo excepcional y tardíamente (en el caso
cubano) la acción de los dirigentes
universitarios desemboca en la formación de movimientos de este tipo;
su continuación en la política nacional está dada por organizaciones políticas de inspiración ideológica a
menudo más radical que las de la
preguerra, pero de séquito político
comparable al de éstas, en que los
sectores populares siguen gravitando
menos que las clases medias.

TULIO HALPERIN DONGHI
Historia de América latina

La acción de los estudiantes cordobeses fue luego imitada por los jóvenes de las universidades de Buenos Aires y de La Plata. **Facultad de Derecho de Buenos Aires, tomada en noviembre de 1919.**

no por haber podido dar forma al anhelo estudiantil se expresan de distintas maneras. La FUC agradece en un telegrama del 8 de octubre de 1918 al presidente: "La Federación Universitaria, aquilatando esa obra patriótica que coloca a V. E. entre los argentinos ilustres, envía al primer mandatario de la nación su aplauso entusiasta y sincero". Firman el telegrama Enrique Barros, Ismael Bordabehere, C. Garzón Maceda (presidentes), Alfredo Degano, Luis Ruiz Gómez y A. Ruiz Palacios (secretarios).

En 1919 el gobierno sancionó la ley 10.861, con la que se instituyó la Universidad del Litoral, y en 1920 el Poder Ejecutivo encomendó al ministro de Instrucción Pública procediera a organizarla "en concordancia", decía el decreto, con los anhelos culturales del país y "teniendo en cuenta los progresos alcanzados por el espíritu humano en las instituciones de enseñanza en todas sus gradaciones y muy especialmente en las superiores". Por su parte, la Universidad de Tucumán fue nacionalizada en 1921 por ley 11.027 y un convenio correlativo con la provincia. Estas institucionalizaciones fueron también una consecuencia del accionar de los estudiantes.

Como prolongación del congreso realizado en julio del '18, en 1921 se reúne en México el primer Congreso Internacional de Estudiantes. Allí se reiteran los principios fundamentales de la Reforma, y se anuncia la creación de la Federación Internacional de Estudiantes, en momentos en que el mundo asiste al nacimiento del nacionalsocialismo: ese mismo año de 1921 Hitler accede a la presidencia del Partido Nacional Socialista.

El movimiento reformista implicó una visión americanista y democrática que, en países como Perú y Venezuela, se expresó en una dura lucha de los estudiantes contra sus dictadores: significó, además, la solidaridad de los dirigentes argentinos con sus coetáneos de todo el continente. Algunos de estos dirigentes, como Roca, Saúl Taborda, Héctor Ripa Alberdi, Gabriel del Mazo, Julio V. González, Carlos Sánchez Viamonte, Adolfo Korn Villafañe, Florentino Sanguinetti o Aníbal Ponce cumplieron fecundas trayectorias intelectuales.

Curiosamente, fueron muy pocos los dirigentes re-

Catedráticos y alumnos de la Facultad de Ciencias Exactas, Físicas y Naturales colman las instalaciones durante el acto eleccionario de las nuevas autoridades, octubre de 1918.

formistas que militaron después en el radicalismo. Muchos de ellos se abstuvieron de actuar en política, y algunos se situaron en posiciones de izquierda. Sea como fuere, Yrigoyen puso toda su influencia para acelerar las reformas, echándose encima el odio de los desplazados y de los sectores a los que estaban vinculados. Y esto también resulta coherente, aunque pocos fueran los réditos políticos que recogiera, porque Yrigoyen siempre se caracterizó por dar oportunidades a la gente joven: no le tuvo miedo a su oposición, tampoco se molestó por ella y, en este aspecto, la Reforma Universitaria constituye uno de los grandes saldos de su gobierno.

De allí en más, con diversas alternativas, las universidades argentinas han de pesar en el panorama político, con sus ciclos en los que se alternan la calma y la intranquilidad, las manifestaciones por reivindicaciones estrictamente estudiantiles con los reclamos en pro de conquistas que son para toda la sociedad. Nunca volvió, salvo en períodos en los que las instituciones democráticas fueron silenciadas, a desaparecer su influencia del complejo panorama social de una Argentina en crecimiento.

Los años de prosperidad

El gobierno de Alvear, en la memoria de los argentinos, se mantiene como uno de los períodos políticos más felices de la historia nacional. Por una parte, la democracia se había consolidado, y por otra, las élites consideraban un alivio la sustitución de la conflictiva figura de Yrigoyen por un hombre de familia tradicional. Esta tranquilidad, sin embargo, ocultaba crisis larvadas que no tardarían en estallar, y encerraba en su seno no solamente la impostergable crisis social, que el gobierno de Yrigoyen supo contener y orientar, sino también los problemas económicos posteriores a la guerra mundial. Los grandes mercados necesitaban un reordenamiento y la Argentina ya no podía negociar sus condiciones como antes del conflicto.

La figura de Alvear

Marcelo Torcuato de Alvear fue protagonista de una historia que reunió en sí múltiples significados: pertenecía a una de las familias próceres del país, la suerte lo había acompañado desde su nacimiento, y militaba en un partido popular. Aunque era rico, nunca se rodeó de un lujo estridente; su militancia radical significaba la expresión de un disconformismo con las condiciones de vida de su propia clase, en un momento en que sus amigos miraban con desprecio la lucha liderada por Yrigoyen. Al casarse con Regina Pacini, una mujer de teatro —la había conocido en Lisboa mientras ella cantaba en la Opera—, mostró a la

Miembro de una familia tradicional, elegante y poseedor de una refinada cultura —producto de sus años de residencia en Europa—, el nuevo presidente era la contrafigura de su antecesor.
Marcelo T. de Alvear en 1896.

gente de su nivel social que podía actuar con independencia absoluta de sus cánones.

Para la opinión popular, Alvear era sobre todo "el candidato de Yrigoyen". Para los sectores sociales conservadores, si tomamos en cuenta el editorial de *La Nación* del 3 de junio de 1922, "la garantía anticipada de un gobierno recto y ecuánime, llamado a restablecer el imperio del régimen constitucional y de la libertad política, después del eclipse que han sufrido bajo el providencialismo de los últimos años".

¿Cuáles fueron las razones por las cuales Yrigoyen eligió a Alvear como sucesor? Algunos le atribuyen complicadísimas intenciones: lo habría propuesto a Alvear cuando en realidad su candidato para la fórmula era Elpidio González. Esta explicación encierra la idea de que hubiera sido mejor la transición hacia la "Argentina de los partidos" si el presidente en 1916 hubiera sido Alvear. Lo cierto es que el yrigoyenismo no promovió candidatos aptos, y que Alvear, apartado de la política local desde 1917, se convertía por ello en un hombre distanciado por igual de personalistas y antipersonalistas.

La figura de Alvear probablemente fue la más adecuada —y el Yrigoyen político debía saberlo— para transmitir confianza: un hombre del patriciado en un

Sucesivas herencias habían hecho de Alvear un hombre sumamente rico. Su posición le permitió rodearse de personalidades destacadas de su país y de Europa.
Marcelo T. de Alvear y Regina Pacini en la intimidad.

El epígrafe de la caricatura —"Primera duda: usar la boina partidaria o su clásica galera"— refleja la paradoja, sólo aparente, de un hombre del patriciado subiendo al poder de la mano de un partido popular. **Caricatura de Caras y Caretas, 1922.**

partido popular, según afirman algunos historiadores, que finalmente iba a enojar tanto a los yrigoyenistas como a la izquierda o a la derecha nacionalista, y que haría posible la unión de los antipersonalistas, procedentes del radicalismo no yrigoyenista, del socialismo, de la democracia progresista.

La convención radical eligió la fórmula Alvear-Elpidio González por ciento veintinueve votos contra treinta y tres. En abril de 1922 se efectuaron los comicios: la UCR obtuvo 458.457 votos, triunfó en doce distritos y obtuvo 235 electores. Todos los otros partidos, reunidos, alcanzaron apenas 364.923, exceptuando a la Concentración Nacional, que rozó la cifra de 200.000 votos. Fue un triunfo radical rotundo, en el que la UCR superó por más de 100.000 votos la cifra de 1916.

Buenos Aires, el país

No sólo se trataba de una ciudad que encerraba el nudo político de los acontecimientos, sino también el lugar en el que el creciente valor del país era mostrado a los extranjeros. La terminación de las obras del Correo Central, la restauración de la Catedral, la ampliación de los hospitales de Clínicas y Muñiz, fueron algunas de las obras en pro de la ciudad. Los intendentes Carlos Noel y José Luis Cantilo hicieron gestiones que permitieron destacar el brillo de la nación. No ocurría lo mismo en ciudades como Rosario, Córdoba, Mendoza o Mar del Plata, que padecían los problemas de la falta de una estructura urbana adecuada. Los visitantes que poblaron la ciudad durante los años 20 quedaron francamente sorprendidos por el bullicio de las calles céntricas, o por su vida nocturna, así como por la importancia de su vida cultural y lo selecto de sus temporadas teatral y musical.

Los trabajadores habían obtenido mejoras durante el gobierno de Yrigoyen, pero de todos modos numerosas huelgas tuvieron lugar durante el gobierno de Alvear. Los socialistas promovieron la sanción de algunas leyes en favor de los trabajadores, tales como la jornada de ocho horas, el pago del salario en moneda nacional y no en especies, la reglamentación del trabajo de mujeres y niños. En el Interior, Carlos Lencinas había auspiciado en Mendoza la creación de la Caja de Pensiones a la Vejez e Invalidez, en el año 1923, y Federico Cantoni creó en San Juan la Dirección de Trabajo, que recibía los reclamos de los trabajadores.

Como había ocurrido desde tiempo antes, la Capital concentraba no solamente la suma del poder político sino también las inversiones más importantes y los niveles de vida, educación y salud más elevados. Allá lejos, en las provincias, la vida transcurría muchas veces como en el pasado, sin que la modernización en que estaban empeñados muchos políticos y hombres de partido tuviera mayor trascendencia...

El problema de la carne y los frigoríficos

Al terminar la guerra, el comercio exterior sufrió un desequilibrio que provocó la escasez de productos

Buenos Aires concentraba casi el veinte por ciento de la población total del país, y, a pesar de su papel de vidriera ante el mundo, en ella coexistían cotidianamente la opulencia de las clases propietarias y la miseria de la mayoría trabajadora. **Edificio del Correo Central.**

básicos, amenazando el normal funcionamiento de la economía. Después de la crisis ganadera de 1922, las esperanzas de normalización crecieron, como consecuencia de cinco años de buenas cosechas y de la mejora de los términos del intercambio. Los sectores agropecuarios mantuvieron su influencia en la conducción de la política económica, aunque la actividad comenzaba a declinar, dado que los precios de granos y carne no habían aumentado y sí lo habían hecho los costos de la producción. La sequía de 1922 motivó la liquidación de los rodeos y los ganaderos trasladaron sus reclamos al gobierno. Algunas iniciativas revelaron que Alvear tendría una política agropecuaria decidida y precisa: se resolvió la construcción de un frigorífico administrado por el Estado y ubicado en Buenos Aires; la represión de los *trusts* (ley 11.210 de agosto de 1923); la venta del ganado sobre la base del precio del "kilo vivo" (ley 11.228 de marzo de 1924) y el establecimiento de precios mínimos para el ganado de exportación y máximos para venta local.

El documento producido por la Sociedad Rural en

Nuevos alineamientos políticos

Como Sáenz Peña, Alvear se benefició de la máquina montada, que en 1922 lo eligió canónicamente y con escasa oposición. Es posible que su elección por Yrigoyen apuntara a limar asperezas con unos sectores opositores cuya gravitación reconocía. Pero Alvear avanzó mucho más en ese camino. En su gabinete sólo se sentó un yrigoyenista, el ministro de Obras Públicas. Limitó la creación de nuevos empleos públicos y aceptó las funciones de control que institucionalmente le correspondían al parlamento, cuyas relaciones cultivó con cuidado. Sobre todo, no dispuso intervenciones federales por decreto. El aparato partidario reaccionó en primer término, pues la distribución de pequeños empleos públicos era la principal herramienta de los caudillos locales: el "popular" Yrigoyen fue contrapuesto al "oligárquico" Alvear. Pero además Alvear se fue apoyando en quienes en distintas ocasiones se habían opuesto a Yrigoyen o habían cuestionado sus métodos, y los seguidores del viejo caudillo pronto formaron una corriente cada vez más hostil al gobierno. A fines de 1923 Alvear pareció inclinarse decididamente por el grupo opositor, al nombrar ministro del interior a Vicente Gallo, quien junto con Leopoldo Melo encabezaba la corriente denominada antipersonalista. La división del radicalismo se profundi-

1927, titulado "El *pool* de los frigoríficos: necesidad
de intervención del Estado" y elaborado por un joven
economista, Raúl Prebisch, contiene el pensamiento
que sirvió de marco a la acción del gobierno. Sin embargo, la misma Sociedad Rural alentaba las relaciones económicas con Gran Bretaña y la necesidad de
tomar partido en la "guerra de la carne" que comenzaba a librarse entre británicos y norteamericanos. El
ministro de Agricultura, Tomás Le Breton, que había
sido embajador en los Estados Unidos, estaba al tanto
de ese conflicto, circunstancia que permitió al gobierno argentino estar muy atento en la coyuntura.

La producción industrial

Durante la gestión de Alvear hubo 519 huelgas en
las que participaron cerca de medio millón de trabaja-

zó: en 1924 presenta-
ron listas separadas y
pronto constituyeron
dos partidos diferentes.
La disputa verbal fue
muy intensa : unos eran
"genuflexos", por su
obediencia incondicio-
nal al jefe, y otros "con-
tubernistas", según una
nueva y afortunada pala-
bra, que calificaba los
acuerdos entre los anti-
personalistas, conserva-
dores y socialistas. El
ministro Gallo quiso re-
currir a los viejos y pro-
bados métodos para
desplazar a los yrigoye-
nistas: dar empleos a los
partidarios e intervenir
gobiernos provinciales
adversos, pero Alvear
no quiso abandonar has-
ta tal punto sus princi-
pios. En julio de 1925
fracasó en el Congreso
un proyecto de inter-
vención a Buenos Aires,
que era clave para la es-
trategia de Gallo, y éste
renunció al ministerio.

Desde entonces Al-
vear quedó en el medio
del fuego cruzado entre
antipersonalistas —que
sólo pudieron arraigar
firmemente en Santa
Fe— y los yrigoyenistas,
que hicieron una elec-
ción muy buena en
1926 y ganaron posicio-
nes en un Congreso
convertido en ámbito
de combate de las dos
facciones. La polariza-
ción fue extrema, su-
mándose al grupo antiy-
rigoyenista sectores
provinciales disidentes,
como el lencinismo
mendocino o el canto-
nismo sanjuanino, de
fuerte estilo populista,
sólo unidos con sus so-
cios por el odio al jefe
radical.

LUIS ALBERTO ROMERO
*Breve historia
contemporánea de la
Argentina*

Durante la década de 1920, la Argentina ocupó el cuarto puesto entre los países con mayor cantidad de automóviles respecto de la población total.
Aviso publicitario de la empresa The Studebaker Corporation of America, 1921.

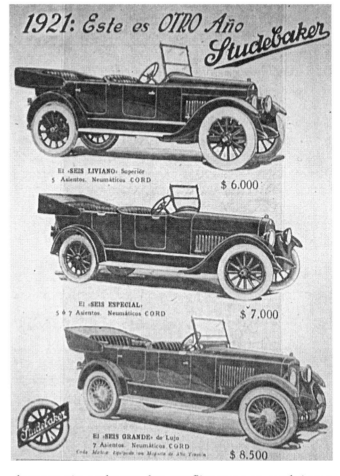

dores y, sin embargo, los conflictos no se tradujeron en un clima de tensión social constante y opresiva para los sectores dominantes ni para el pueblo. Con respecto al desarrollo de la industria, en los sectores económicos no hubo una actitud industrialista, por lo que la gestión de Alvear no fue sustancialmente diferente en este aspecto de lo sucedido hasta el momento. Un estudio reciente en torno de las etapas del desarrollo económico argentino llama a este período, que se extiende hasta 1933, "la gran demora", porque antes se habían creado condiciones para el "despegue" industrial de la Argentina.

Sin embargo, el nivel de la producción había decrecido. En 1925 había 61.000 fábricas en todo el país, con alrededor de 600.000 obreros empleados en ellas. Después del incipiente proceso de sustitución de importaciones durante la guerra, la posguerra impuso el regreso de los productos importados, y la instalación de nuevas empresas: Palmolive, Colgate, Sylvania, RCA Victor, Iram, y se instalaron talleres de armado de automóviles cuyas partes venían de los Estados Unidos. Las firmas tradicionales subsistieron, y empresas como la Compañía General de Fósforos o Tamet —la mayor productora metalúrgica de América latina— eran las muestras de una poderosa expansión que alcanzó su punto culminante en 1923, para iniciar luego un lento proceso de declinación.

Algunas industrias locales tuvieron inconvenientes: un ejemplo es el de los azucareros. Las huelgas de cañeros en 1923 y 1926 pusieron en riesgo la actividad azucarera, y el presidente auspició el llamado "laudo Alvear", con el cual se solucionaron los problemas entre cañeros y dueños de ingenios. En 1928 se repitió el problema de la superproducción, ya que se elaboraron 700.000 toneladas de caña cuando el consumo no iba más allá de las 365.000.

La extracción de petróleo constituyó un sector clave del gobierno alvearista. En 1907 habían empezado las explotaciones de los yacimientos de Comodoro Rivadavia, y en 1918, de los de Plaza Huincul. Pronto irrumpe la fiebre especulativa y se constituyen más

De los 36.000 km de vías férreas existentes en el país al final de la gestión de Alvear, 30.000 estaban en manos de empresas privadas, de las cuales el Ferrocarril del Sud era el más importante.
Plaza Constitución, Ferrocarril del Sud.

de treinta compañías que piden autorización para cateos. En 1926 la Standard Oil comienza sus explotaciones en Salta; la Royal Dutch ya lo hacía desde 1922 en Chubut. Bajo la conducción del general Enrique Mosconi, YPF compite con las empresas privadas. La demanda creciente de petróleo para la producción de naftas provenía del auge del automóvil, y este proceso de producción llevó a reflexionar acerca de la nacionalización de los yacimientos.

En 1927 se discutió la ley que proponía el yrigoyenismo: nacionalización de los yacimientos petrolíferos y monopolio de explotación y venta por parte del Estado. Los conservadores defendieron el derecho de las provincias a establecer sus propios regímenes y cobrar sus regalías, mientras que los personalistas postulaban un régimen de asociaciones mixtas. Una fuerte corriente antiimperialista fue sustentada por los socialistas y, sobre todo, por ciertos intelectuales argentinos que, enmarcados en el pen-

Alvear entrega el gobierno a Yrigoyen

El presidente ha hecho su examen de conciencia ante la asamblea legislativa. El tono general revela la insuficiente noción que el señor Alvear tiene de la responsabilidad gubernativa: la mayor excusa de los males que su incapacidad ha acarreado al país consiste en ampararse detrás del sufragio universal, a pesar de decir con alarde rumboso que "la confianza que se inspira es deuda que se contrae".

Al hablar de sus antecedentes y de lo que éstos valieron para su elección se olvida el muy ingrato de la decisiva intervención del señor Yrigoyen, el cual lo impuso a la convención radical, con el designio de dirigir la política nacional, que sólo la presidencia de un sibarita frívolo ha podido permitirle. Eso es lo que ha determinado la presidencia del señor Alvear y no —como dice— "sus ideas principales, por lo menos, su orientación moral y su manera de ver los problemas sustanciales de la vida nacional, han debido ser, sin duda, elementos de juicio en los cuales debió apoyarse el veredicto consagratorio. Y, a todo ello, evidentemente, está comprometido quien acepta la misión de guiar los destinos de la colectividad".

Este párrafo revela las ilusiones que el presidente tiene sobre su persona. Pero lo que realmente significa una declaración palmaria de impotencia, es la negación absoluta de la eficacia de la voluntad humana que encierran estas palabras insensatas; un proceso de selección

samiento latinoamericano, sostenían la defensa del patrimonio económico como garantía de la independencia política.

El gobierno de Alvear coincidió con la última gran expansión de los ferrocarriles. Treinta y seis mil kilómetros, en 1928, hacían de la Argentina el país latinoamericano con mayor extensión de vías férreas. Todos eran de propiedad británica —el del Sud, el Central Argentino, el Buenos Aires al Pacífico, el del Oeste— salvo los Ferrocarriles del Estado, que mostraban eficiencia y buenos servicios. Roberto M. Ortiz, ministro de Obras Públicas, rebajó mediante un decreto las tarifas indebidamente impuestas por algunas líneas ferroviarias británicas, medida que fue derogada por Yrigoyen en su segundo gobierno.

---

que el fatalismo venturoso de nuestro destino propiciara, sin duda.

Nosotros nos permitiremos opinar que ese destino venturoso y esperado, se perderá si la República tiene la triste suerte de contar durante varios lustros, gobernantes como el actual. Y bastará señalar a mayor abundamiento, la modestia intelectual que descubre el autor del lamentable documento, cuando declara: "los viejos métodos de selección forzada, aunque cuidadosa de los hombres, han asegurado el predominio veraz y definitivo de los valores representativos de la democracia".

Esos viejos métodos hicieron la prosperidad del país, con la cual amenaza dar al traste el forzado sucesor del señor Alvear con esa política de derroche, que seis años de paliativos no han podido corregir ni impedir su repetición inevitable, aunque la invocación final del mensaje pretenda obligar "su prudencia y ecuanimidad, de la cual depende la laboriosa y fecunda del espíritu público y de su acción directiva y propulsora, y aceleramiento del progreso general".

(...) Pero se engaña el presidente si cree que su infausta presidencia será olvidada; la Nueva República exhumará de la Historia Nacional, la más ilustre de las instituciones argentinas, la que sirviera para castigar a grandes gobernantes y procederá a levantar un juicio de residencia que selle su acción de gobernante y ocupe su conciencia por el resto de sus días.

RODOLFO IRAZUSTA
De Alvear a Yrigoyen

Alianzas políticas y escisiones partidarias

La tranquila administración alvearista fue vista por muchos como una etapa en la que se consolidaron alianzas políticas y económicas que retrasaron el avance económico de la Argentina. Uno de los problemas políticos más importantes fue la escisión del radicalismo, que sirvió para consolidar la corriente antipersonalista.

El gabinete de Alvear estaba integrado por representantes de los sectores sociales hostiles al "personalismo" y francamente refractarios al estilo político de Yrigoyen. Ejemplo de ello es el caso de José Nicolás Matienzo, un viejo partidario de Juárez Celman, si bien su posición tenía características de autonomía respecto del "régimen"; o de Agustín Justo, el ministro de Guerra que reemplazara al yrigoyenista Dellepiane, o de Tomás Le Breton y de Celestino Marcó, quienes fueron objeto de duras críticas por parte del diario yrigoyenista *La Epoca*.

Cuando Yrigoyen habla por última vez en el Congreso, el 1º de julio de 1922, dirige frases de extraordinaria violencia contra la oposición conservadora. Al

En el radicalismo convivieron sectores esencialmente antagónicos, con concepciones e intereses distintos y muchas veces opuestos.
Alvear, Tamborini y Justo en el palco oficial.

terminar el año, los conservadores apoyan a Alvear. Pero en diciembre, al discutirse los diplomas de radicales alvearistas por Jujuy, el sector radical yrigoyenista no se presenta en el recinto, impidiendo así la realización de la sesión, mientras la minoría compele a los ausentes ante la resistencia del vicepresidente González. Varios senadores logran un voto de censura contra el hombre de Yrigoyen; Melo, Torino, Saguier, Gallo –radicales antiyrigoyenistas–, se unen a los conservadores para esto. La tensión continúa en los meses subsiguientes.

Los primeros encontronazos ocurrieron en el Congreso. La propuesta yrigoyenista de intervención a Córdoba, rechazada por Alvear, es el comienzo. La situación se complica cuando las dos fracciones se enfrentan a raíz de las dificultades creadas en Mendoza y en San Juan por el "lencinismo" y el "cantonismo", derivaciones radicales. Cuando en 1924 Alvear inaugura la asamblea legislativa, los legisladores yrigoyenistas no concurren, y tampoco lo hace el vicepresidente Elpidio González, quien debía presidir naturalmente la asamblea. Con ello, la ruptura se hace palpable y evidente.

El primer paso estaba dado: se forma en Buenos Aires el "radicalismo disidente" dirigido por Isaías Amado y Mario Guido. El gestor en las sombras de este agrupamiento es el ministro de Interior de Alvear, Gallo, que más adelante sería reemplazado a causa de la presión ejercida sobre el presidente para intervenir Buenos Aires y desarticular así al yrigoyenismo. Las elecciones internas del radicalismo de la capital habían mostrado paridad entre personalistas y antipersonalistas. Un comité yrigoyenista se instala en la calle Cangallo, mientras que otro, antipersonalista, lo hace en la calle Tacuarí. Hasta que, finalmente, una asamblea de diputados y senadores antipersonalistas, realizada en el Coliseo, constituye la comisión que debía reconstituir la UCR en todo el país. Los principales nombres son los de Mario M. Guido, Leopoldo Melo, José P. Tamborini, Fernando Saguier, Aldo Cantoni y Miguel Laurencena. Algunos de ellos eran hombres que, desde un auténtico liberalismo, se habían opuesto a decisiones de Yrigoyen acerca de la neutralidad, la Reforma Universitaria, la ley de alquileres.

Los hermanos Cantoni, fundadores del radicalismo sanjuanino, acaudillaron en su provincia una escisión de carácter demagógico y populista. **Federico Cantoni, gobernador de San Juan, en su despacho.**

También estaban en contra de la nacionalización del petróleo. Entre ellos había dirigentes provinciales que guardaban las ofensas de las intervenciones dispuestas por su gobierno.

El año 1924 es decisivo, ya que a partir de las elecciones de diputados se incorporan ochenta legisladores radicales, cincuenta de ellos pertenecientes al yrigoyenismo. Sin embargo, el cuerpo elige presidente provisional a Mario Guido, que concentra los votos de 26 diputados radicales, 2 "bloquistas" del cantonismo sanjuanino, 1 "principista" de La Rioja, 22 conservadores y 19 socialistas. Una muestra del "contubernio", calificativo dado por el yrigoyenismo a esta nueva manifestación de la "política del acuerdo". Curiosa unión —que volvería a repetirse en el '45, con la Unión Democrática— de tendencias que se alineaban en posiciones encontradas, pero se aliaban para vencer al radicalismo yrigoyenista.

Las diferencias no estaban motivadas solamente por las distintas personalidades de Yrigoyen y Alvear.

El desarrollo de la industria

La Primera Guerra Mundial y la consecuente merma en las importaciones que llegó casi a un 40 % entre 1913 y 1915, provocó, puede decirse por necesidad, un cierto desarrollo de la industria nacional.

Hasta entonces —lo hemos apreciado— el crecimiento industrial se había orientado hacia el asentamiento de ciertas industrias extractivas agropecuarias; complementadas, en pequeña medida, por la manufactura de determinados artículos de consumo inmediato, o de ayuda a la actividad constructiva, que tanto había cundido en el país.

Claro está que el crecimiento no fue parejo; el mayor beneficio lo recibió la industria de la alimentación, especialmente los frigoríficos, y en grado menor la textil y algunas otras que utilizaban materias primas locales, como sea, por ejemplo, las derivadas de la explotación del cuero.

Las actividades que manifestaron descenso fueron las de transporte y edificación. La defección de la primera de ellas afectó especialmente a la industria metalúrgica, incipiente aun, y compuesta en su mayor parte de pequeños talleres que realizaban una actividad fundamentalmente subsidiaria.

Este inorgánico crecimiento llegó hasta 1923; después de este año el decaimiento fue notable. La recuperación económica de las naciones europeas produjo una avalancha de

Había también causas partidarias, entre las que sobre-salía la confrontación de sectores sociales que habían apoyado a Yrigoyen y ahora se veían mezclados con los partidarios de Alvear, así como las rivalidades re-gionales. Los caudillos del Interior se oponían no so-lamente al predominio personalista de Yrigoyen sino también al del comité bonaerense. Radicales y socia-listas, en cambio, peleaban por la hegemonía en la Capital, enfrentamiento que era azuzado por los con-servadores, con la idea de deshacerse de ambas fuer-zas. O por lo menos, del ala más progresista del radi-calismo, lo cual les permitiría negociar con los antipersonalistas, más cercanos a sus proyectos.

Las elecciones de diputados de 1926 mostraron la relación de fuerzas entre los distintos sectores. Los partidarios de Cantoni en San Juan y los de Lencinas en Mendoza se aliaron con los antipersonalistas. La UCR consiguió 385.840 votos, pero los antiyrigoye-nistas los superaron por 30.000. Estos lograron con-trolar once distritos, pero la UCR ganó por amplia

productos industriales. El período durante el cual habían disminuido los artículos importa-dos de consumo direc-to no había sido sufi-cientemente largo co-mo para provocar un considerable aumento de las manufacturas na-cionales destinadas a suplirlas en el mercado interno. Al unísono, y por tiempo más largo todavía, habían faltado las maquinarias y herra-mientas de uso indis-pensable, además de las materias primas y combustible.

A todo esto debe su-marse otros agravantes: la falta de una firme po-lítica proteccionista y la persistencia de una con-ciencia no industrialista en gruesos sectores de la población. Esto últi-mo queda corroborado en el comportamiento de muchos industriales, sobre todo textiles, quienes en tejidos de la-na o algodón por ellos fabricados colocaban inscripciones que los identificaban como pro-cedentes del extranjero, comportamiento éste al que estaban obligados ante la presión de co-merciantes y cierto pú-blico consumidor que menospreciaba el artí-culo nacional. Tan arrai-gada estaba dicha cos-tumbre, que en 1923 fue necesario dictar la ley 11.275 sobre identi-ficación de productos nacionales. Años antes el ministerio de Agricul-tura había solicitado la colaboración de la Unión Industrial para que los artículos no tra-dicionales que se expor-taran llevaran la leyenda "Industria Argentina".

JOSE PANETTIERI
Proteccionismo,
liberalismo y
desarrollo
industrial

Bajo la hegemonía de caudillos como Lencinas —en Mendoza— y los hermanos Cantoni —en San Juan—, Cuyo se transformó en una zona de inestabilidad permanente.
Carlos Washington Lencinas.

mayoría en la Capital Federal, Buenos Aires, La Rioja y Catamarca. Esto significaba que el radicalismo era la principal fuerza política, y el yrigoyenismo, derrotado parcialmente, conservaba lugares importantes, de los que se trataría de desalojarlos desde el Congreso.

El 27 de marzo de 1926 los diputados radicales yrigoyenistas reclamaron al presidente la intervención de Córdoba, donde había ganado el conservador Cárcano. Se hablaba de "las perspectivas amenazantes que ofrecían las renovaciones provinciales y nacionales por parte de los gobiernos que traicionaron a la UCR y de los del 'régimen'...". Alvear no intervino la provincia, aunque sabía que esto podría costarle la revancha del yrigoyenismo, que lo dejaría sin quórum a la hora de votar, por ejemplo, el presupuesto. Pero su actitud fue igualmente medida cuando el ministro del Interior Gallo presionó al presidente para que interviniera Buenos Aires y dejara en el aire a los "personalistas". Gallo fue reemplazado por José P. Tamborini, y la crisis de gabinete fue el precio de no querer profundizar la línea divisoria en el partido. "Creo que el radicalismo en las próximas luchas electorales (...) afirmará rotundamente su triunfo, una vez más, sobre sus adversarios tradicionales", contestó Yrigoyen a las preguntas de un periodista tucumano. Y añadía: "No he podido llegar a explicarme la política que, contra el radicalismo tradicional que lo encumbró al poder ha tolerado, si no fomentado, el doctor Alvear, de quien he sido y sigo siendo amigo...".

¿Cómo saber si Alvear se opondría a la candidatura de Yrigoyen? La oposición, aunque coincidía en combatir al caudillo, no había logrado superar sus diferencias sustanciales. Resultaba muy difícil saber qué opinión se encerraba, pese a que las elecciones del 26 mostraban claramente las líneas en juego. Sin duda la agitación política llegaba al corazón mismo de los partidos, a través no solamente de los encendidos debates parlamentarios sino también de las intrigas de comité. Se sabe que el general Justo, que apoyaba las intervenciones a las provincias donde triunfaba el yrigoyenismo, exigía a Alvear que devolviese en hechos políticos el apoyo que se le había brindado en el 22.

La sucesión del presidente

En las modalidades políticas de la época sobresale una novedad: el caudillo de partido. Cada partido estaba formado por una estructura de caudillos que iba de mayor a menor. Durante las campañas electorales de la época la propaganda política se ejercía más bien sobre los dirigentes, como lo muestra la escisión "antipersonalista", que fue un prolongado censo de caudillos en todos los distritos, con el que se testeó el apoyo probable de cada una de las tendencias del radicalismo. Ganarse a alguno de los dirigentes significaba obtener los votos de su capital electoral. Esto no significa que los caudillos pudieran responder absolutamente por cada uno de sus votos: la elección de Yrigoyen en 1928 demostró que una fuerza opositora podía aventajar hasta a los oficialismos provinciales. El voto era un acto respetado, en el que la ley amparaba absolutamente la decisión de expresarse libremente.

Comenzó a hacerse más claro, en 1927, que la contienda electoral iba a tener como eje la figura de Yrigoyen. José Nicolás Matienzo analizaba la situación de las fuerzas políticas y sus posibilidades para las elecciones de 1928, conjeturando que había grupos de yrigoyenistas, desvinculados de los antipersonalistas, conservadores y socialistas. Se añadían a éstos los

La firmeza de Alvear ante las presiones del ministro de Guerra Agustín P. Justo para forzar la intervención de la provincia de Buenos Aires abrió las puertas a la victoria yrigoyenista de 1928.
El presidente Alvear acompañado por Agustín P. Justo.

"provincialistas" —partidos provinciales históricamente contrarios al radical—, los "izquierdistas" —radicales que actuaban en provincias como bloques independientes (Lencinas, Cantoni)— y los "dudosos", ya
que había un 51,27 por ciento de votantes que, según
algunos cómputos, no habían sufragado en 1926.

La *Revista Argentina de Ciencias Políticas* afirmaba un aumento importante en el caudal yrigoyenista
de la Capital Federal: entre las elecciones de diputados de 1924 y las de 1926, el yrigoyenismo había aumentado un 42,39 por ciento, frente al aumento del
4,93 por ciento de los antipersonalistas. Por tratarse
de un vocero de los antipersonalistas, conservadores
y socialistas, su actitud es objetiva, sobre todo cuando termina admitiendo que muchos de sus adheren-
tes habrían pasado al yrigoyenismo a causa de la actividad desarrollada por los comités o porque "no
existe ya la misma confianza de hace dos años en la
fracción del radicalismo antipersonalista". Estos análi-

El comercio exterior

En la primera pos-
guerra, las dificultades
que venía experimen-
tando la economía bri-
tánica se profundizan.
El viejo aparato pro-
ductivo inglés no se
adapta a los cambios
tecnológicos que se
producen en esa época
y a la creciente deman-
da de nuevos tipos de
bienes —automóviles,
electrodomésticos, de-
rivados del petróleo,
etc.— y es paulatina-
mente desplazado de
los mercados de los
otros países. En Argen-
tina, uno de sus merca-
dos protegidos, los Es-
tados Unidos se con-
vierten en el primer
proveedor y financista
y los ingleses sólo con-
servan su influencia
por ser los principales
compradores y por el
volumen e importancia
de sus inversiones pa-
sadas. Se abre un nue-
vo período, que conti-
nuará hasta la crisis de
1930, en el que predo-
mina el denominado
"comercio triangular",
por el cual la Argentina
exporta, sobre todo,
al mercado británico
mientras que sus im-
portaciones provienen
en su mayor parte del

sis terminaban favoreciendo la candidatura de Hipólito Yrigoyen.

La campaña electoral de 1928

La preferencia de Alvear por la figura de Leopoldo
Melo hizo que los "antipersonalistas" proclamaran en
su convención la fórmula Melo-Gallo, que puso de
manifiesto la inclinación conservadora de este sector,
la cual llegó a extremos tales como que el mismo candidato manifestara posteriormente su desconfianza
hacia la Ley Sáenz Peña, proclamara su confianza en
las mayorías supuestamente antipersonalistas, y de-
nunciara "la encrucijada alevosa del cuarto oscuro"...

También el partido Socialista se escindió, luego de

país del norte. La ava-
lancha de capitales nor-
teamericanos que se
produce en la década
de 1920 y acompaña
este proceso, parece
presagiar el fin de la
"relación especial" con
Gran Bretaña.

No obstante, el "vie-
jo león" conoce quié-
nes debe tratar y cuáles
son sus debilidades y
logra recuperar posi-
ciones. Lo que más
preocupa a nuestras
clases dirigentes, que
ligadas a intereses rura-
les siempre dependie-
ron de sus mercados
compradores, es que
no pueden colocar sus
productos en el merca-
do estadounidense, ya
que el gobierno de
EE.UU., forzado tam-
bién por su "lobby" ru-
ral, impone diversas
restricciones e incluso
un embargo a la entra-
da de carnes y otros
productos argentinos.
Alentados por los ingle-
ses, los ganaderos loca-
les lanzan entonces la
campaña "comprar a
quien nos compra"
que, ayudada por las
circunstancias —la cri-
sis de 1930 que afecta a
los mercados exterio-
res y pone en peligro
incluso, la continuidad
de las compras británi-
cas— culminará en el
discutido Pacto Roca-
Runciman por el cual, a
cambio de conservar
las exportaciones de
carnes, se privilegian
nuevamente los intere-
ses británicos.

Mientras los demás
países latinoamericanos
entran plenamente, des-
pués de la crisis, en la
esfera de influencia nor-
teamericana, la Argenti-
na retorna de este mo-
do al área de la esterlina
y a un estrechamiento
de las relaciones con
Gran Bretaña.

MARIO RAPOPORT
*De Pellegrini a
Martínez de Hoz: el
modelo liberal*

*La inclinación
conservadora de la
fórmula encabezada por
Leopoldo Melo quedó
evidenciada con el apoyo
que ese sector político le
dio durante la convención
de 1927.*
**Leopoldo Melo vota en
las elecciones de abril
de 1928.**

que el diputado Dickman elaborara un documento sobre la intervención a Buenos Aires para neutralizar al yrigoyenismo. Los disidentes —entre ellos González Iramain y Federico Pinedo— formarían el Partido Socialista Independiente, aliado de conservadores y antipersonalistas en las próximas elecciones.

En una convención realizada en Córdoba, en 1927, los conservadores decidieron apoyar la fórmula antipersonalista. Esta se proclama en septiembre en esa provincia y en noviembre en Santa Fe.

Misteriosamente, los pronósticos que mostraban al yrigoyenismo perdedor en las provincias se deshicieron en el aire. En el '28 el personalismo ganó en Tucumán, en Salta, en Jujuy y en Santa Fe, baluarte del antipersonalismo, y en Córdoba, provincia conservadora. Las alianzas del antipersonalismo con Barceló en la provincia de Buenos Aires o con Cantoni en San Juan no fueron lo suficientemente importantes como para lograr desalojar la atractiva figura de Yrigoyen del consenso popular.

La oposición comenzó a bordear propuestas de fraude, y Alvear recibió el pedido del "frente" en torno a la intervención de Buenos Aires. Con su actitud prudente, concluyó la discusión diciendo que la intervención era improcedente y un "asunto concluido". De este modo, abrió la puerta a la victoria de Hipólito Yrigoyen. En la convención de la UCR, se votó por aclamación al caudillo, y con 142 votos a Francisco Beiró para la vicepresidencia.

Alvear, a pesar de sus predicciones, fue un árbitro leal. La UCR obtuvo 838.583 votos. Su adversario más cercano, el Frente Único, 414.026. Esta vez se mostró un fenómeno político diferente: no había triunfado, en rigor, un partido, sino un movimiento popular.

Literatura y pensamiento

La literatura argentina comienza a ganar espacio cuando la generación del 80 se consolida como vocero de un proyecto de país. En el 90, las novelas del "ciclo de La Bolsa" —textos generados a partir de la actitud socialmente crítica de Julián Martel, autor de la novela mencionada— inauguran un nuevo tipo de "realismo crítico". Partiendo de allí, otros autores escudriñan los acontecimientos sociales, sobre todo la nueva realidad de una urbe pletórica de cambios: la ciudad de Buenos Aires. Alrededor del Centenario, novelistas de la magnitud de Payró, Lynch, Larreta, Gálvez, y ensayistas como Lugones y Rojas, se preguntan acerca del destino de esa Argentina que cumple un siglo de vida independiente.

La nueva literatura

En 1895 la tasa de analfabetismo era del 53,5 por ciento; en 1914 se había reducido al 35 por ciento. La clase media se estaba consolidando, merced a una legislación que la favorece, y comienza a modificar el tipo de literatura destinada a su consumo. La ley de educación común, los diarios, que adquirieron una mayor difusión, la popularidad de ciertos periodistas que compartían su profesión de escritores con el oficio de escribir para la prensa, fueron dimensionando una nueva franja social apegada a las letras.

En 1912, Ricardo Rojas dio comienzo a sus clases

La creación en 1912 de la cátedra de Literatura Argentina en la Facultad de Filosofía y Letras fue un jalón importante en el camino de la valoración de las letras nacionales. **Ricardo Rojas, junio de 1911.**

sobre Literatura Argentina en la Facultad de Filosofía y Letras. Su proyecto educacional contemplaba la inclusión del estudio de los escritores argentinos en las escuelas secundarias, y la ley de protección de la propiedad intelectual dio a esos escritores mayor margen en cuanto al manejo comercial de su producción. Comenzaron a surgir nuevas editoriales, que difundieron las obras contemporáneas: las Ediciones Mínimas, en 1915, El Cuento Ilustrado, La Novela del Día, La Novela de la Juventud, fueron colecciones de divulgación popular que incluyeron un poco de todo: desde las buenas novelas y cuentos de autores como Horacio Quiroga, Benito Lynch, Roberto Payró y Manuel Gálvez hasta los *best-sellers* de la época, encarnados principalmente en la producción de Hugo Wast.

Las revistas —entre ellas *Caras y Caretas, PBT, Plus Ultra, Atlántida* o *El Hogar*— incluían en sus secciones notas y cuentos firmados por escritores representativos. Horacio Quiroga, Enrique Larreta o Alfonsina Storni publicaban en ellas, y de esa manera se fue gestando la actitud profesional de los nuevos escritores. Las distintas tendencias intelectuales crearon algunas revistas específicamente literarias: *Nosotros*, dirigida por Alfredo Bianchi y Roberto F. Giusti fue la más popular, y prolongó su existencia a través de varias décadas. La polémica entre los grupos de Boedo y Florida —que algunos de sus protagonistas, años después, atribuirían a la invención de los historiadores de la literatura— dio lugar a la aparición de la revista *Martín Fierro,* creada por Evar Méndez.

Los cuatro tomos de la *Historia de la literatura argentina,* publicados por Ricardo Rojas entre 1917 y 1921, muestran hasta qué punto existía entre los intelectuales de la época lo que hoy llamaríamos una "voluntad fundacional". También se desplegó el trabajo de críticos e historiadores, entre los que se destacan los nombres de Roberto Giusti, Juan Pablo Echagüe y Arturo Marasso.

Las revistas de la época tuvieron un papel destacado en la difusión de trabajos literarios de los grandes escritores argentinos del momento. **Revista Plus Ultra,** *agosto de 1918.*

La bohemia porteña

Las características que adquirió la vida literaria porteña crearon un modo de vida nuevo: la bohemia.

El modernismo llegó al país de la mano de Rubén Darío, y ya a mediados de la década de 1910 había asegurado sus posiciones en las letras nacionales. **Rubén Darío vestido de monje, óleo de Vázquez Díaz, 1913.**

La llegada de Rubén Darío a Buenos Aires, sus contactos con hombres de distintas tendencias, como José Ingenieros y Leopoldo Lugones, la fundación de la revista *La Montaña*... en una palabra, la instalación del "modernismo" en Buenos Aires, fue uno de los acontecimientos generadores de un nuevo tipo de escritor. Numerosos escritores menores se movían alrededor de los que luego serían grandes figuras, y el intercambio de ideas y anécdotas conformó un mundo vivo y lleno de sugerencias.

En 1915, Leopoldo Lugones fue designado director de la Biblioteca del Consejo Nacional de Educación. Rojas fue deviniendo el teórico de las nuevas propuestas, tanto en el ámbito educativo como en el de una exposición crítica de lo que luego sería llamado el nacionalismo cultural. Desde 1910, cuando publicó *El payador,* Lugones se transformó en la figura rectora de las letras argentinas, hasta que, en 1938, su suicidio cerró su tumultuoso ciclo ideológico.

Enrique Larreta adscribió a un hispanismo modernista —valga la expresión— concretado en una obra maestra del estilo: su novela *La gloria de don Ramiro,* una especie de pastiche literario, ambientado en épocas de Felipe II, con un cierre en Lima, la nueva tierra americana. Fue también autor de teatro, aunque solamente su obra *Santa María del Buen Aire* consiguió mantenerse en el teatro Cervantes, en 1938.

Dentro del campo de la narrativa se destaca Roberto J. Payró, autor de inolvidables cuadros del ámbito provinciano, a través de los cuales buscó expresar sus críticas sociales. En 1909, como enviado de *La Nación,* se instaló en Bélgica, desde donde envió sus artículos para el "Diario de un testigo". Regresó cuando Bruselas fue ocupada por los alemanes, diez años más tarde. Fue militante socialista y apoyó las posiciones de los escritores de Boedo, aunque su postura fuera independiente. Su novela *El capitán Vergara* compitió con una de Hugo Wast por el Premio Nacional, siendo esta última la ganadora, para gran sorpresa de los medios intelectuales de la época. Sus obras más significativas son, sin duda, *El casamiento de Laucha, Las divertidas aventuras de un nieto de Juan Moreira* y los *Relatos de Pago Chico,* en los que supo pintar con maestría los nuevos personajes de una sociedad en crecimiento, a quienes les dio el lenguaje adecuado y el tono justo, sin caer en la *machietta* o en un costumbrismo chato.

Manuel Gálvez fue uno de los polemizadores en torno de las ideas del nacionalismo cultural. Su proyecto era realizar un gran fresco novelístico, a la manera del español Pérez Galdós, y en cierto modo cumplió con parte de su plan: novelas como *Humaitá* y *Por los caminos de la muerte*, que forman parte de *La guerra del Paraguay*, son un excelente ejemplo de crónica novelesca. Sus libros de ensayos —*Diario de Gabriel Quiroga* y *El solar de la raza*— esbozan un pensamiento fuertemente apegado a la tradición hispana, como respaldo de la incertidumbre que rodeaba el destino argentino y el problema de su identidad. Sus novelas *El mal metafísico* y *Nacha Regules*, así como *Historia de*

Poesía, novela, historia, biografía, política, filología... Leopoldo Lugones abarcó con su talento literario los géneros y materias más diversos.
Leopoldo Lugones, retrato de Vázquez Díaz, 1911.

arrabal, dibujan con trazos intensos la vida de los suburbios porteños y todo el dolor y el olvido en el que viven sus habitantes. Gálvez es uno de los más grandes escritores argentinos: fue varias veces candidato al Premio Nobel, fundador de la sección argentina del PEN Club y promotor de nuevos escritores.

Otro novelista de magnitud fue Benito Lynch, quien supo captar las consecuencias que produjeron en el campo argentino innovaciones como el alambrado y los ferrocarriles, así como también la impronta dejada por los extranjeros. Sus novelas *El inglés de los güesos* y *Los caranchos de la Florida* reflejan la sordidez de un mundo en el que se impone una renovación no sólo en los instrumentos de trabajo sino también en las mentalidades y los objetivos. Alberto Gerchunoff, en cambio, uno de los miembros más auspiciosos de la bohemia, diseñó otra visión del campo, la de las colonias y la pampa gringa.

Lugones, poeta nacional

La erudición de Lugones ha llegado a lo proverbial. Tuvo fama de poeta, de historiador, novelista, escritor político, orador, biógrafo, filólogo, helenista, bibliófilo, esteta y científico naturalista. El pasmo del público era incesante, pues lo mismo publicaba el autor hoy un artículo filológico sobre un vocablo árabc o indígena que mañana una traducción de la *Ilíada*, lo mismo un ensayo sobre estéti-

ca que un estudio sobre el *Martín Fierro*, una biografía que una nota periodística sobre el divorcio, un libro de filosofía política que una página sobre el rearme naval o la modernización de las armas. En vida de Lugones se publicaron muchas colaboraciones de críticos que defendían la ʔutenticidad de esta erudición frente a la incredulidad de otros que la rebajaban al nivel de la falsedad y el histrionismo. Fama no le faltó y la tuvo en medida descomunal: Ventura García Calderón lo comparó por la universalidad de su cultura a

Goethe; Rubén Darío lo reputó más talentoso que cualquier contemporáneo, y Sanín Cano lo declaró "una de las inteligencias más brillantes y más extensas de la América y de la época". Con esta añadidura: "El Continente lo sabe, Europa no lo ignora, Lugones lo sabe también". Lo seguro es que fue un estudioso constante y metódico, hombre de leer varias horas al día y de una curiosidad científica inapagable y omnímoda. Supo ser maestro en cuanto género se le ocurrió cultivar, y sus prosas y versos tienen el sello del señorío y la

Un hombre de la selva

Horacio Quiroga es un escritor que pertenece a dos orillas. Uruguayo de nacimiento, argentino por haber vivido entre Misiones y Buenos Aires desde los dieciocho años, discípulo de Lugones y cultor del modernismo en sus primeras obras, a él se le debe una magnífica obra narrativa que ha superado airosamente el paso de los años y de las modas literarias. Quiroga es no solamente un gran escritor, es también el defensor de los derechos del escritor, uno de los fundadores de la Sociedad Argentina de Escritores, y, principalmente, aquel que supo ver sin concesiones el drama del hombre de la selva, el cañero, el jangadero que vive en Misiones su tragedia cotidiana. Cronista de las revistas *Caras y Caretas* y *Atlántida,* colaborador de diarios como *La Nación* y *La Prensa,* su obra es muy vasta: *Cuentos*

maestría literaria. Cada libro del autor cordobés era un prodigar de impresiones inauditas y peregrinas, y a poco que se aquietaban los espíritus y la imitación comenzara a insinuarse, un nuevo libro no menos deslumbrante y caprichoso que el anterior volvía a poner a lectores, escritores y críticos, en el punto inicial de sorpresa. Después del decadentismo y oscuridad de *Las montañas del oro* vinieron *Los crepúsculos del jardín,* deslumbrantes de color y brillantez modernista, que llegaron a tildarse de plagio para explicarlos en su extraordinario valor. Y por si el escándalo no hubiera espantado demasiado, apareció luego el *Lunario sentimental,* caprichoso, enloquecedor y contradictorio, en una palabra, imprevisible. Allí la fantasía, el humor y el antojo concurrieron por partes iguales para convencer definitivamente a los hombres de la época de que Lugones estaba más allá del límite de toda normalidad vital. Luego las *Odas seculares* (1910), con su opulenta magnificencia de descripciones y fervor poético por la patria. En seguida *El libro fiel, El libro de los paisajes* y *Las horas doradas,* en que la belleza serena del clasicismo ahoga por fin con las cenizas de lo añejo las últimas brasas de su furor modernista. El *Romancero,* los *Poemas solariegos* y los *Romances del Río Seco* acabaron por dar a la Argentina un ejemplo de poesía nacional, por encima de toda tradición nacionalizante de la estética criolla.

CARLOS ALBERTO LOPRETE
La literatura modernista en la Argentina

Horacio Quiroga constituye un caso atípico dentro de la literatura nacional. En su profusa obra empleó una variada gama de recursos literarios dentro de un esquema de fuertes tendencias naturalistas.

de la selva (1919), *Anaconda* (1921), *El desierto* (1924), *Los desterrados* (1926), *La gallina degollada* (1925) y algunas novelas ocupan un lugar de privilegio en la narrativa de la época. Su libro *Cuentos de amor, de locura y de muerte* ha sido leído y seguirá siéndolo por generaciones de argentinos y uruguayos. Su vida privada, signada por la tragedia, contribuyó a crear a su alrededor un halo de fatalidad: los suicidios de su primera mujer y de todos sus hijos —antes habían muerto trágicamente su padre, su padrastro y su mejor amigo— lo convierten finalmente en un personaje cuya densidad se revela sin duda a lo largo de su obra. Enfermo de un mal incurable y doloroso, él mismo se quitó la vida en 1936.

"Bailáte un tango, Ricardo..."

La riqueza de la vida cultural a partir del Centenario, en años durante los cuales se consolidan una literatura y un pensamiento enraizado en el proyecto de un país propio, convierte a esta síntesis en algo difícil de llevar a cabo. Una figura inolvidable es la de Ricardo Güiraldes, el autor de *Don Segundo Sombra* (1926), una versión de la vida campesina que no tiene la dureza crítica de Payró o de Lynch, pero sí la mítica poesía de quien sabe cómo es el habitante del campo bonaerense, y construye una historia que enaltece a sus hombres, aunque idealice algunas circunstancias. En el terreno de la poesía, *El cencerro de cristal* inaugura el camino que luego seguirán ultraístas o poetas modernos e innovadores como Oliverio Girondo. Los *Cuentos de amor y de sangre* recogen lo mejor de la narrativa tradicional argentina, y la figu-

Despreciando la comodidad, Quiroga y su esposa se establecieron en 1909 en San Ignacio, en una vivienda construida por el escritor.
Casa de Horacio Quiroga en San Ignacio, Misiones. En la foto aparecen Darío y Eglé, sus hijos.

ra de Güiraldes, que en París brilló en la década de 1910, es una vía de reconocimiento de la complejidad social de la época.

Perteneciente a una familia destacada, su padre era intendente cuando, en 1910, Ricardo Güiraldes decidió no presenciar los festejos del Centenario y partió hacia París. En 1913 se casó con Adelina del Carril, una de sus compañeras en el grupo que también frecuentaba Victoria Ocampo. El matrimonio vivió en la estancia La Porteña, donde nació la inspiración de su personaje don Segundo Sombra. El vínculo con Lugones dio como resultado *El cencerro de cristal;* Güiraldes no olvidó la dedicación de su maestro, y años más tarde tuvo como secretario a un joven promisorio, Roberto Arlt. Los fracasos literarios lo llevaron a buscar nuevos aires en un viaje a las Antillas, y al regresar escribió su novela *Xamaica. Raucho,* en 1917, un antecedente de lo que luego sería su máxima novela, consiguió un auditorio más interesado. En 1918, la revista *El cuento ilus-*

El primer novelista del realismo histórico

Los primeros lectores de *El mal metafísico* confirmaron a la obra como un éxito fácil, una novela capaz de conmover hasta las lágrimas, de concitar sentimientos de simpatía por las desventuras del protagonista, sus fracasos personales, su decadencia física y su muerte. Tales elementos patéticos parecen afectar menos la sensibilidad del lector contemporáneo, y hasta podría asegurarse, en el caso particular de esta novela, que no la afectan en absoluto. Desde una temperatura emocional diferente, es cómodo incurrir en la tentación de sospechar que los primeros lectores de esta novela fueron víctimas de un equívoco y que se dejaron atrapar por ciertos recursos manejados discrecionalmente por el autor. Los lectores contemporáneos, desinteresados o indiferentes ante la "vida romántica" de Carlos Riga, sus lágrimas, su sufrimiento moral, sus frustrados ideales, tienden en cambio a excluir todo juicio sobre el carácter y naturaleza de la novela como tal, y a considerarla, específicamente, como documento de época. (...)

La lectura de esta novela sugiere una paradoja: Gálvez adoptó la técnica del realismo naturalista para describir el ambiente germinal del espiritualismo en la Argentina. Y confirma otra: el mal en-

trado, dirigida por Quiroga, publicó "Un idilio de estación", que luego se convertiría en la novela *Rosaura.*

Ricardo vuelve a París y frecuenta salones donde conoce a Ana de Noailles y principalmente a Valéry Larbaud, que ha de influirlo en su estilo. Valéry, Claudel, Gide, Saint John Perse, son algunos de sus amigos, y todos reconocen su calidad de escritor. Cuando la revista *Martín Fierro* pregunta a los escritores sobre la existencia del ser argentino, Güiraldes responde que "si nada existiera, sería nuestra obligación crear valores por la ley moral del amor y la ley física del terror al vacío". Habiendo publicado en 1926 *Don Segundo Sombra,* Güiraldes viajó a París, donde murió al año siguiente. Sus restos fueron recibidos por el presidente Alvear y llevados a la estancia La Porteña, donde fue enterrado.

---

tendido de esta adopción le permitirá al novelista elaborar el único material perdurable de su proyecto. El documento, el inventario de una época.

Respecto de esto último es justo mencionar lo que Gálvez dice, con moderada jactancia, en sus *Recuerdos de la vida literaria*, escritos 40 años después de publicado *El mal metafísico*. En la Argentina, "todo lo que se hace sobre el 900, sea en novela, en teatro o en cine, proviene de *El mal metafísico*. En efecto, los numerosos datos recogidos con el deliberado propósito de congelar un fragmento del tiempo, el sostenido afán por registrar cualquier detalle del mundo exterior, vuelven a esta novela de indispensable consulta para el conocimiento de la época en cuyo marco desarrollaba toda su trama a argumental. Aquí está el Buenos Aires de comienzos de siglo, el escenario, el ambiente físico, los tipos humanos característicos, la reproducción de la voz, del tono de los giros con que se expresaban las confidencias y de las fórmulas en que cristalizaban las opiniones más representativas. Aquí está la minuciosa crónica de una generación literaria y también el cumplido inventario de las ideas generales, de los estilos de vida, de los prejuicios y de las preocupaciones compartidas por diferentes grupos sociales".

ADOLFO PRIETO
Gálvez: El mal metafísico

Las vanguardias y los románticos

Las generaciones de poetas surgidos después del Centenario tuvieron que elegir entre caminos diversos: las tendencias vanguardistas, el modernismo o alguna manera de forjar una ruta diferente. Jorge Luis Borges, que volvió a Buenos Aires en 1921, es el mejor exponente de esta perplejidad. Su búsqueda de una poética que a la vez reuniera lo "moderno" y la necesidad de crear una mitología de Buenos Aires fue el primero de sus impulsos.

Pero no solamente la vanguardia era un modelo. Hay un poeta del que el mismo Borges partirá, aun casi sin saberlo. Se trata de Evaristo Carriego, que ha-

A su regreso de París, Ricardo Güiraldes se incorporó al grupo Parera, que nucleaba aristocráticos artistas y escritores afrancesados.

A su regreso al país,
Borges aporta a la
literatura nacional los
postulados del ultraísmo,
escuela que abogaba por
"la rehabilitación genuina
del poema", despojado de
"sus cualidades ajenas o
parasitarias".
Jorge Luis Borges en la
revista El Hogar, 1930.

bía muerto en 1921 y cuya casa era visitada por el niño Jorge Luis Borges, llevado por su padre. Carriego,
a pesar de ser entrerriano, vivió Buenos Aires desde
la poesía. Murió apenas a los veintinueve años, y dejó
dos libros de poemas: *Misas herejes* y *La canción del*
barrio, así como poemas inéditos que fueron publicados póstumamente. Uno de los mayores méritos de
Borges —la cuidadosa lectura que hizo de sus antecesores literarios— lo llevó a a escribir en su libro *Eva-*
risto Carriego: "Imponía sus versos en el café, ladea-
ba la conversación a temas vecinos de los versificados
por él, denigraba con elogios indiferentes o con re-
probaciones totales a los colegas de aptitud peligrosa;
decía, como quien se distrae, 'mi talento'".

Carriego fue anarquista y escribió en *La Protesta.*
Leyó a Kropotkin y a Jean Grave, pero supo ver, ya

La poesía de Alfonsina Storni transitó desde un ingenuo romanticismo, en sus comienzos, hasta asomarse al surrealismo, en sus últimas manifestaciones literarias.

en 1908, cuando publica su primer libro de poemas, la paradoja del misticismo y la herejía a través de lo que él mismo llamó "el alma del suburbio". Su libro es compartido por poemas de un nostálgico romanticismo y sonetos de clara inspiración lugoniana. Poemas como "Tu secreto", en el que el poeta dialoga con una muchacha enamorada, así como "De invierno", reúnen escenas que no solamente aparecen por primera vez en la poesía argentina, sino que crean tipos que luego el tango y el sainete recogerán con nueva fuerza: la costurerita, la muchacha soltera, el borracho de café.

Alfonsina Storni también elige un camino propio, y en su caso la elección pasa también por el hecho de ser la primera mujer que ocupa un lugar entre los hombres. Nacida en Suiza, sus padres vivieron en San Juan, y luego en Rosario. Huérfana de padre, Alfonsina intentó diversos caminos, todos ellos relacionados con el arte: fue actriz a los quince años y recorrió el país con una modesta compañía de teatro, y cuando, en 1911, llegó a Buenos Aires, ya con el título de maestra, se abrió ante ella un mundo al que conquistaría a fuerza de voluntad de lucha.

Madre soltera por propia decisión, Alfonsina pronto se encontró frecuentando los círculos literarios. Antes escribieron otras mujeres: Juana Manso, Juana Manuela Gorriti, César Duayen —seudónimo de Emma de la Barra—, pero a ella le cabe el mérito de haberse sostenido con su trabajo, de haberse forjado un lugar en el duro mundo de la vida literaria. En 1916 publicó *La inquietud del rosal*, que después sería objeto de sus burlas, y a este libro le siguieron *Irremediablemente, Languidez, Ocre, Mascarilla y trébol*, que la consagraron como una de las voces más originales no solamente de la Argentina sino también de América. El reconocimiento de Gabriela Mistral, su colega, fue para ella un espaldarazo que no recibió de la crítica argentina en sus últimos libros. Sin embargo, Alfonsina, muerta por su voluntad en 1938, ocupa un lugar irrenunciable en el corazón de las jóvenes generaciones. Su monumento, en Mar del Plata, cerca del lugar donde se quitó la vida, es testigo de permanentes peregrinajes y de la inscripción de leyendas donde se la considera casi como a una figura protectora.

Florida y Boedo, dos mundos opuestos

Borges se refiere a su llegada a la Argentina como el momento en el que arriesgó con Norah Lange, González Lanuza y otros la publicación de la revista *Prisma*. Típica publicación de vanguardia, pegada en

Autobiografía de Jorge Luis Borges

Los íntimos quehaceres y quesoñares de mi vida, supongo haberlos publicado ya en prosa y verso. Faltan los pormenores de fechas y de nombres propios (hojas de almanaque y mayúsculas) que paso a registrar, sin darles mayor importancia. Soy porteño. He nacido el 1900 en la parroquia de San Nicolás, la más antigua de la capital, al menos para mí. La época de la guerra la pasé en Ginebra, época sin salida, apretada, hecha de garúas y que recordaré siempre con algún odio. El diez y ocho fui a España. Allí colaboré en los comienzos del ultraísmo. El veintiuno regresé a la patria y arriesgué, con González Lanuza, con Francisco Piñero, con Norah Lange y con mi primo Guillermo Juan, la publicación mural de *Prisma*, cartelón que ni las paredes leyeron y que fue una disconformidad hermosa y chambona. Después aventuramos *Proa*, en que salió a relucir Macedonio Fernández y que cumplió tres números. El veinticuatro, a instigaciones de Brandán Caraffa, fundé una segunda revista *Proa*, esta vez con don Ricardo Güiraldes y Pablo Rojas Paz. He publicado en verso: *Fervor de Buenos Aires* (1923); *Luna de enfrente* (1925). En prosa: *Inquisiciones* (1925); *El tamaño de mi esperanza* (1926). Estoy escribiendo otro libro de versos porteños (digamos palermeros o villaalvearenses, para que no suene ambicioso) que se intitulará dulcemente: "Cuaderno San Martín".

En *Exposición de la actual poesía argentina*

las paredes de Buenos Aires, de ella aparecieron solamente unos pocos números. Acerca del ultraísmo, la escuela que Borges trajo de España, afirma Rafael Cansinos Assens, uno de sus jefes: "Es una orientación hacia continuas y reiteradas evoluciones, un propósito de perenne juventud literaria (...) representa el compromiso de ir avanzando con el tiempo".

Cuando *Prisma* se terminó, sus creadores buscaron otros caminos en *Proa*, aparecida en 1922. A ella se sumaron Güiraldes y el cordobés Brandán Caraffa. Pero fue en *Martín Fierro*, en 1924, donde los nuevos poetas se mostraron como figuras sólidas y enteras. Los libros *Fervor de Buenos Aires, Luna de enfrente* y *Cuaderno San Martín* testimonian la devoción del joven Borges por una ciudad que debe reconstruir a partir de sus recuerdos infantiles y con la perspectiva del hombre que es en 1921. Otros libros lo muestran en su tarea rigurosa de construcción de un lugar en el parnaso literario argentino: *Inquisiciones* y *El tamaño de mi esperanza*, donde las reflexiones acerca de modos y maneras literarias lo ponen cerca del debate en torno del nacionalismo cultural.

Su relación con Macedonio Fernández marca también el sentido de su búsqueda; una de las figuras más extrañas de nuestra literatura, Macedonio no publicó nada hasta 1930, aunque se caracterizaba por su humor y la agudeza de su escritura.

Oliverio Girondo publicó sus *Veinte poemas para ser leídos en el tranvía* en la línea marcada por los "martinfierristas", es decir, aquellos escritores que derivaron su obra de estos primeros grupos ultraístas.

Los boedistas partieron de otra revista *Martín Fierro*, fundada en 1909 por el anarquista Alberto Ghiraldo, poeta y narrador que fue expulsado por la Ley de Residencia de Cané. Otros, como Roberto Payró o el uruguayo y dramaturgo Florencio Sánchez, eran socialistas o amigos de Evaristo Carriego y Almafuerte. Los contraponía a los de Florida una concepción absolutamente distinta, no sólo del mundo sino también de la literatura: si los martinfierristas ponían por encima de todo la necesidad de renovar las formas poéticas y buscar caminos innovadores, a los boedistas los guiaba un fervor humanitarista por completo ausente en sus camaradas literarios de Florida. Leónidas Bar-

Fundada en 1924, la revista dio nombre a toda una generación de escritores, llamada también grupo Florida, por el supuesto refinamiento de sus integrantes.
Revista Martín Fierro, enero de 1925.

De posiciones políticas izquierdistas, los miembros del grupo Boedo juzgaban secundarias las preocupaciones formales en su prosa.
Elías Castelnuovo.

letta, Elías Castelnuovo y Roberto Mariani son las jóvenes glorias del boedismo, y la editorial Claridad, de Antonio Zamora, el lugar donde estos escritores de la izquierda publicaban sus trabajos.

De todas maneras, Elías Castelnuovo declaró en 1930: "Tanto Florida como Boedo sirvieron de pretexto para iniciar una discusión que por entonces era necesaria. Muerta la discusión, ambos grupos pasaron a la historia". Castelnuovo fue uno de los maestros de Boedo: *Tinieblas, Malditos, Larvas,* fueron libros publicados en los años 20. Leónidas Barletta, autor de *Vidas perdidas y Royal circo,* entre otras, y Roberto Mariani, con sus *Cuentos de oficina,* fueron aquellos que marcaron la tendencia socializante de este grupo literario.

Lo**s** **7** Lo**cos**

NOVELA

POR
ROBERTO ARLT

Publicada en 1929, la
segunda novela de
Roberto Arlt mereció el
Premio Municipal de ese
mismo año.
Portada de Los siete
locos, *de Roberto Arlt.*

En estos años surgen dos escritores, nuevamente dos caras de una misma elección: se trata de Roberto Arlt y de Eduardo Mallea. Ambos publican en 1926. Mallea, los *Cuentos para una inglesa desesperada;* Arlt, *El juguete rabioso.* Ambos pertenecían a familias de la clase media. Sin embargo, a través del grupo de la revista *Sur* y del diario *La Nación,* Mallea llega a convertirse en un escritor del *establishment;* por el contrario, Arlt continúa una línea de duro cuestionamiento de la realidad, pero a través de ficciones altamente imaginativas, insertadas plenamente en una ciudad que se convierte en Babel.

El campo de la literatura muestra, evidentemente, la efervescencia de una sociedad que se ha convertido no solamente en "crisol de razas", como alguna vez se dijo, sino de la incorporación de nuevas clases sociales, y por lo tanto, nuevas estructuras ideológicas, al diseño del país que se concreta en torno de 1910. Felizmente, a las polémicas, a las diferencias políticas, a los encontronazos de la rica vida intelectual de la época, a la tragedia de algunas vidas, se superpone el encanto, la belleza, el testimonio de sus obras literarias.

Cronología

(1881-1918)

1881   Alejandro III es el nuevo Zar de todas las Rusias.

Se funda la Sociedad de Electricidad Edison. Aparecen los primeros automóviles eléctricos.

Túnez se convierte en protectorado francés.

Se estrenan *Los cuentos de Hoffman* de Offenbach.

Acuerdo de límites con Chile (2 de junio).

En Buenos Aires se funda el Club (hoy Círculo Militar).

1882   Italia, Alemania y Austria firman una alianza antifrancesa.

Egipto se convierte en protectorado inglés.

Los judíos son expulsados de Rusia.

Koch descubre el bacilo de la tuberculosis.

Wagner estrena su *Parsifal*, historia del Santo Graal y sus caballeros.

En los Estados Unidos se dictan las primeras leyes restrictivas a la inmigración.

Fundación de la ciudad de La Plata como capital de la provincia de Buenos Aires (19 de noviembre).

En Buenos Aires se inicia la construcción de la actual Casa de Gobierno.

Por iniciativa de Carlos Pellegrini se funda en Buenos Aires el Jockey Club.

1883 Tonkin (Indochina) y Annam pasan a ser protectorados franceses.

Aparece el Partido Marxista en Rusia.

En el Sudán egipcio, levantamiento contra el dominio británico.

Muere en Venecia el revolucionario de la música Richard Wagner y es enterrado en Bayreuth.

Edison descubre el efecto que conducirá a la creación de la lámpara eléctrica.

Torcuato de Alvear, primer intendente de la ciudad de Buenos Aires (14 de mayo).

Inauguración del Hipódromo de Palermo en Buenos Aires.

Demolición de la "Recova vieja",

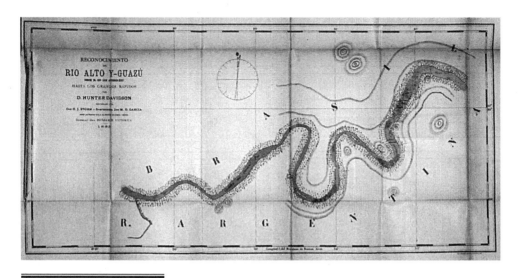

ubicada en la parte central de la actual
Plaza de Mayo.

1884   Se celebra una conferencia en Berlín
para decidir el reparto de África.
Comienzo de la política colonial
alemana.

El norteamericano Waterman inventa
la pluma estilográfica.

Chile sale victorioso de la guerra del
Pacífico.

Se inaugura el Museo de Ciencias
Naturales en La Plata, fundado por
Francisco P. Moreno (setiembre).

Ruptura de relaciones entre el Estado
argentino y la Santa Sede (18 de
octubre).

"Ley de Territorios", por la cual se
organizan los territorios nacionales.

Se promulga la ley de educación
común, conocida como "Ley 1.420"
(8 de julio).

Se encomienda por ley la confección
del mapa de la República al Instituto
Geográfico Argentino. La iniciativa
suscita la cuestión Malvinas (18 de
setiembre).

Ley de creación del Registro Civil para
la capital y territorios nacionales, que
las provincias adoptan en años
sucesivos (31 de octubre).

Se dispone la apertura de la Avenida
de Mayo en la Capital, que se
inaugurará el 8 de julio de 1894.

Se publican *La gran aldea,* de Lucio
V. López y *Juvenilia*, de Miguel Cané.

1885   En España muere Alfonso XII y
comienza la regencia de María Cristina
(hasta 1902).

En Berlín, una convención reconoce
las conquistas de Leopoldo II de
Bélgica en el África Central,

creación del Estado Independiente del Congo.

Daimler y Benz construyen un automóvil a nafta.

Freud inicia sus primeras tentativas de tratamiento hipnótico.

El filósofo Nietzsche concluye su *Así hablaba Zaratustra* iniciada en 1883.

En los Estados Unidos Mark Twain publica *Las aventuras de Huckleberry Finn*.

"Ley de Avellaneda", sobre el funcionamiento de las universidades nacionales (3 de julio).

Actúa en el teatro Politeama la actriz italiana Eleonora Duce.

1886 En España, nacimiento del hijo póstumo de Alfonso XII y María Cristina, Alfonso XIII. Durante la regencia los conservadores y liberales continúan alternándose en el poder.

Los yacimientos de oro en Transvaal, cerca de Johannesburgo (fundada en

este año) despiertan la codicia británica. En la pugna por la división del continente negro, el imperialismo británico fija sus objetivos en el Plan "de El Cabo a El Cairo".

En la tercera guerra de Birmania, Birmania superior queda incorporada a las Indias británicas.

Eastman inventa un aparato cinematográfico.

Madagascar queda bajo el protectorado francés.

Friedrich Nietzsche publica *Más allá del bien y del mal*.

Rodin esculpe *El beso* y Van Gogh pinta *Jarrón con gladiolos*.

En la Argentina asumen Miguel Juárez Celman, como presidente y Carlos Pellegrini como vicepresidente (12 de octubre).

Se aprueban por ley los Códigos Penal y de Minería (diciembre).

Ley de creación del Banco Hipotecario Nacional (24 de setiembre).

Muere José Hernández (21 de octubre).

La divina Sara Bernhardt debuta en el teatro Politeama de Buenos Aires.

Se constituye la "Unión Telefónica del Río de la Plata" sobre la base de la empresa telefónica existente.

Primer caso de una epidemia de cólera, que azotó a Buenos Aires y el interior del país (noviembre).

Se inaugura el cementerio de la Chacarita al lado del establecido en 1871.

1887 En Francia es elegido Sadi Carnot como presidente de la República.

Establecimiento de la Triple Alianza de Oriente o "Entente del Mediterráneo"

entre Austria-Hungría, Italia y Gran Bretaña; garantía de las posesiones de Turquía frente a un eventual ataque ruso.

Primera Conferencia imperial británica de las colonias autónomas en Londres.

Se erige en Indochina el Gobierno General francés.

El pintor Paul Gauguin realiza *Paisaje de Martinica*.

Verdi estrena su ópera *Otello*.

Se funda en Buenos Aires "La Fraternidad", organización ferroviaria gremial (20 de junio).

La Municipalidad de Buenos Aires vende al Banco Nacional (hoy de la Nación) el edificio del Teatro Colón.

Ley de Bancos garantidos (noviembre).

1888 Muere Guillermo I de Alemania, le sucede Federico III que muere poco después y le sucede su hijo Guillermo II, que gobierna como emperador alemán y rey de Prusia hasta 1918.

Guillermo II visita el Vaticano, cerrando oficialmente el *"Kulturkampf"*.

Se inaugura el Instituto Pasteur en París.

Fundación en Barcelona de la Unión General de Trabajadores y del Partido Socialista Obrero Español.

Rubén Darío publica *Azul*.

Nicolai Rimski-Korsakov compone la partitura de *Scherezade*.

H. Hertz investiga las ondas electromagnéticas y G. Eastman inventa la primera cámara cinematográfica.

Brasil es el último estado de América que suprime la esclavitud de los negros.

Sarmiento muere en Asunción, Paraguay (11 de setiembre). Es enterrado en Buenos Aires el 21 de setiembre.

Se inicia en el país la producción de energía eléctrica.

En el viejo Teatro Colón debuta Adelina Patti con el *Barbero de Sevilla.*

Abre sus puertas al público el Museo de La Plata.

1889   En Austria, suicidio del archiduque Rodolfo, único hijo de Francisco José y heredero del trono, en el palacio de Mayerling.

Fundación de la Segunda Internacional socialista en París.

Menelik pasa a ser negus (emperador) de Abisinia bajo protectorado italiano.

Una sociedad británico-sudafricana

dirigida por Cecil Rhodes, funda Rhodesia.

Se realiza la Exposición Mundial en París y se construye para ella la Torre Eiffel.

En Washington se celebra la primera Conferencia Panamericana, y en Nueva York se construye el primer rascacielos.

En Brasil, un golpe militar derroca a Pedro II. Fin del imperio y creación de la república (Estados Unidos del Brasil).

En Buenos Aires Carlos Pellegrini inaugura la primera sección del Puerto Madero (28 de enero).

Entra a regir la ley de matrimonio civil, promulgada el 11 de noviembre de 1888 (1º de abril).

En el Jardín Florida de Buenos Aires se funda la Unión Cívica de la Juventud (1º de setiembre).

Se doctora en medicina la primera
mujer argentina: Cecilia Grierson.

Fundación del Museo Histórico
Nacional (mayo).

Llegan a Buenos Aires los restos de
Alberdi (mayo).

1890   En Alemania caída de Bismarck. El
alejamiento de Bismarck señala un
giro importante en la historia del
imperio alemán y de la diplomacia
europea.

Muere Guillermo III de Holanda y con
él se extingue la línea holandesa de la
casa de Orange; le sucede su hija
Guillermina (hasta 1948).

Primera celebración internacional de
la Fiesta del Trabajo (1º de mayo).

Levantamiento de los armenios
(cristianos) contra Turquía; aplastado
cruelmente recién en 1897.

En España, nueva ley electoral
restaurando el sufragio universal.

Emilio Zola publica *La bestia
humana* y Oscar Wilde *El retrato de
Dorian Gray*.

Quiebra de la banca Baring; profunda
crisis económica.

Mitin popular en el Frontón Buenos Aires. La Unión Cívica de la Juventud se convierte en Unión Cívica (13 de abril).

Revolución "del 90". Su jefe civil es Leandro N. Alem y el jefe militar Manuel J. Campos (26 de julio).

Renuncia de Juárez Celman. Pellegrini asume la presidencia (6 de agosto).

Se crea por ley la Caja de Conversión (7 de octubre).

Ley de creación de la Universidad de La Plata.

1891   Se sella la alianza entre Francia y Rusia.

La encíclica del Papa León XIII *Rerum novarum* preconiza la solución de los problemas sociales y laborales en el espíritu del cristianismo (regulación gremial).

En Sudáfrica, Cecil Rhodes es nombrado primer ministro de la colonia de El Cabo. Somalía, Kenia y

Uganda se transforman en colonias británicas.

Se encuentran en Java los primeros restos fósiles del *Pithecanthropus erectus* y Pavlov observa los reflejos condicionados.

Se construye el primer ferrocarril transiberiano.

El médico y novelista inglés sir Arthur Conan Doyle alcanza inmensa popularidad al publicar *Las aventuras de Sherlock Holmes*.

Se aprueba en Brasil la primera constitución democrática.

Comienza la guerra civil en Chile.

División de la Unión Cívica y formación de la Unión Cívica Radical bajo la jefatura de Alem.

Se crea por ley el Banco de la Nación (16 de octubre).

Publicación de *La Bolsa* de Julián Martel.

1892   Convención militar franco-rusa que se amplía en 1899. Rusia pasa a la órbita de Francia, pese a los esfuerzos alemanes.

Escándalo en Francia por el fracaso de la Compañía del Canal de Panamá: en él están complicados numerosos parlamentarios franceses.

Henry Ford fabrica su primer automóvil.

Lippman investiga la fotografía en colores.

Martí funda el Partido Revolucionario Cubano.

Luis Sáenz Peña, presidente de la Nación. José Evaristo Uriburu, vicepresidente (12 de octubre).

Dalmiro Videla Castex introduce en el país el primer automóvil: un Benz.

1893   Continúa la agresiva política
colonialista inglesa y francesa, reparto
de Siam.

En España, plan de reformas
coloniales: Maura, ministro de
ultramar fracasa en sus intentos de
conceder la autonomía a Cuba y
Puerto Rico. Rechazo en las Cortes de
Madrid.

Verdi termina su obra maestra
Falstaff.

Otro genial italiano, Giacomo Puccini,
estrena *Manon Lescaut,* mientras
Tchaikovsky presenta la sexta sinfonía
en *si* menor *Patética.*

Emil von Behring descubre el suero
contra la difteria.

Rudolf Diesel empieza a construir su
motor de aceite pesado con
encendido por compresión.

Grave depresión económica en los
Estados Unidos.

Revolución radical encabezada por
Hipólito Yrigoyen en las provincias de
Buenos Aires, Santa Fe y San Luis
(julio).

Nuevo levantamiento radical iniciado
en Tucumán que culmina en Santa Fe
bajo la jefatura de Alem, que cae
prisionero (17 de setiembre).

1894   En Francia, el presidente Sadi Carnot es asesinado por un anarquista. Se inicia el proceso al capitán judío Alfred Dreyfus acusado de espionaje a favor de Alemania. El caso Dreyfus divide a la nación francesa durante varios años (Dreyfus es indultado en 1899 y rehabilitado en 1906).

Comienzo de la guerra chino-japonesa, que culmina al año siguiente con la victoria de Japón, que obtiene Formosa. China reconoce la independencia de Corea.

En Rusia, el zar Nicolás II sucede a Alejandro III.

El español Ramón y Cajal investiga sobre los tejidos del sistema nervioso.

Debussy compone *Preludio a la siesta de un fauno,* iniciación del impresionismo musical.

Inauguración oficial de la Avenida de Mayo en Buenos Aires (8 de julio).

Por decreto se fija como hora legal del país la del meridiano de Córdoba (1º de noviembre).

Se termina la construcción de la Casa de Gobierno.

1895   El nacimiento de Japón como nueva potencia inquieta a Rusia, quien con Francia y Alemania forman la Triple Alianza del este de Asia para detener el expansionismo japonés.

Los italianos penetran en Abisinia para transformar el protectorado en una colonia.

Los hermanos Lumière inventan el cinematógrafo. En París se realizan las primeras representaciones de películas.

Alfred Nobel instituye la fundación para los premios Nobel que se conceden anualmente a partir de 1901.

Sigmund Freud inicia el psicoanálisis en Viena con los *Estudios sobre la histeria.*

W. C. Roentgen descubre los rayos X.

En Francia se funda el primer Automóvil Club del mundo.

En Inglaterra se procesa y condena al escritor Oscar Wilde.

José Martí dirige una sublevación en Cuba contra España: segunda guerra de la independencia cubana.

Campaña de prensa norteamericana contra la presencia española en Cuba.

Renuncia del presidente Sáenz Peña (2 de enero).

Segundo censo nacional, primero general de la República.

1896 Tratado secreto ruso-chino contra Japón. China permite la construcción del ferrocarril siberiano pasando por Manchuria.

En Abisinia los italianos sufren una grave derrota y deben renunciar al protectorado sobre el reino del Negus.

Anexión definitiva de Madagascar por parte de Francia.

Expedición represiva inglesa en el Transvaal.

Se celebran en Atenas los primeros Juegos Olímpicos modernos.

Marconi realiza la primera trasmisión por telegrafía sin hilos.

Rebelión independizante en Filipinas (continúa hasta 1902).

Puccini estrena su ópera *La Boheme.*

En Nicaragua se publican *Prosas profanas* de Rubén Darío.

Francisco P. Moreno es designado perito en la cuestión de límites con Chile (12 de marzo).

Nace el Partido Socialista Obrero, aprobándose los estatutos redactados por Juan B. Justo y adoptando *La Vanguardia* como órgano (29 de junio).

Primera exhibición de cine en el Odeón de Buenos Aires.

Muere Aristóbulo del Valle (enero) y se suicida Leandro Alem (1º de julio).

1897   Prosigue la penetración europea en China y rusos e ingleses se disputan el predominio colonialista.

Sublevación griega en Creta: guerra greco-turca.

Crisis estatal en Austria: presiones de los checos y de los húngaros por reivindicaciones nacionales.

Lenin es exiliado a Siberia.

Primer vuelo en aeroplano de C. Ader y en Londres comienzan a circular tranvías eléctricos.

Picasso pinta *El mendigo*.

Aparece el tranvía eléctrico en Buenos Aires (1 de enero).

La convención del Pan proclama la fórmula presidencial: Roca-Quirno Costa (julio).

1898   Muere el príncipe Otto von Bismarck. Programa de rearme naval alemán.

Acuerdo anglo-alemán sobre las colonias portuguesas en Africa.

En Sudán la isla de Fachoda en el Nilo Blanco es ocupada por los franceses. Los ingleses exigen su retirada y el Sudán pasa a manos británicas.

Empieza la carrera en pos de la esperada disolución y partición de China con el aseguramiento de concesiones para la construcción de ferrocarriles y explotación de minas.

Tratativa reformista de los "Cien días" en China.

Indignación en Francia a causa de Fachoda; tirantez de las relaciones británico-francesas.

Los esposos Pierre y María Curie descubren el radio.

Guerra hispano-norteamericana. Los Estados Unidos extienden su influencia por América Central y el Pacífico. España es derrotada y pierde sus últimas posesiones en América: por el Tratado de París cede Cuba (pasa a ser independiente pero sometida a inspección de los Estados Unidos). Puerto Rico y Filipinas a los Estados Unidos.

Las islas Hawaii son anexadas definitivamente a los Estados Unidos.

Julio A. Roca, presidente de la Nación. Norberto Quirno Costa, vicepresidente (12 de octubre).

1899   Primera Conferencia de Paz en La Haya, convocada por Rusia. Formación del Tribunal de Arbitraje de La Haya para las disputas internacionales.

Tratado hispano-alemán por el cual España cede a Alemania sus posesiones en el Mar del Sur (islas de Palos, Carolinas y Marianas). Alemania encuentra dificultad para un acuerdo con los Estados Unidos e Inglaterra sobre el reparto de las islas Samoa.

Comienzo de la guerra anglo-bóer (hasta 1902); que termina con la pérdida de la independencia de la república bóer. Esta anexión, unida a otras conquistas, asegura a Inglaterra el dominio de toda el Africa oriental desde El Cabo hasta Egipto.

Fundación de la *United Fruit Co.*

empresa norteamericana dedicada a la explotación de grandes plantaciones en América del Sur.

Cézanne, Gauguin y Rousseau empiezan a ser apreciados en Francia.

Freud publica *La interpretación de los sueños*.

El "Abrazo del estrecho": entrevista del presidente Roca con el presidente chileno Errazúriz en el estrecho de Magallanes (15 de febrero).

Se fijan definitivamente los límites de la Argentina y Chile en la Puna de Atacama (más tarde gobernación de los Andes).

Primer ascensor eléctrico en Buenos Aires.

Osvaldo Magnasco envía al Congreso su proyecto sobre reforma de la enseñanza (mayo).

A medianoche, Buenos Aires festeja en la Avenida de Mayo la entrada del año 1900.

1900 En Italia Víctor Manuel III asume como rey luego del asesinato de Humberto II en Monza.

En China comienza la insurrección de los bóxers contra los extranjeros.

En Sudáfrica los ingleses se anexionan las repúblicas de Orange y del Transvaal.

Exposición universal en París e inauguración de la Torre Eiffel.

Los Estados Unidos adquieren los derechos de la compañía francesa del Canal de Panamá.

Conflicto entre Venezuela y potencias europeas por pago de deudas.

En México reelección de Porfirio Díaz.

Zeppelin construye su primer dirigible.

Aparece el *Ariel* de José E. Rodó.

Debussy compone *Péleas y Mélisande.*

Se estrena en Roma *Tosca* de Puccini.

En Buenos Aires el ingeniero Carlos Thays comienza su obra en el Jardín Botánico.

La estatua de Sarmiento, esculpida por el francés Augusto Rodin, llega a la dársena de Buenos Aires (abril).

Manifestaciones obreras en diversas calles de la Capital (1º de mayo).

Se construye en el país el primer coche comedor de ferrocarril.

El presidente del Brasil, Campos Salles, es recibido por el gobierno y el Congreso con grandes honores y festejos (24 y 25 de octubre).

1901   Muere en Balmoral la reina Victoria de Inglaterra (enero).

En China los europeos cometen atrocidades en represalia de las cometidas por los bóxers. Saqueo en Pekín.

Encíclica del papa León XIII *Graves de communi* que inicia el movimiento demócrata cristiano.

Fundación de la Oficina Internacional del Trabajo.

En los Estados Unidos es asesinado su presidente William Mac Kinley y le sucede su vicepresidente Theodore Roosevelt (setiembre).

Conferencia Panamericana en México.

Se instituyen los premios Nobel.

Caballos argentinos se exportan a Sudáfrica para el ejército inglés (enero).

Estanislao Zeballos preside el primer congreso de la prensa celebrado en Buenos Aires (junio).

Incidentes fronterizos entre la Argentina y Chile.

Ley de Servicio militar obligatorio, llamada Ley Richieri (diciembre).

1902 Mayoría de edad de Alfonso XIII, que toma efectiva posesión del poder en España.

Finaliza la guerra anglo-bóer. La república bóer pierde su independencia.

Alianza entre Inglaterra y Japón a fin de enfrentar las expectativas rusas sobre China.

En los Estados Unidos se funda la empresa Ford.

En Cuba se promulga la Constitución de acuerdo con las bases Platt: reconocimiento de la intervención norteamericana como garantía de la independencia.

Apertura del primer salón del automóvil en París.

En un biplano los hermanos Wright realizan el primer vuelo mecánico.

Una escuadra combinada de Alemania e Inglaterra bloquea los puertos de Venezuela y bombardea dos ciudades por el cobro de deudas impagas.

En Buenos Aires mitin socialista (1º de mayo).

Se firman los llamados Pactos de Mayo entre Chile y la Argentina (28 de mayo).

Sanción de la Ley de Residencia que autoriza al gobierno argentino a deportar a los extranjeros que "perturbaran el orden público" (22 de setiembre).

Luis María Drago, ministro de Relaciones Exteriores, proclama su doctrina contra el cobro compulsivo de las deudas públicas (diciembre).

Concluye el conflicto diplomático con el Vaticano.

1903 Muere León XIII y le sucede Pío X.

En Marruecos progresa la rebelión antifrancesa.

Congreso Socialista ruso en Londres: escisión entre mencheviques y bolcheviques.

Independencia de Panamá, que se separa de Colombia. Se concede a los Estados Unidos la soberanía sobre la zona del Canal de Panamá.

Cuba arrienda a los Estados Unidos la base de Guantánamo.

En Buenos Aires el diario *La Prensa* se instala en el suntuoso edificio que acaba de inaugurar en la Avenida de Mayo (enero).

En Buenos Aires se celebra el Quinto Congreso Socialista (7 de junio).

Una convención de notables elige a Manuel Quintana como candidato a presidente de los argentinos (12 de octubre).

1904 Entente Cordial anglo-francesa.

Guerra ruso-japonesa por conflictos de intereses en Corea y Manchuria.

Expedición inglesa al Tíbet.

El Consejo Federal alemán autoriza el restablecimiento de los jesuitas en el imperio.

Ruptura de relaciones entre Francia y la Santa Sede.

Se firma un convenio internacional contra la trata de blancas.

Gran erupción del Vesubio en Nápoles.

Puccini estrena *Madame Butterfly*.

En Buenos Aires se produce una huelga portuaria con graves incidentes entre la policía y los obreros (enero-febrero).

Cumplimiento en la Capital de la ley del descanso dominical obligatorio (enero).

Alfredo Palacios es electo diputado (marzo).

Primer encuentro de fútbol entre un equipo inglés y uno porteño (26 de junio).

Comienzan las obras para la construcción del puerto de Rosario de Santa Fe (octubre).

Asumen Quintana como presidente y Figueroa Alcorta como vicepresidente (12 de octubre).

Huelga general en todo el país (diciembre).

1905 El tratado de Portsmouth pone fin a la guerra ruso-japonesa. Japón obtiene Port Arthur y el protectorado sobre Corea y Manchuria meridional y se transforma en una nueva potencia mundial.

Primera Revolución Rusa promovida en gran medida por la derrota ante Japón.

Noruega se convierte en un reino independiente.

En los Estados Unidos Theodore Roosevelt es elegido presidente.

Einstein publica la *Teoría de la relatividad*.

Aparición del movimiento cubista.

En la Argentina estalla una revolución radical (4 de febrero).

Manifiesto de Hipólito Yrigoyen justificando la revolución y explicando su fracaso (16 de mayo).

Acto conjunto de F.O.R.A. y U.G.T. celebratorio del 1º de Mayo con trágico resultado (21 de mayo).

1906 En Italia nace la Confederazione Generale del Lavoro de inspiración socialista.

En Francia Dreyfus recobra la libertad y es rehabilitado.

Conferencia de Algeciras: Alemania reconoce la situación de Francia en Marruecos. Tropas francesas ocupan Fez.

Un terremoto y posterior incendio arrasan la ciudad de San Francisco en California.

En Rusia se promulga la reforma agraria a fin de crear una clase media campesina.

Conferencia Panamericana de Río de Janeiro.

En Buenos Aires muere Bartolomé Mitre (19 de enero).

Muere el presidente Quintana y asume Figueroa Alcorta (12 de marzo).

Muere Carlos Pellegrini (17 de julio).

Nacionalización de la Universidad de La Plata fundada como provincial en 1890.

1907 Segunda Conferencia Internacional de la Paz en La Haya. Declaración de principios sobre la reglamentación de la guerra.

Acuerdo anglo-ruso sobre los Balcanes.

En Rusia la Corte del zar está dominada por el taumaturgo Rasputín.

Hambrunas en la India y en China.

Los Estados Unidos ensayan con éxito la telegrafía sin hilos.

Experiencia de fotografía en colores por Lumière.

En la Argentina huelga en Rosario y luego en todo el país (enero).

Primera entrevista de Yrigoyen y Figueroa Alcorta (7 de junio).

Aparición de la revista *Nosotros* (agosto).

Se descubre petróleo en Comodoro Rivadavia (diciembre).

1908 Nuevos planes de rearme alemán.

Formación de la Triple Entente (Inglaterra, Francia y Rusia).

Crisis en Bosnia. Anexión de Bosnia-Erzegovina al imperio austro-húngaro.

Bulgaria se proclama independiente de Turquía.

Sublevación de los jóvenes turcos en Salónica. Transformación del imperio otomano.

El rey de Portugal, Carlos I, es asesinado.

El Congo dominio de la corona Belga.

Menéndez Pidal publica el *Cantar del Mio Cid*.

En la Argentina crece la tensión social y las manifestaciones obreras y sindicales. La F.O.R.A. declara una huelga general (enero).

El presidente Figueroa Alcorta clausura las sesiones extraordinarias y disuelve el Congreso. Comienza a gobernar por decreto.

Elecciones en todo el país para diputados nacionales (marzo). Triunfo del gobierno.

Lisandro de la Torre funda la Liga del Sur en Santa Fe (20 de noviembre).

Vuelos del primer aeróstato argentino el "Pampero" tripulado por Jorge Newbery y su hermano Eduardo.

Inauguración de la temporada lírica en el actual edificio del Teatro Colón con la representación de *Aída* (25 de mayo).

1909 Pacto secreto ítalo-ruso para conservar el *statu quo* en los Balcanes.

En España el gobierno liberal favorece una política anticlerical. En Barcelona asaltos a conventos y matanzas de religiosos.

Blériot cruza el Canal de la Mancha en aeroplano.

En Buenos Aires Semana Roja. Huelga general (mayo).

Proclama de la candidatura de Roque Sáenz Peña (agosto).

Fundación de C.O.R.A. (setiembre).

Asesinato del coronel Ramón Falcón (14 de noviembre).

La Convención de la U.C.R. decreta la abstención (diciembre).

Se inicia la actividad cinematográfica argentina. El primer filme argumental *La Revolución de Mayo* se estrena en el cine Ateneo (22 de mayo).

1910 En Inglaterra muere Eduardo VII y le sucede Jorge V.

Revolución militar en Portugal. Caída de la monarquía y proclamación de la República.

Estalla la Revolución Mexicana. Madero y Emiliano Zapata se sublevan contra la dictadura de Porfirio Díaz.

En Buenos Aires manifestación de protesta anarquista. Amenaza de huelga general (8 de mayo).

Se declara el estado de sitio. Una turba aristocrática incendia el local de *La Protesta*, periódico anarquista y asalta *La Vanguardia* (14 de mayo).

Aparece el cometa Halley (19 de mayo).

Llegada de la infanta Isabel de Borbón en representación del rey Alfonso XIII de España (23 de mayo). Su visita se prolonga hasta el 2 de junio.

Llegan los presidentes de Chile y Perú (24 de mayo).

En todo el país se celebra el Centenario de la Revolución de Mayo. Rubén Darío publica en *La Nación* su *Canto a la Argentina* (25 de mayo).

En Buenos Aires inicia sus sesiones la Cuarta Conferencia Panamericana (12 de junio).

Durante una función de gala estalla una bomba en el Colón (26 de junio).

Durante el año llegan a Buenos Aires una serie de visitantes ilustres como Ramón del Valle Inclán, Vicente Blasco Ibáñez y Georges Clemenceau quienes dejarán testimonios diversos sobre el país y su gente.

Inauguración de la Escuela Aérea Argentina en el Palomar (julio).

Asume Roque Sáenz Peña como presidente y Victorino de la Plaza como vicepresidente (12 de octubre).

Se crea la Dirección de Explotación del Petróleo cuyo director será el ingeniero Luis A. Huergo.

Se publican los *Documentos del Archivo del general San Martín* (12 tomos) y la *Bibliografía del general José de San Martín y de la emancipación americana* (5 tomos).

Se coloca la piedra fundamental del monumento de los Españoles y del monumento a Colón donados por las colectividades española e italiana respectivamente.

Se estrena el filme argentino *El fusilamiento de Dorrego* en el circo Anselmi.

1911   Movimiento revolucionario en China.

El primer ministro ruso es asesinado en Kiev.

Italia declara la guerra a Turquía: guerra de Trípoli (hasta 1912).

Segunda crisis de Marruecos.

Inglaterra y Rusia ocupan militarmente Persia.

En México es elegido presidente Madero. Exilio de Porfirio Díaz que muere en París. Zapata proclama el plan de Ayala.

Funk descubre las vitaminas.

Amundsen explora el Polo Sur.

Richard Strauss estrena *El Caballero de la Rosa*.

En Buenos Aires Angel Gallardo es designado director del Museo de Historia Natural (abril).

Primera visita del ajedrecista cubano Capablanca a la Argentina (mayo).

Fundación del Museo Social Argentino (23 de mayo).

El Comité Nacional de la U.C.R. decide participar en los comicios de Santa Fe.

Ley de enrolamiento general. Primer paso hacia la reforma política (julio).

Sáenz Peña envía al Congreso un proyecto de ley que modificará el sistema electoral vigente (2 de agosto).

Muere en La Plata el científico Florentino Ameghino (11 de agosto).

Jean Jaurés, líder socialista, visita la Argentina (12 de setiembre).

La Academia Literaria del Plata, dirigida por los jesuitas, inicia la publicación de la revista *Estudios*.

1912 En China se proclama la República. Se obliga a abdicar al emperador. Mongolia y el Tibet proclamarán su autonomía.

Congreso de Praga. Creación de la fracción bolchevique, escindida de la socialdemocracia.

Convención internacional de los husos horarios (hora internacional).

En su primer viaje se hunde el trasatlántico *Titanic*.

Bernard Shaw publica *Pigmalión*.

En Buenos Aires se inauguran la obras de la Diagonal Sur y se abre la Diagonal Norte (enero).

Se autoriza a Lacroze y Cía. a construir un subterráneo en la Capital (febrero).

Se promulga la ley electoral Sáenz Peña con el número 8.871 (13 de febrero).

Triunfo radical en las elecciones de Santa Fe (31 de marzo).

Grito de Alcorta. Comienza la huelga de chacareros (junio).

Se crea la Escuela Militar de Aviación, primer instituto de esa índole en Sudamérica (agosto).

Se funda la Federación Agraria Argentina (agosto).

Fundación de la Asociación Wagneriana de Buenos Aires (octubre).

Muere Evaristo Carriego, poeta del arrabal porteño (13 de octubre).

Aparece la 1ª edición de *Las guerras civiles* de Juan Alvarez.

1913 En España nuevo atentado contra Alfonso XIII.

Es asesinado el rey Jorge de Grecia.

En México una nueva sublevación detiene y asesina al presidente Madero.

N. Bohr introduce la física cuántica en la representación del modelo atómico.

En la Argentina se funda la Liga de Sociedades de Fútbol (futura A.F.A.) (febrero).

Se inaugura el Hospital Nacional de Clínicas (mayo).

En Buenos Aires se crea la Facultad de Ciencias Económicas (8 de setiembre).

Aparece el diario *Crítica* dirigido por Natalio Botana (15 de setiembre).

Licencia por enfermedad del presidente Sáenz Peña.

Muere en París el general y literario Lucio V. Mansilla (9 de octubre).

Llegada de Theodoro Roosevelt, ex presidente de los Estados Unidos, en visita oficial a la Argentina.

Se inaugura el subterráneo Plaza de Mayo-Plaza Once.

Lugones y Almafuerte dan conferencias en el Teatro Odeón.

El Museo Mitre inicia la edición de los *Documentos del Archivo de Belgrano* (seis volúmenes) y aparece *El solar de la raza* (ensayo) de Manuel Gálvez.

1914   Muere el papa Pío X. Le sucede Benedicto XV.

Asesinato del archiduque Francisco Fernando, heredero del trono austro húngaro, en Sarajevo (28 de junio).

Crisis de julio: comienza la Guerra Mundial. Austria-Hungría, Alemania y Turquía contra Francia, Inglaterra, Rusia, Bélgica, Serbia, Montenegro y Japón. Italia y España se declaran neutrales.

La guerra se inicia cuando el imperio austro-húngaro declara la guerra a Serbia (28 de julio).

Benito Mussolini realiza una obra de agitación durante la "Semana Roja" de Ancona.

En París es asesinado el líder socialista Jean Jaurés.

Incidente de Tampico (México) que origina la intervención de los Estados

Unidos. Tropas norteamericanas ocupan Veracruz (abril).

Apertura del Canal de Panamá al tráfico internacional (julio).

Muere en Córdoba el *cura gaucho* presbítero Brochero (enero).

Se inaugura el monumento al Ejército de los Andes en el cerro de la Gloria, Mendoza (febrero).

La Argentina, el Brasil y Chile ofrecen sus buenos oficios en el conflicto mexicano-estadounidense (abril).

Se inauguran en Buenos Aires las grandes tiendas Harrods.

Se estrella Jorge Newbery, pionero de la aviación argentina.

Tercer Censo Nacional, que registra 8.000.000 de habitantes con un 30% de extranjeros.

El doctor de la Plaza decreta la neutralidad argentina en el conflicto europeo (5 de agosto).

Fallece el presidente Sáenz Peña y asume el mando Victorino de la Plaza (9 de agosto).

En Buenos Aires primera transfusión de sangre exitosa. El doctor Luis Agote anuncia al mundo su descubrimiento (noviembre).

1915 Italia declara la guerra al imperio austro-húngaro (mayo).

Bulgaria entra en la guerra al lado de Alemania (octubre).

Comienza la guerra submarina y los alemanes emplean por primera vez los gases asfixiantes (guerra química).

Genocidio del pueblo armenio a manos de los turcos (abril).

El trasatlántico *Lusitania* es hundido por submarinos alemanes (7 de mayo).

Comienzo de la intervención de los Estados Unidos en Haití (hasta 1933).

En Buenos Aires, la Argentina, Brasil y Chile firman el Tratado del A.B.C. (25 de mayo).

Alfredo Palacios funda el Partido Socialista Argentino, desprendimiento del Partido Socialista (setiembre).

Se aprueba la ley de indemnización por accidentes de trabajo (29 de setiembre).

Se crea la Caja Nacional de Ahorro Postal (6 de octubre).

Se estrena en el Teatro Colón el filme nacional *Amalia* dirigido por García Velloso (6 de diciembre).

Aparece la *Revista de Filosofía* que funda y dirige José Ingenieros. Se inicia la publicación de la colección *La Cultura Argentina.*

1916   Alemania desencadena una ofensiva en la zona de Verdún. Guerra de trincheras.

Batallas del Somme y de Verdún claves para el futuro curso de la guerra en el frente occidental (entre julio y diciembre).

Muere el emperador de Austria, Francisco José. Lo sucede su biznieto Carlos I.

Sublevación en Irlanda.

Portugal y Rumania entran en la guerra en favor de los aliados.

Los Estados Unidos ocupan Santo Domingo y prolongan su intervención hasta 1922.

En Rusia es asesinado Rasputín.

Muere Rubén Darío en Nicaragua (7 de febrero).

Kafka publica *La metamorfosis*.

En Buenos Aires se funda la Unión de Obreros y Empleados Municipales.

Se reúne la Convención Nacional del radicalismo. Yrigoyen acepta su postulación a la presidencia (22 de marzo).

Elecciones presidenciales. Mayoría para la fórmula radical Yrigoyen-Luna (2 de abril).

En Tucumán se festeja el Centenario de la Independencia (9 de julio).

Asume la presidencia Hipólito Yrigoyen y vicepresidencia Pelagio B. Luna (12 de octubre).

Aparece *La maestra normal* de Manuel Gálvez.

1917 El presidente norteamericano W. Wilson hace un llamamiento a la "paz sin victoria" (enero).

Alemania declara la guerra submarina total (febrero).

En Rusia se produce la revolución de febrero (calendario juliano) que derroca al zar Nicolás II (marzo).

Los Estados Unidos declaran la guerra a Alemania tomando parte en las acciones bélicas como "potencia asociada" (abril) e invitan a todos los neutrales a sumársele.

Estalla la revolución de octubre en Rusia, que lleva al poder a los bolcheviques (7 de octubre).

Balfour promete a los judíos la creación de un Estado Judío en Palestina, una vez que termine la guerra.

Los Estados Unidos incorporan a Puerto Rico como estado asociado.

Se proclama en Querétaro la Constitución de México. Para su sanción contribuyó en gran medida la acción del líder popular Pancho Villa.

En la Argentina comienza la presión externa a fin de empujarla a la ruptura con Alemania. Yrigoyen mantiene firme su actitud neutralista.

El gobierno de Yrigoyen declara la caducidad de todas las concesiones ferroviarias vencidas, negándose así a su renovación ante la falta de cumplimiento de las compañías extranjeras concesionarias.

Regresa a Buenos Aires el famoso circo de Frank Brown.

El gobierno alemán, accediendo a las reclamaciones de Yrigoyen, reconoce la libertad de los mares para la navegación argentina, en base a las normas del derecho internacional (28 de agosto).

El gobierno establece por decreto la fecha 12 de octubre como Día de la Raza y en calidad de feriado nacional (4 de octubre).

En el primer campeonato sudamericano de fútbol el equipo argentino es derrotado en Montevideo por la selección local (14 de octubre).

En el Teatro Esmeralda de Buenos Aires Carlos Gardel canta el tango *Mi noche triste,* considerada como su primera interpretación en público (14 de enero).

El dúo Gardel-Razzano registra su primera grabación para el sello Max Gucksman: *Cantor eterno* de Angel Villoldo.

Aparece el primer tomo de la *Historia de la literatura argentina* de Ricardo Rojas.

1918 En los Estados Unidos el presidente Wilson anuncia su plan de paz de "catorce puntos". Entre ellos la creación de un organismo internacional para preservar la paz mundial: la Sociedad de Naciones (8 de enero).

Se proclama la Unión de Repúblicas Soviéticas (enero).

En Inglaterra se acuerda el voto a las mujeres.

Se acuerda la "Paz del pan" entre Alemania, el imperio austro-húngaro y Turquía (febrero).

Paz de Brest-Litovsk entre Rusia y Alemania: Rusia renuncia a Livonia, Lituania, Estonia y Polonia. Reconoce a Finlandia y Ucrania como estados independientes (marzo).

Contraofensiva aliada entre el Marme y el Aisme (julio-agosto).

Batalla de Amiens: desastre para los alemanes (agosto). El ejército estadounidense entra en acción.

Alemania solicita un armisticio (octubre).

Turquía solicita el armisticio a los aliados (octubre).

El imperio austro-húngaro y los aliados acuerdan el armisticio. Estalla la revolución en Berlín: el kaiser Guillermo II abdica y se proclama la República alemana (9 de noviembre).

Los aliados y Alemania firman el armisticio en Compiègne con base en los 14 puntos (11 de noviembre). Finaliza la Guerra Mundial.

El emperador de Austria abandona el poder. Hungría y Checoslovaquia se

declaran independientes. Se proclama el Estado Yusgoslavo (octubre).

En la Argentina se funda el Partido Socialista Internacional (futuro Partido Comunista) (enero).

Se funda la Federación Universitaria Argentina (abril).

Manifiesto de la Reforma Universitaria de Córdoba (2 de junio).

Se inaugura el Balneario Municipal de la ciudad de Buenos Aires (11 de diciembre).

Se constituye el Centro Unión Feminista Nacional presidido por la doctora Alicia Moreau de Justo.

Aparecen *Cuentos de la selva* de Horacio Quiroga y *La evolución de las ideas en Argentina* de José Ingenieros.

Bibliografía general

ALBERDI, Juan B. *La República Argentina consolidada en 1880 con la ciudad de Buenos Aires por Capital.* Buenos Aires, 1880.

ALEM, Leandro. *Pueblo y gobierno.* 8 vols. Buenos Aires, Raigal, 1945.

ALSINA, J. A. *La inmigración en el primer siglo de la independencia.* Buenos Aires, Imprenta México, 1910.

ARCE, José. *Roca, 1843-1914, su vida, su obra.* Buenos Aires, Museo Roca, 1960.

ARMUS, Diego. *Mundo urbano y cultura popular: estudios de historia social argentina.* Buenos Aires, Sudamericana, 1990.

AUZA, Néstor Tomás. *Católicos y liberales en la generación del ochenta.* Buenos Aires, Ediciones Culturales, 1975.

BAGU, Sergio. *Evolución histórica de la estratificación social argentina.* Caracas, Esquina, 1969.

BALESTRA, Juan. *El noventa. Una evolución política argentina.* Buenos Aires, La Facultad, 1959.

BARRANCOS, Dora. *Los niños proselitistas de las vanguardias obreras.* Buenos Aires, Centro de estudios e investigaciones laborales, CONICET, Serie de documentos de trabajo, 1987.

— *Anarquismo, educación y costumbres en la Argentina de principios de siglo.* Buenos Aires, Contrapunto, 1990.

BEJARANO, M. *La política colonizadora en la provincia de Buenos Aires,* Buenos Aires, Instituto de Historia Social, 1962.

BESIO MORENO, Nicolás. *Buenos Aires, puerto del Río de la Plata, capital de la Argentina. Estudio crítico de su población, 1536-1936.* Buenos Aires, Taller Gráfico Tudurí, 1936.

BETHELL, Leslie (dir.). *Historia de América Latina.* Cambridge University Press. Barcelona, Crítica, 1990.

BEYHAUT, G. *Inmigración y desarrollo económico.* Buenos Aires, Instituto de Historia Social, 1961.

BIALET MASSE, Juan. *Informe sobre el estado de las clases obreras.* Buenos Aires, Grau, 1904.

BOTANA, Natalio. *El orden conservador.* Buenos Aires, Sudamericana, 1977.

BRUNO, Cayetano. *Historia de la Iglesia en la Argentina.* 8 vols. Buenos Aires, Don Bosco, 1966-1971.

BRUUN, Geoffrey. *La Europa del siglo XIX (1815-1914).* México, Fondo de Cultura Económica, 1959.

CABALLERO, Ricardo. *Irigoyen. La conspiración civil y militar de 1905.* Buenos Aires, Raigal, 1951.

CAMINOS, Julio A. *Alem, del Valle y Pellegrini.* Santa Fe, Castellví, 1948.

CANTON, Darío. *Elecciones y partidos políticos en la Argentina. Historia, interpretación y balance (1891-1916).* Buenos Aires, Siglo XXI, 1973.

CANTON, MORENO y CIRIA. *La democracia constitucional y su crisis.* En *Historia Argentina.* Tomo 6, Buenos Aires, Paidós, 1980.

CARCANO, Miguel A. *Evolución histórica del régimen de la tierra pública, 1810-1916.* Buenos Aires, Eudeba, 1917.

— *Sáenz Peña, la revolución por los comicios.* Buenos Aires, Nuevo Cabildo, 1963.

CARCANO, Ramón. J. *Mis primeros ochenta años.* Buenos Aires, Sudamericana, 1944.

CARRERA, Héctor Y. *La experiencia radical, 1916-1922.* Buenos Aires, Ediciones La Bastilla, 1980.

CERRUTI COSTA, L. B. *El sindicalismo, las masas, el poder.* Buenos Aires, 1957.

CARRANZA, Angel B. *La cuestión capital de la Repúbli-*

ca. 5 vols. Buenos Aires, Taller Gráfico Rosso, 1932.

CLEMENCEAU, Georges. *Notes de voyage dans l'Amerique du Sud, Argentine, Uruguay, Brésil.* París, Hache He et Cie, 1911.

CLOUGH, S. y MOODIE, C. *Historia económica de Europa.* Buenos Aires, Paidós, 1978.

CHIARAMONTE, José Carlos. *Nacionalismo y liberalismo económico en la Argentina, 1860-1880.* Buenos Aires, Solar-Hachette, 1971.

CORTES CONDE, Roberto. *Cambios en la estructura de la producción agropecuaria en la Argentina.* En *Desarrollo Económico,* Nº 20. Buenos Aires, 1966.

CORTES CONDE, R. y GALLO E. *La formación de la Argentina moderna.* Buenos Aires, Paidós, 1967.

DE VEDIA, Mariano. *Roca.* Buenos Aires, Coni, 1939.

DEL MAZO, Gabriel. *Leandro Alem. Autonomismo y centralismo.* Buenos Aires, Raigal, 1934.

— *Reforma universitaria y cultura nacional.* Buenos Aires, Raigal, 1955.

— *El radicalismo.* Buenos Aires, De Gure, 1957.

DICKMANN, Enrique. *Recuerdos de un militante socialista.* Buenos Aires, La Vanguardia, 1949.

DI TELLA, Torcuato. *Historia Argentina desde 1830 hasta nuestros días.* Buenos Aires, Troquel, 1993.

DI TELLA, T.; GERMANI, G. y GRACIARENA, J. *Argentina, sociedad de masas.* Buenos Aires, Eudeba, 1965.

DORFMAN, Adolfo. *Historia de la industria argentina.* Buenos Aires, Escuela de Estudios Argentinos, 1942.

ETCHEPAREBORDA, Roberto. *La revolución argentina del 90.* Buenos Aires, 1966.

— *Tres revoluciones.* Buenos Aires, Pleamar, 1957.

FERNS, H. S. *Gran Bretaña y Argentina en el siglo XIX.* Buenos Aires, Solar-Hachette, 1966.

— *La Argentina.* Buenos Aires, Sudamericana, 1969.

FERRARI, G. y GALLO E. (comp.). *La Argentina del Ochenta al Centenario*. Buenos Aires, Sudamericana, 1980.

FERRER, Aldo. *La economía argentina. Las etapas de su desarrollo y problemas actuales*. México, Fondo de Cultura Económica, 1963.

FERRER, Horacio. *El libro del tango*. Buenos Aires, Peña Lillo, 1960.

FLIESS, A. *La producción agrícola y ganadera de la República Argentina en el año 1891*. Buenos Aires, Imprenta La Nación, 1892.

FLORIA, C. y GARCÍA BELSUNCE, C. *Historia de los argentinos*. Buenos Aires, Kapelusz, 1971.

FONTANA, Luis Jorge. *El Gran Chaco*. Buenos Aires, Solar-Hachette, 1977.

FORD, A. G. *El patrón oro*. Buenos Aires, Emecé, 1966.

FRIEDLAENDER, H. E. y OSER J. *Historia económica de la Europa moderna*. México, Fondo de Cultura Económica, 1957.

GALLO, E. y SIGAL, E. *La formación de los partidos políticos modernos. La UCR*. En DI TELLA y cols., *Argentina sociedad de masas*. Buenos Aires, Eudeba, 1965.

GALLO E. y CORTES CONDE R. *La República conservadora*. En *Historia Argentina*. Tomo 5. Buenos Aires, Paidós, 1962.

GALVEZ, Manuel. *Vida de Hipólito Yrigoyen*. Buenos Aires, Claridad, 1939.

— *Amigos y maestros de mi juventud*. Buenos Aires, Kraft, 1944.

GERMANI, Gino. *Estructura social de la Argentina*. Buenos Aires, Raigal, 1955.

— *Política y sociedad en una época de transición*. Buenos Aires, Paidós, 1966.

GIBERTI, Horacio. *Historia económica de la ganadería argentina*. Buenos Aires, Raigal, 1954.

GODIO, Julio. *Historia del movimiento obrero argentino*. Buenos Aires, Tiempo Contemporáneo, 1973.

GONZALEZ, Joaquín V. *Obras completas*. Universidad Nacional de la Plata. Buenos Aires, 1935.

GRELA, Plácido. *El grito de Alcorta. Historia de la rebelión campesina de 1912.* Rosario, Tierra Nuestra, 1958.

GROUSSAC, Pablo. *Los que pasaban.* Buenos Aires, Sudamericana, 1939.

GUILLEN, Pierre. *El imperio alemán (1781-1918).* Barcelona, Vicens Vives, 1973.

HALPERIN DONGHI, Tulio. *Historia de la Universidad Nacional de Buenos Aires.* Buenos Aires, Eudeba, 1962.

— *Historia contemporánea de América Lartina.* Madrid, Alianza, 1969.

— *Proyecto y construcción de una nación (1846-1880).* Buenos Aires, Ariel, 1995.

HANSEN E. *La moneda argentina. Estudio histórico.* Buenos Aires, Sopena, 1916.

HOTSCHEWER, C. *Evolución de la agricultura en la provincia de Santa Fe. Su dependencia de factores geográficos y económicos.* Santa Fe, 1953.

IBARGUREN, Carlos. *La historia que he vivido.* Buenos Aires, Eudeba, 1969.

IRAZUSTA, Julio. *Balance de siglo y medio.* Buenos Aires, Theoría, 1972.

LASKI, Harold. J. *El liberalismo europeo.* México, Fondo de Cultura Económica, 1969. -

LEVENE, Gustavo G. *Historia de los presidentes argentinos.* Buenos Aires, Cía, 1980.

LEVENE, Ricardo y otros. *Historia Argentina Contemporánea, 1862-1930.* 4 vols. Buenos Aires, El Ateneo, 1963.

LÓPEZ MORILLAS, J. *El Krausismo español.* México, Fondo de Cultura Económica, 1956.

LUGONES, Leopoldo. *Roca.* Buenos Aires, Coni, 1938.

LUNA, Félix. *Yrigoyen.* Buenos Aires, Raigal, 1954.

— *Buenos Aires y el país.* Buenos Aires, Círculo de Lectores, 1982.

— *Fuerzas hegemónicas y partidos políticos.* Buenos Aires, Sudamericana, 1989.

— *Soy Roca.* Buenos Aires, Sudamericana, 1989.

MABRAGAÑA, H. *Los mensajes. Historia del desenvol-vimiento de la Nación Argentina redactada cronológicamente por sus gobernantes, 1810-1910.* 6 vols. Buenos Aires, 1910.

MAC GANN, Thomas. *Argentina, Estados Unidos y el sistema interamericano, 1880-1914.* Buenos Aires, 1961.

MAYER, Jorge. *Alberdi y su tiempo.* Buenos Aires, Eudeba, 1963.

MELO, Carlos F. *La campaña presidencial de 1885-6.* Universidad de Córdoba, 1946.

— *Los partidos políticos argentinos.* Córdoba, Universidad de Córdoba, 1943.

MENDIA, José M. (Jackal). *La revolución. Su crónica detallada. Antecedentes y consecuencias.* 2 vols. Buenos Aires, Mendía y Martínez, 1890.

MONTSERRAT, Marcelo. *Ciencia, historia y sociedad en la Argentina del siglo XIX.* Buenos Aires, Centro Editor, 1993.

MONTOYA, A. J. *Historia de los saladeros argentinos.* Buenos Aires, 1956.

MAROTTA, Sebastián. *El movimiento sindical argenti-no.* Buenos Aires, Lacio, 1960.

MUSCIO, Claudia. *Los inmigrantes en la provincia de Buenos Aires.* Buenos Aires, 1994.

NAVARRO GARCÍA, Luis (coord.). *Historia general de América IV. Los siglos XIX y XX.* Madrid, Alhambra Longman, 1991.

ODDONE, Jacinto. *Historia del socialismo argentino (1896-1911).* Buenos Aires, Centro Editor, 1983.

ODDONE, Juan Antonio. *La inmigración europea al Río de la Plata.* Montevideo, 1966.

ORGAZ, Raúl. *El romanticismo social.* En *Obras completas. Sociología argentina.* Tomo II. Córdoba, 1950.

ORTIZ, Ricardo. *Historia económica de la Argentina.* Buenos Aires, Plus Ultra, 1974.

PALACIO, Ernesto. *Historia de la Argentina, 1515-1938.* Buenos Aires, ALPE, 1954.

PANETTIERI, José. *La inmigración de la Argentina.* Buenos Aires, Macchi, 1970.

PELLEGRINI, Carlos. *Obras*. Buenos Aires, Jockey Club, 1941.

PEREZ VASSOLO, María E. *Lucha entre liberales y católicos en 1884 a través del periodismo*. Buenos Aires, Academia Nacional de la Historia, 1986.

PEREZ AMUCHASTEGUI, A. C. *Crónica histórica argentina*. Buenos Aires, Codex, 1968.

PETERSON, Harold F. *La Argentina y los Estados Unidos (1810-1960)*. Buenos Aires, Eudeba, 1964.

PINEDO, Federico. *En tiempos de la república*. Buenos Aires, De Mundo Forense, 1946-48.

PRIETO, Adolfo. *El discurso criollista en la formación de la Argentina moderna*. Buenos Aires, Sudamericana, 1988.

QUESADA, Ernesto. *La política argentina respecto de Chile*. Buenos Aires, Coni, 1989.

RAMAYON, Eduardo. *El ejército guerrero, poblador y civilizador*. Buenos Aires, Kraft, 1921.

RAMOS, Abelardo. *Revolución y contrarrevolución en la Argentina*. Buenos Aires, Amerindia, 1952.

RAMOS MEJIA, Ezequiel. *Mis memorias*. Buenos Aires, La Facultad, 1936.

RAVIGNANI, Emilio. *Historia constitucional de la República Argentina*. Buenos Aires, Peuser, 1926.

REPETTO, Nicolás. *Mi paso por la política: de Roca a Irigoyen*. Buenos Aires, Santiago Rueda, 1947.

RICAURTE SOLER. *El positivismo argentino*. Buenos Aires, Paidós, 1968.

RIVERO ASTENGO, Agustín. *Pellegrini. Obras*. Buenos Aires, Jockey Club, 1941.

RIVERO ASTENGO, Agustín. *Juárez Celman. 1844-1909*. Buenos Aires, 1944.

ROCK, David. *El radicalismo argentino, 1890-1930*. Buenos Aires, Amorrortu Editores, 1977.

—   *Argentina 1516-1987. Desde la colonización española hasta Raúl Alfonsín*. Madrid, Alianza, 1988.

ROJAS, Ricardo. *Historia de la literatura argentina*. Buenos Aires, Fondo de Cultura Económica, 1948.

ROMERO, José Luis. *Las ideas políticas en Argentina.* Buenos Aires, Fondo de Cultura Económica, 1959.

— *Latinoamérica, las ciudades y las ideas.* Buenos Aires, Siglo XXI, 1976.

— *Situaciones e ideologías en Latinoamérica.* Buenos Aires, Siglo XXI, 1976

ROUQUIE, Alain. *El Estado militar en América Latina.* Buenos Aires, Emecé, 1984.

SAMUCCILIA, E. *La renovación presidencial de 1880.* La Plata, 1964.

SANCHEZ ALBORNOZ, Nicolás. *La población de América Latina desde los tiempos precolombinos al año 2000.* Madrid, Alianza Universidad, 1973.

SBARRA, Noel. *Hstoria del alambrado de la Argentina.* Buenos Aires, Eudeba, 1964.

SCALABRINI ORTIZ, Raúl. *Historia de los ferrocarriles argentinos. Historia del Central Argentino.* Buenos Aires, Reconquista, 1940.

SCOBIE, James R. *Revolución en las Pampas.* Buenos Aires, Solar-Hachette, 1968.

— *Buenos Aires del centro a los barrios: 1870-1910.* Buenos Aires, Solar-Hachette, 1977.

SIDICARO, Ricardo. *La política mirada desde arriba. Las ideas del diario La Nación, 1909-1989.* Buenos Aires, Sudamericana, 1993.

SOLER, Ricaurte. *Idea y cuestión nacional latinoamericanas.* México, s/f.

SOMMARIVA, Luis. *Historia de las intervenciones federales en las provincias.* 2 vols. Buenos Aires, 1929.

SOMMI, Luis. *Hipólito Irigoyen. Su vida y su época.* Buenos Aires, Monteagudo, 1945.

— *La revolución del 90.* Buenos Aires, Monteagudo, 1948.

SURIANO, Juan. *Trabajadores, anarquismo y estado represor: de la ley de residencia a la ley de defensa social (1902-1910).* Buenos Aires, Centro Editor, 1988.

TERAN, Oscar. *Positivismo y nación en la Argentina.* Buenos Aires, Puntosur, 1987.

TERRY, Juan A. *La crisis 1855-1892. Sistema bancario.* Buenos Aires, Biedma, 1893.

WEINBERG, Félix. *Dos utopías argentinas de principios de siglo.* Buenos Aires, Solar-Hachette, 1976.

WILLIAMS, John H. *Argentine International Trade under Inconvertible. Paper Money.* Harvard, 1920.

YOFRE, Felipe. *El congreso de Belgrano: año 1880.* Buenos Aires, J. Lajouane, 1928.

YUNQUE, Alvaro. *Leandro Alem, el hombre de la multitud.* Buenos Aires, Claridad, 1956.

ZEBALLOS, Estanislao. *Descripción amena de la República Argentina.* 3 vols., Buenos Aires, Peuser, 1888.

ZURETTI, Juan Carlos. *Nueva historia eclesiástica argentina.* Buenos Aires, Itinerarium, 1972.

Esta edición
se terminó de imprimir en
Cosmos Offset S.R.L.
Coronel García 444, Avellaneda,
en el mes de enero de 1997.